图书在版编目（CIP）数据

诗画语文节奏论/肖绍国著. —广州：广东教育出版社，
2017.4
ISBN 978-7-5548-1715-5

Ⅰ.①诗…　Ⅱ.①肖…　Ⅲ.①小学语文课—教学研究
Ⅳ.①G633.302

中国版本图书馆CIP数据核字（2017）第086209号

责任编辑：卞晓琰　阳　洋
责任技编：佟长缨　刘莉敏
装帧设计：陈宇丹

广东教育出版社出版发行
（广州市环市东路472号12-15楼）
邮政编码：510075
网址：http://www.gjs.cn
广东新华发行集团股份有限公司经销
广州市岭美彩印有限公司印刷
（广州市荔湾区花地大道南海南工商贸易区A幢）
890毫米×1240毫米　16开本　21.5印张　516 000字
2017年4月第1版　2017年4月第1次印刷
ISBN 978-7-5548-1715-5
定价：36.50元

质量监督电话：020-87613102　邮箱：gjs-quality@gdpg.com.cn
购书咨询电话：020-87615809

「目录」

序一："诗画语文"节奏论的哲学思辨

周一贯（全国著名特级教师）

为肖绍国老师的专著作序，算起来这已是第三篇了。但我每次都欣然领命，竟忘了自己的才疏学浅，实在因为为其作序确实是一项快事。不知为什么，每一次开篇，都令我从对立统一的哲学命题上获得新的启示。于是，笔下生风，写得颇觉顺畅。

第一次是在2008年，他的《诗画语文》专著出版，约我写序。"诗画语文"是他对自己的语文教育主张的一种表述。取意于苏东坡在王维的《蓝田烟雨图》一画中的一段题跋："味摩诘之诗，诗中有画；观摩诘之画，画中有诗。"一句话，道出了诗与画对立统一之交会融合之道，也因此为一切文艺创作开阔了新的视野。现在肖绍国把它提升为一种语文教育主张，确实可圈可点。于是，我的"序"便立意于引申孔子关于"文"与"质"的一段话："质胜文则野，文胜质则史，文质彬彬，然后君子。"这是"文"与"质"的对立统一，足以让我们浮想联翩。如果说，"文"是一种精神的提升，"质"便是一种自然的存在。生命之"质"，需要"文"的提升和超越；但"文"的生命意义并不是可以远离乃至背弃了生命之"质"的，文饰的生命还必须生命之质的充实。借此以引证，如果"诗情"是一种"文"，那么"画意"便是一种"质"，一种生活场景的自然之态。诗情来自于画意，画意中散发出诗情。保持"文"与"质"的张力臻于融通，不仅是肖绍国对语文诗情画意的追求，又何尝不是每个生命个体发展的要义。于是，对立统一的哲学观在这里起到了沟通提升的重要作用。

第二次是2015年，他的第二部专著《荡舟英伦》出版了。这是他在2014年10月以"深圳市高层次专业人才"的身份，随教育局组团走访英国，考察教育两个月后写成的一部教育散文著述。22篇文章，他以珠玑落盘、行云流水一般的文字，为我们介绍了英伦教育与异国风情，字里行间不仅传递着文采风流的濡染，书香墨韵的熏陶，更有着对西方教育的诸多感受和研究，"行"与"思"的水乳交融，使本书更像是一部教育散文，或者是一部脚尖上的"教育学"，一样体现着"诗"与"画"的相得益彰。于是，我还是从对立统一的哲学观给序文赋予"行万里路，教万卷书"的主题，开掘了在"诗画语文"教育中行、思一体的另类诗情画意。

这次是2017年年初，他的第三本专著《诗画语文节奏论》又将面世。这显然是对"诗画语文"作了深层的学理探究，对"诗画"得以统一的本质要素"节奏"的探究与论说。显然，肖绍国的"诗画语文"又迈入了新境界。

"节奏"的本义虽是音乐构成的一个基本要素，即指各种音响有一定规律的长短强弱的交替组合。但广义的"节奏"可以存在于宇宙万物发展变化规律交替组合所产生的律动。对宇宙万物而言，时间是其运动的持续性，空间是其运动的广延性。对此，恩格斯曾认为"一切存在的基本形式是空间和时间，时间以外的存在和空间以外的存在，同样是非常荒诞的事情"（人民出版社《马克思恩格斯选集》第3卷）。而所谓"节奏"不正是所有事物在时间和空间的运动中有规律的交替组合之表现。"诗画语文"作为语文教育学理存在的一种思想，自然也不例外。

清人刘大櫆在《论文偶记》中明确指出："文章最要节奏，譬之管弦繁奏中，必有希声窈渺处。"文章如是，语文自然不在话下。其实又岂止是语文，一切艺术皆是如此："艺术返照自然，节奏是一切艺术的灵魂。"（朱光潜语）又岂止是艺术，"天地有大美而不言，四时有明法而不议，万物有成理而不说"，这里的"不言""不议""不说"还不是因为有节奏在昭告天下、通达世人。

然而，要构建诗画语文"节奏论"这一学理体系，我们自然更多地关注对"节奏"本身的哲学思考，即在"诗画语文"之中，节奏又如何体现着这种对立统一。这当然是一个大话题，可从不同侧面切入去探索语文教学科学规律的某些奥秘。笔者在这里不揣冒昧，也想略说一二，虽不免挂一漏万，但献上一孔之见，也算是凑一回切磋研讨的热闹吧。

如上所言，"节奏"的形成从哲学观点说，可以理解为是对立的事物在时空运行中交替统一的某些规律。那么，在人的言语行为中又有哪些"对立"可以得到"统一"而形成别开生面的节奏呢？从大处说，我们可能会关注的，如：

一、曲与直。语文是什么？从根本上说是生命的存

序一："诗画语文"节奏论的哲学思辨

在与表现。人类生命以内部语言展开思维活动，所以居于万物之灵的宝座，为其他任何生物所不及；又以外部语言作表达和交流，形成协同、共处的社会生活。正是凭借了"语"和"文"，生命得以存在和表现，文化得以承传与弘扬。然而生命成长、发展的过程，并非直线推进，而不知要经历多少的曲折起伏，方能获取经验和教益，变得强壮而盛大。于是人类生命的语言行为，也就如生命成长过程一般有了曲与直的节律变化。君不见，在语文大师的笔下，可以有时大道如砥、一马平川，挥笔如万马奔腾、一泻千里；有时却会出现山重水复、曲径弯道，于是行文若崎岖山路、曲如羊肠。这样从生命节奏到文字节奏，便形成了"诗画语文"的一种节奏，极尽曲直互生的状态。

二、巨与细。在语文表述的独特天地里，"巨"与"细"如咫尺天涯，足以极尽人们的胸臆。"浮云连海岱，平野入青徐"，可见诗人杜甫的眼界之大；而"细雨鱼儿出，微风燕子斜"，又会令人惊叹他的观察之细。就在这"大"与"细"之间，我们都会感慨语言文字在那些大师们的笔下既可以一观宇宙、纵览乾坤，还可以独具只眼，洞察幽微，而且又往往能巨细并存、小中见大。鲁迅先生对旧中国的积病之认识，目光可谓大矣，但当他对黑暗社会投以匕首时，却往往从细小处落笔：头发、胡须、喝茶或照相……可谓嬉笑怒骂，皆成文章。足见鲁迅先生不仅看得大，也看得细，而且常常是由细见大，大处着眼、细处落笔，自然就能"尺水兴波"，"咫尺有万里之势"了。这就构成"诗画语文"的另一种节奏，是巨细之见的统一。

三、抑与扬。生命在事物发展与生活际遇中总会呈现一种不平衡的状态，反映在语文世界里，也就有了起伏与强弱的种种变化。有的如早春花开，先抑后扬，扬得气象万千；有的如秋叶红尽，先扬后抑，抑得蓄势待发。这是扬与抑艺术辩证法的神奇玄奥，正如古典文论中所谓"文之妙当于抑扬对峙中求之"。这是"诗画语文"又一种艺术变化的节奏，是抑扬之态的显示。

四、张与弛。一篇引人入胜的课文，经作者的匠心独运，在反映人世生活时，其情节发展或人物表现上，总是冷热场前后搭配，动静面交互出现，有时似瀑布飞泻的气势，令人震撼；有时似林泉叮咚的幽韵，催人陶醉。既有碧海狂涛的雄奇，也有青荀出土的秀丽。这是"诗画语文"中艺术变化的另一种节奏，是张弛之道的呈现。

五、疏与密。虽然一般的文章不像诗歌有固定的韵律，整齐的音节，但作者笔下的"文势"却一样具有优美的节奏。这种节奏则常以行文的"布局"，即文字上的疏与密造成的。这正如刘熙载在《艺概·文概》中所描述"'疏密'二字，其用不可胜穷"。"疏"时如浮云托月，如轻风过花，若有还无，颇有小桥流水之趣；而"密"时则如疾风骤雨，紧锣密鼓，有金戈铁马之势。这是"诗画语文"的又一种节奏，是疏密之状的对照伸张。

……

除此之外，我们还可以举出许多，如"巧"与"拙"，"艳"与"朴"，"松"与"紧"，"轻"与"重"，"擒"与"纵"……大千世界的千姿百态，存活在人类言语生命之中，当然也就无不呈现着"诗画语文"

在对立统一之中的多彩节奏。

再说下去，"诗画语文"的"诗"与"画"之相互映照，从本质上看便是"神"与"形"的对立统一。"神"在"形"中凸现，"形"借"神"而生辉，于是"神形兼备"就成了"诗画语文"的一种理想境界，这难道不是"对立统一"生成的更基本的节奏？

嗟乎！宇宙浩渺，天地宽广，万事万物，竟生滋荣，冥冥之中都传递出一种生命的节奏，永远唱响着不生不灭的赞歌！

拖拖沓沓地写到这里，若能得到肖绍国老师的宽佑与厚爱，也就算是一篇序了。

丁酉年初一日
开笔大吉于客膝斋

序二：最深奥的那一个

王崧舟（全国著名特级教师、杭州师范大学教授）

绍国喜欢泰戈尔的诗，我也是。

读完绍国的这部书稿，不知怎么的，我想起了泰戈尔的一首诗——

就是他，

最深奥的那一个，

用他深情而隐秘的触摸把我唤醒。

就是他，

把魔法施在我眼上，

又高兴地在我心中弹奏出

交织着欢快与悲哀的旋律。

就是他，

用多变的金银蓝绿的空幻色丝

织成幻境的披纱，

他的脚趾从衣褶中露出，

在他的触摸下我忘记了自己。

日来年往，

就是他，永远以不同的名字，

不同的姿态，

无尽的欢乐与悲哀，

来打动我的心儿。

无疑的，在绍国精心构筑的"诗画语文"大厦中，"节奏"就是"最深奥的那一个"。节奏，一如神奇的魔法，让"诗画语文"弹奏出交织着欢快与悲哀的旋律；又恰似多变的金银蓝绿的空幻色丝，将"诗画语文"织成一袭袭或空灵，或充实，或望之邈然，或寻之无踪的心灵的披纱。正是"节奏"，以不同的名字、不同的姿态，无尽的欢乐与悲哀，来打动绍国的心，也来打动我们的心。

在绍国看来，节奏首先隐藏于迁流不居而又生生不息的言语中。他认为："音乐靠节拍体现节奏；绘画通过线条、形状和颜色体现节奏；舞蹈凭借肢体体现节奏；诗的长短、顿挫、停顿、回旋形成节奏；言语的节奏则是一种直觉的敞亮。在言语活动中，节奏无处不在，一切言语活动都离不开节奏，节奏感是言语实践活动所必需的一种能力。"

没错，在言语活动中，节奏无处不在。从长短交替到虚实转换，从详与略的对比到疏与密的穿插，从一泻千里气势如虹的挥洒到曲径通幽烟岚霭霭的蕴藉，又如平仄、轻重、停延、抑扬、清浊、快慢、高低、雅俗、奇正、刚柔……凡此种种，不一而足。正如绍国所言，"一切言语活动都离不开节奏"。何止离不开，简直可以说，言语就是节奏，节奏就是言语。他们不过是存在的一体两面，显之于物理符号，则为言语；隐之于心理关系，则为节奏。

从这个意义上讲，言语性就是节奏性。

不仅如此，作为以"言语性"为根本属性的语文课程，绍国又敏锐地指出："节奏感是言语实践活动所必需的一种能力"，这一洞见，在语文核心素养观下的今天看来，更有着原创意义的课程教学论启示。如果说，语言建构与运用、思维发展与提升、审美鉴赏与创造、文化传承与理解是语文核心素养的四大模块，那么，我以为四大模块当融通于语言建构与运用这一更基础、更关键的模块，而深究下去，语言建构与运用这一模块的核心当为语感素养，那么现在有了绍国关于"节奏感"这一洞见，我们不妨再进一步，语感素养的核心当为言语节奏感。由此，我们可能找到了语文核心素养最深奥的那一个——言语节奏感！而这个最深奥的"魔法"，正用深情而隐秘的触摸，将我们这些语文的行者唤醒。

事实上，节奏不仅是言语中最深奥的那一个，也是课堂中最深奥的那一个。绍国以一个课堂思者和课堂过来人的姿态，明确指出："一堂好课，在教学过程展开后，课堂节奏便迅速拉起，并且很快建立一种'模型'。这种模型在变化中有规律，在流动中有伸展，却又常回旋到课的出发点时的律动频率。"绍国所谓的建立一种"模型"，绝非一堂课的静态模式，也非剔除了真实情境和丰富细节的教学范型，而是指隐匿于课堂教学中最深奥的那个——课堂节奏。

发现节奏，并使之显化为一种课堂模型，对"诗画语文"来说无疑是一次巨大的挑战。在我看来，课堂节奏统一于时间之维，而我们常说的课堂模式、教学范型则是抽离了时间的产物，它们虽然也试图揭示课堂教学各种变量之间的法则和原理，但因为时间之维的放逐，最终对真实的课堂实践往往缺乏实打实的指导意义。而课堂节奏就不同了，因为时间之维的贯通，所有的课堂变量就不再是僵死的符号，而成了脉动的生命细胞。动与静在时间之维中舞蹈，疏与密在时间之维中歌咏，收与放在时间之维中流转，曲与直在时间之维中飞翔……

课堂节奏的奥秘，在合于生命节律的中道。中道者，中庸之道也。中道不是平均主义、相对主义，而是执其两端用其中。以课堂的动静关系来说，"动"指的是学生的发声，包括：各种形式的朗读、发言、讨论、表演等；"静"指的是学生的缄默，包括：各种形式的默读、思考、练笔、书写等。如果课堂只是一味地动，就不是中道，就没有节奏；如果课堂只是一味地静，也不是中道，也没有节奏。在时间之维中，由动到静、由静到动、动动静静、静静动动、动中有静、静中有动、动所当动、静所当静，这才是中道，才有节奏。这样的动静穿插与转换，不是二一添作五的平均配置，更不是一二一二的机械操练，而是要基于学生的生命节律、认知节律、情感节律来精心预设、动态生成。有的课，节奏以静为主，配之以适度的动；有的课，节奏以动为主，配之以适度的静；有的课，需要先静后动；有的课，需要先动后静；有的课，根据学情状况要返动为静；有的课，随着效果反馈要返静为动。总之，基于中道的课堂节奏充满了灵动性、协调性、融合性和生长性，它总是不断地依据课堂的真实情境、场面、氛围、态势等，做出合于中道的调整与重构。

对此，绍国有着相当清醒的自觉和运筹。他深情款款地回顾道："'诗画语文'每年推出一堂课例，每一堂课，都是一场浪漫的言语节奏的约会。"他甚至不厌其烦、如数家珍地向我们诉说他对课堂节奏的娴熟把控："动静、起伏、错落、收放、疏密、留白、回旋、明暗、突降、突转、层进、回环、轮回、婉言、取舍、顺逆、详略、点面、内外、立破、张弛、曲直、合分、荡漾、往今、通感、停走、迂回、一三、三一、梦实、首尾、你我、聚散、和谐……这些像歌曲中的音符悄然暗含于我的《三顾茅庐》《我的伯父鲁迅先生》《木笛》《姥姥的剪纸》《月迹》《冬阳·童年·骆驼队》《威尼斯的小艇》《北京的春节》《老人与海鸥》《山中访友》《用文字拍照》《用文字画画》《用文字演奏》等'诗画语文'课例里。"

从某种意义上讲，"诗画语文"就是"节奏语文"。在这里，"诗画"二字已非语文教学内容或者风格的某种标举，"诗画"二字之所以相通相融，完全是因为"诗"与"画"的灵魂就是"节奏"。因此，诗画的语文，就是节奏的语文。自觉地追寻课堂节奏的规律，按照中道的价值观和方法论设计并运用课堂节奏，从而使课堂节奏合于师生的生命节奏，迈向人课合一的教学化境，我以为这才是诗画语文的根本特征。

其实，言语节奏、课堂节奏还不能算是最深奥的那一个。最深奥的那一个，非生命莫属。说到底，言语节奏乃是对生命节奏的无意识模仿，或者说乃是生命节奏的一种自然呈现；课堂节奏则是对生命节奏的有意识模仿，或者说乃是课堂的生命属性的一种自觉追寻。两者都源于生命节奏，最终都归于生命节奏。

我们读绍国书稿的第三部分，无论是"诗画语文""梦里江南"，还是"岭南情思""荡舟英伦"，初感都以为跟"节奏"无关，仿佛绍国的走笔一不小心偏离了本书主旨。殊不知这些极富灵性的美妙抒写，正是绍国对自家生命节奏的一次深情回望、一段心灵顿悟、一种精神确证。

且看他在"梦里江南"中所作的乡愁笔记：

自我离江南已过双寒，每于大暑大寒时节或离或拥，揉江南山水于匆履，抟江南楼榭于游艺，品江南落英于瞬即。每忆大暑之日，穿万里朵云而缓缓亲吻江南，入夜，蝉鸣聒噪撩千般思绪；每忆大寒之日，贴万里大地而徐徐摩挲江南，入夜，万籁俱寂营千帐深灯。时间煮雨，煮一席相思柔雨借我，洒一地离愁于江南。

寒来暑往、春去秋来，不是生命的节奏又是什么？浮云游子意，落日故人情，不是生命的节奏又是什么？倘若我们不能深刻体认自家的生命节奏，又焉能对言语节奏、课堂节奏有切实而通达的把握呢？

再看他在"岭南情思"中所写的文化素描：

岭南文化与江南文化如果用两个最具象的东西比拟的话，前者如海而后者似河。海之大气、包容、宽阔；河之诗意、流淌、清澈。海边以动为美，潮起潮落、云卷云舒、瞬息万变；河岸以静为丽，垂柳轻杨、风轻云淡、小桥流水。动则出思想，静则出境界，将岭南和江南的天地气质融入生命的血脉，让岁月慢慢发酵。

无论岭南文化还是江南文化，其时都已切入绍国的自家生命。尽管两种文化的浸润在绍国的生命中长短不一、深浅有别，但我们有理由相信，它们都已成为绍国生命中柔软而热切的精神印记。大气如海，安静如河，不正是绍国心向往之的生命气象与格局吗？"将岭南和江南的天地气质融入生命的血脉"，再以这样的生命气质融入语文和课堂的血脉，那么，"诗画语文"又将会以怎样的境界来打动我们的心呢？

《易经·系辞》上说："一阴一阳之谓道，继之者善也，成之者性也。"一阴一阳，回环往复而生生不息，不正是天地间最根本的节奏吗？这样说来，节奏乃是"道"的不同命名；这样说来，言语之道、课堂之道、生命之道的奥妙就在节奏之中。原来，言语、课堂、生命，都统一在节奏这个最深奥的道中；原来，言语节奏、课堂节奏、生命节奏都不过是道的显化，都将归位于这个最深奥的道。

我不敢说绍国对节奏的洞见和阐释已经成为他悟道的某种标识，但我敢断言，对节奏的探索，无疑是绍国以"诗画语文"来印证生命之道的开端。

这是值得庆贺的事，也是应该祝福的事。

2017年2月26日于泊静斋

相思树

诗画语文节奏的

言语是

语文与人生

在木棉婆娑的摇曳里，在玉兰飘香的柔波里，在海风拂面的摩挲里，我又淋漓尽致地结束了一堂语文课，和我的孩子们一起。

上了二十年的语文课，今天下课时的感觉有些异样：我的脑海里依稀回忆出一幅又一幅的画面：我想起了漫天大雪中的《三顾茅庐》；我想起了秋风萧瑟里的《我的伯父鲁迅先生》；我想起了大平原的小屯里左邻右舍的窗户上的《姥姥的剪纸》；我想起了秦腔幽魂下的夜空上的那轮《月迹》；我想起了褪色的老照片里的《冬阳·童年·骆驼队》；我想起了京韵大鼓声里的老《北京的春节》；我想起了春城落日里的《老人与海鸥》；我想起了满怀微风中含着露水和栀子花味道的《山中访友》；我想起了童年街道拐角处书店里的那场《窃读记》；我想起了荡舟英伦时的《用文字拍照》；我想起了泼墨山水的《用文字画画》；我想起了丝管奏乐的《用文字演奏》……

我记忆底层的这些画面在此刻全然重放，淋漓尽致。语文允许我欢笑，语文允许我发怒，语文允许我哭泣，语文允许我摔跤，语文允许我莽撞，语文允许我安静……语文世界里的我俨然是个孩子。我索性闭上双眼，继续这场海市蜃楼，用以祭奠我终将逝去的那些语文的秘境。

语文是大堤上的一次日出。语文的河流，大堤上的清晨格外美丽，东方泛出鱼肚白，在棉花般的云朵中，太阳壮丽地升起，用圆的诉说告诉大堤上的一切生物，新的一天即将开始。雨后初晴的天空泛着红晕，红晕从天的东边划过一道圈，与西边的天几乎接住。在红圈的边沿，由于初生阳光的照射，宛如少女的面颊般羞涩。

语文是大海边的一次眺望。语文是站在大海的岸边，往东眺望天空，正在降落的飞机在天空中绕着半圆排队，一架接着一架，不知道从哪里飞来。蓝色的大海在静静地流淌，对岸的高楼被海水撒上晶粒般的蓝，天空也是这般的蓝，远山也是这般的蓝，蓝蓝的语文就这样镶嵌在蓝蓝的大海边。是大海赋予了语文的气质，恰如其分的蓝色气质。

语文是云朵里的一次流连。语文的云朵像被水洗过一样，铺摊在黯蓝的天上。那些水云像白色的芍药被一个顽皮的孩子扯成一片一片的花瓣扔进流淌的河水。花瓣柔软地打开百褶裙，在河水的摩挲下无声地晕染成一大片白色的城。城里有浅浅的蓝色道路，深深的蓝色车辙，淡淡的蓝色记忆。语文的云朵，就这样被扯碎飘洒，流淌成一条记忆的河。

语文是烟雨中的一次游弋。烟雨中的语文煞是让人怜爱，溪水是活的，蜿蜒于烟雨长廊中，那是语文的脉搏；民居是活的，错落于河道两岸边，那是语文的灵魂；石桥是活的，幽立于街道拐角处，那是语文的姿势；小吃是活的，镶嵌于九曲回廊弄，那是语文的味道；夜色是活的，摇橹于乌篷褴褛里，那是语文的丁零。

语文是园子里的一次静默。语文的园子婆娑蓬勃，黄瓜沿着竹竿爬行，黄色的小花在绿茵中浅笑；地瓜藤在匍匐，把根须扎进土地，它们相信土地是最好的子宫；辣椒苗尚娇嫩，可已显示出孕育属于它的味道的力量；白蝴蝶飘忽不定，偶尔落在一块青砖上，倏忽间，又开动引擎飘了。语文园子的生命充满着陌生的轮回。

语文是草原上的一次策马。语文的草原一碧如毯，策马奔腾，放眼窗外是一种奢侈的享受。青草匍匐在平地上，沿着地平线一直覆盖着起伏的远山。奶牛在排队晚归，孤雁在定位家的方向，零星的小镇低矮的蓝瓦房顶升起浓黑的饮烟。草原与河流缠绕，在一处湿地驻足，天空中的雨变成青绿色淋漓砸落。沿着栈道走向草原腹地，淹没语文诗意的肉身。

语文是夏日里的一次听泉。在语文的群山腹地，听泉。但听流水淙淙，石浪夹击，音阶滑动，宛如山曲野风。依石而坐，静观溪鱼游戏，侧耳林鸟唏嘘，腐叶落陈之处草虫云集，潭面镜磨之洼鹭丝闲暇。濯足溪水，以鹅卵摩挲，任游鱼啄喙，凭晚风吹皱。幽峰矗立，修竹摇曳，夏虫唱和，山水清音处，卧听已忘言。

语文是霓虹里的一次晚归。暮色中的语文，冬的抚摸梳理出她的格调，海风夹杂着温柔的暗香汩汩流淌。绿道两旁的榕散发出馥郁的幽，上玄月的影子投射成细小的碎片撒落在这片幽中。河流沿着城市的切割倔强地行走成一弯曲线，归鸟的鸣叫揉碎成童年的呢喃。车水和马龙交织成陆离的水晶，朝着霓虹深处漫溯。心被染成了语文的颜色。

语文是夜空中的一次望月。月洒柔波，波丝涟漪，漪行苏堤，堤沿柔柳，柳色清新，新绿染珠，珠印画舫，舫滑白堤，堤岸浅笑，笑靥曾谙，谙然我心，心海荡漾，漾至风荷，荷叶连连，连绵三潭，潭水相依，依柳斜风，风润酥小，小憩一隅，隅弄斜望，望湖水天，天朗气清，清桐暗香，香凝一湖，湖心月圆，圆我一梦，梦回语文。

……

语文人生，是赴一场悠长的约会。语文的约会带给了我多彩的世界，在她交给我的一幅幅海市蜃楼般的秘境里，我看到了潮起潮落、云卷云舒、风起云涌；我看到了垂柳轻杨、风轻云淡、小桥流水；我看到了大漠孤烟、塞北冬雪、胡杨白桦……我定会大气、包容、宽阔、诗意、流淌、清澈地行走在语文的道路上，将天地的气质融入自己生命的血脉，让语文的味道在我的生命里慢慢发酵。

言语与语文

语文人生，是赴一场悠长的约会。这场约会由于绝大多时间是日复一日的家常教学中的"渐进"状态，使得我们逐渐淡化了一开始的职业冲动和新鲜；然而，一部分幸运的语文教师，在冲出职业的倦怠后，以登山者的毅力和勇气而最终攀至高峰的时候，无限风光在险峰，语文教学会呈现出一种"突进"状态。能够仰望星空的语文教师，每每以自己的才情和学生的智慧共同演绎一堂又一堂的生命之课后，职业的高峰体验精彩绝伦，人生的美好境界诗情画意。

为了赴这场约会，语文教师必须做好准备。这种准备首先就是必须对语文课程性质有自己的理解，时刻保持对自己学科课程性质嬗变的职业敏感。

什么是课程性质？课程性质就是要回答的是这样一个问题：语文课程到底是一门什么样的课程？或者说，语文课程到底是用来做什么的？或者说，为什么要开设语文这样一门课程呢？因此，它不是一种事实的判断，而是一种价值的判断。所谓课程性质，实质上是对语文课程的价值观进行哲学思考和定位。说白了，就是语文这门课程有什么用。

课程性质是对语文课程的一种顶层思考，是对语文本体的一种认识，是对语文课程价值的一种哲学判断，因此，对语文课程性质的思考和理解会影响和制约教师的一切语文教学行为和实践。换句话说，有什么样的课程性质观，不管你是有意识的还是无意识的，不管你是自觉的还是不自觉的，这样一种位居顶层的课程性质观，最终决定着语文教师的语文教学实践。有什么样的课程性质观，就一定会有什么样的课程实践，也因此就一定会有什么样的课程质量和效果。因此，对课程性质的理解，是语文教师专业化水准的一个重要表征。对一个优秀的语文教师来说，必须对语文课程性质有自己的理解，时刻保持对自己学科课程性质嬗变的职业敏感。

语文课程性质，指的自然不是语文课程的所有属性。语文课程的属性很多，工具性、人文性、思想性、情感性、实践性、综合性、科学性、社会性、民族性、系统性等等。但它们不能都成为语文课程性质。语文课程性质，指的自然也不是语文课程和其他课程共有的属性。以工具性为例，语文有，数学有没有？外语有没有？科学有没有？再以人文性为例，语文有，思想品德有没有？音乐有没有？美术有没有？既然大家都有，那它就不是语文课程性质。语文课程性质，指的是语文课程最基本、最特殊的属性。最基本，指的是有了它才会有别的属性，具有本源性；最特殊，指的是只有它才有，别的课程没有，具有排他性，是该学科独有的，而非其他学科共有的。

新中国成立以来，迄今为止，语文课程性质大体经历了四个演变阶段：

第一阶段，"文革"前，课程性质基本定位为"文道结合"或者说"文道统一"。这里的"文"，存在两种理解，一种理解为"语文教育"，一种理解为文章的"语言文字"；这里的"道"，也存在两种理解，一种理解为"思想政治教育"，一种理解为文章的"思想内容"。所以，又有广义的"文道统一"观，即语文教育和思想政治教育的统一，又有狭义的"文道统一"观，即语言文字和思想内容的统一。但由于特殊的社会政治背景，广义的"文道统一"观是主流的、占统治地位的。对于这一阶段没有经历过的教师，不太有体会，但经历过的教师，往往会有切肤之痛。因为这一阶段最终演变为政治挂帅。语文本身被彻底流放。

第二阶段，改革开放初期，课程性质定位为"工具性和思想性的统一"。在实践进程中，工具性被不断强化，语文是基础工具，语文是从事学习和工作的基础工具，因此，听说读写的技能训练被不断强化，直至有了

"把语文课上成语言文字训练课"的极端提法。

第三阶段，新世纪，课程性质定位为"工具性和人文性的统一"。但是在实际进程中，人文性又被不恰当的放大、蔓延，甚至过度诠释。脱离语文讲人文，以"教课文"为主导意图展开语文实践活动，各种课文内容（人文性）被漫无边际地渲染和演绎。

第四阶段，现在，课程性质定位为"语文课程是一门学习语言文字运用的综合性、实践性课程"。当然，为了保险起见，修订者小心翼翼地拖了一个漂亮的尾巴，即工具性和人文性的统一，是语文课程的基本特点。这是到目前为止，我们对课程性质的最高理解。事实上，这是新中国成立以来第一次以明确的、规范的方式，即下定义的方式，给出了语文课程的性质。大家知道，定义的基本结构是两个部分，第一部分是属概念，即语文课程的直接上位范畴是什么；第二部分是种差，即语文课程区别于同一范畴的其他概念的特殊性是什么。显然，这个定义就包含了这样两个部分。先说属概念，语文课程性质的属概念就是综合性、实践性课程。再说种差，而决定课程性质的，就是他的种差。那么，语文课程的种差、性质究竟是什么？

2011版"新课标"对语文课程的性质作了新的定位："语文课程是一门学习语言文字运用的综合性、实践性课程。"这一定位包含了三个关键词：综合、实践、运用。很显然，"课标"的顶层设计者们试图从语文课程最基本、最特殊的属性上厘清。最基本，指的是有了它才会有别的属性，具有本源性；最特殊，指的是只有它才有，别的课程没有，具有排他性，是该学科独有的，而非其他学科共有的。说白了，就是种差，即语文课程区别于同一范畴的其他概念的特殊性是什么。那么，这个种差到底是什么呢？那就是——言语性。语文课程最本源、最特殊、最排他的属性就是言语性。因为综合性也好，实践性也好，运用性也好，都包裹着语言文字的肉体，语言即言语。

让我们来看看何为言语性。言语，指的是个人在特定语境中的具体的语言运用和表现，显然，言语具有动词性、过程性、实践性。言语性，指的是语文课程"学习言语"的特殊属性。学习言语，就是学习语言文字的运用；学习言语，就是学习口头语言的运用和书面语言的运用；学习言语，就是学习说、学习写，即言语表现，因此，培养说写能力是语文课程的终极性目的。言语性不仅是实践层面、行为层面，更是素养层面、动机层面。言语不仅是技能，是工具，更是人的基本的生命属性，是生命的自发自由自觉的表达，言语是"存在的家"。人是一种言说的动物，每个人与生俱来潜伏着"言语动力"，这种动力其实涵盖了工具性，调和了人文性，彰显了实践性，凝聚了综合性。一言以蔽之，言语性，是语文课程的本质属性。

当我们确认言语性才是语文课程性质之后，我们就需要对工具性、人文性、综合性、实践性等属性进行梳理。

言语性和工具性。言语性涵盖了工具性，听说读写书，这些所谓的工具性目标是言语性这个地盘中早就固有的。但言语性不仅具有工具性，更具有存在性，即言语不仅是手段，交际的手段、思想的手段，同时更是存在的家，言语即目的。

言语性和人文性。言语性调和了人文性。一方面，言语性提醒我们，人文性的弘扬必须立足言语本身，脱离言语讲人文，违背语文课程自身的规律；另一方面，对言语要有人文意识和人文关怀，言语不仅是一个听说读写的过程，也是一个情感表现、态度流露、价值皈依的过程，其中自然蕴含人文性。

言语性和实践性。言语性彰显了实践性，即只有在言语实践中才能学会言语，分而言之，在交际中学会交际，在阅读中学会阅读，在写作中学会写作。言语性必然凸显实践性。

言语性和综合性。言语性凝聚了综合性，语文课程就内容而言可谓包罗万象、丰富多彩，这是其内容上的综合性；语文课程就载体而言可谓无时不在、无处不有，这是其路径上的综合性。但是，倘若只是关注起综合性，语文就会越界，就会泛化，就会漫无边际。而言语性恰恰划定了综合性的边界，是言语的综合性，是综合的言语性。

当然，课程性质不是凝固不变的。事实上，语文课程的内涵和外延是随着社会发展的需要而变化的，即所谓的与时俱进，不可能是凝固的、封闭的。企图从语文科本身来分析课程性质，从而找出一个亘古不变的真理的思路，是不切实际的，也是行不通的。以树立"唯一正宗"为目的的"语文课程性质"的论辩，其方法论本身就是错误的。对于语文课程性质的理解，我们现在的高度就是言语性。但是，随着时代的前进与发展，言语性也不一定就是终极答案，路漫漫其修远兮，让我们上下而求索。

语文教师，是要跟言语去赴一场约会。

节奏与言语

　　我们知道，语文教师是要跟言语去赴约。在赴约之前，我们还有一步准备工作要做，那就是要搞清楚你即将要约会的对象——言语，她有什么差性的脾性。

　　言语是人的基本的生命属性，是生命的自发自由自觉的表达，言语是"存在的家"。言语是"家"，言语是人的确证的归宿，言语是人存在的"家"，没有言语人们就回不了"家"。那么，这个"家"有哪些脾性和属性呢？稳固性、渐变性、系统性、社会性、民族性、生成性、模糊性、灵活性、节奏性等都应属于它的属性。在诸多的属性中，节奏应该是它的本质属性。为什么说节奏性是言语的本质属性呢？因为人是一种言说的动物，每个人与生俱来潜伏着"言语动力"，言语是具有动力的，一切具有动力的东西，必定以节奏为其本质属性。

　　"天地有大美而不言，四时有明法而不议，万物有成理而不说。"节奏是宇宙中自然现象的一个基本原则，它是周期性、规律性的运动形式，它按照一定的条理、秩序、重复、连续地排列，形成一种律动形式。它有等距离的连续，也有渐变、大小、长短、明暗、形状、高低等的排列构成。歌德说："美丽属于节奏。"音乐靠节拍体现节奏；绘画通过线条、形状和颜色体现节奏；舞蹈凭借肢体体现节奏；诗的长短、顿挫、停顿、回旋形成节奏；言语的节奏则是一种直觉的敞亮。在言语活动中，节奏无处不在，一切言语活动都离不开节奏，节奏感是言语实践活动所必需的一种能力。

朱光潜说："艺术返照自然，节奏是一切艺术的灵魂。"言语，言语作品，本身就是艺术品，那么节奏也应该是她的灵魂。言语作品言说的激情凭借的是"气"，而"气"是流动的，流动必将产生节奏。或快或慢，或长或短，或急或缓，或重或轻，或远或近，或明或暗……古人说，文以气为主。这里的"气"可以解释为气势、修养、精神等，是文内在的精、气、神，是充溢奔泻的言语生命激情。这种精、气、神，就是传递言语精神的节奏感，没有明快的节奏，言语就失去了言说的方式，失去了精神的支撑。言语生命的传递和融合，是和顺积中、同气相求、有无相生、无中生有的节奏律动的过程。

王国维在《人间词话》中标举的"境界"一词，说的也是一种言语的"气"，或者说"气场"。他在评宋人词时说："红杏枝头春意闹，着一'闹'字而境界全出。"他接着说："云破月来花弄影，着一'弄'字而境界全出矣。"从"闹""弄"两字中，我们看见了繁花盛开、迎风飘动、花影摇曳、花瓣飘零的动感，宋人词中的节奏被王国维恰如其分地点击出来。作家冯雪梅说："小时候母亲教我认字，红色红，在我的眼睛里不是字，而是奔跑着的火光，是漫山遍野的鲜艳的花朵。"单一个"红"字，在作家的眼里竟然能奔跑起来，那种节奏的言语张力，不必说一篇文章的言说，更不必说一部小说的言说了。

语文教材中的每一篇文字都是一场言语与节奏的浪漫约会：

苏教版教材《姥姥的剪纸》，作者笑源用"剪纸声"切入文字，使得文字在一开始时就呈现出轻快的节奏感。随着文字叙事的深入，作者用一个"拴"字来表达"剪纸声"的魔力，姥姥的剪纸声拴住了作者的身，拴住了作者的心，拴住了作者的梦。全文的筋脉牢牢地被"拴"住，童年的画面在姥姥的剪纸声中自由地奔跑、嬉戏，文字就像奔跑在童年田埂上的孩童，充满家乡的青草味儿。

北师大版教材《月迹》，是当代文坛巨匠贾平凹的散文极品。贾平凹文字的最大秘妙乃是运用了通感的手法，让时空的一切东西得以打通，节奏蕴含其中。细读《月迹》，我们不难发现其中洒落着这样一些通了神似的文字："倏忽间，哪儿好像有了一种气息，就在我们身后袅袅，到了头发梢儿上，添了一种淡淡的痒痒的感觉。似乎我们已在了月里，那桂树分明就是我们身后的这一棵了。"说这些文字通神，那是一点都不为过的。当听说月宫中有桂树时，倏忽间觉着"哪儿好像有了一种气息"，而且似乎"就在身后袅袅"，仿佛又"到了头发梢儿上"，甚至还"添了一种淡淡的痒痒的感觉"，以至于产生了一种幻觉，觉得"我们已在了月里，那月桂分明就是我们身后的这一棵了"。贾平凹巧妙地将视觉形象变成了嗅觉、触觉意象，于是，遥不可及的月形月影变成了可闻可触的近旁存在。同时，因为月宫、桂树、嫦娥、玉兔等虚拟物象的掺和，又使得真真切切的月亮"倏忽间"变得虚幻而奇妙了。

人教版教材《窃读记》，台湾文坛祖母级大师林海音的文字。其言语外部的"自流"现象让我惊叹：自转语境、自问自答、自语独白、自嘲自容、自我安慰、自我解释、自我想象、自我打趣、自我做梦、自我造境……英子通过对言语外部"自语式"的包装，让其内部呈现出"短平快"的节奏张力，原来一切言语的外部面庞都和言语内部节奏息息相关。课堂上打出短急平快、撞击荡漾的节奏感，让英子的文字呈现出特有的魅力。

人教版教材《北京的春节》出自语言大师老舍之手。他像一位国画大师，用手中的文字或浓或淡，或写意或工笔地描绘着老北京的春节。随着文字的进程，透过文字，背后的画面立了起来：闻闻腊八的浓香，尝尝小年的麦芽糖和糯米糖，听听除夕的鞭炮声，逛逛初一的庙会，看看元宵的花灯，还有正月十九的残灯末庙，感受老舍笔下好一幅北京《春节序曲》图景。这种文字行走的感觉只有老舍这样的语言大师才能绘就，在这些画面中，特别精彩的是在"看元宵的花灯"一处，文字呈现出强烈的抖动感：那份不惜笔墨的重复、点到为止的简洁、引人遐思的留白，都让文字动了起来。

人教版教材《我的伯父鲁迅先生》是一篇回忆录，是鲁迅的侄女周晔在伯父去世后站在灵堂前回忆伯父生前的故事。通过"趣谈《水浒》"、"笑谈'碰壁'"、"救护车夫"、"关心女佣"等四个小故事勾勒了鲁迅生前几个写实的画面。为了让四个小故事流动起来，周晔的文字通过"搭桥"的形式，以自己的"泪"使文字揉在一起："我呆呆地望着来来往往吊唁的人，想到我就要永远见不到伯父的面了，听不到他的声音了，也得不到他的爱抚了，泪珠就一滴一滴地落下来。"每一个小故事戛然而止的时候，周晔的"泪"如期而至，迅速让文字具有了神奇的奔跑呐喊的力量。

人教版教材《山中访友》，是当代关中散文家李汉荣的作品。细读他的文字，发现他将绘画、建筑、音乐的对称美巧妙运用到文字的搭建中。晨出，露水和栀子花裹着好心情；老桥，词语逐个扩散成美丽的倒影；树林，人依照树盘古似的衍变成美丽的神话；深谷，琳琅满目的风铃摇曳成五线谱般的平衡；驻足，虔诚的动作惊人相似；雷雨，就连夸张也如此工整；晚归，天与地、首与尾完美合一。语词扩散对称、想象画面对称、排比振动对称、动作比拟对称、夸张渲染对称、首尾合一对称，悄然融合在李汉荣的文字里，读来让人实则过瘾。

……

作为语文教师，一生与言语约会，一生与言语的节奏约会，这是一种职业的宿命。当你选择语文教师起，这场约会已经在悄然等待。既然言语具有野生的节奏感，我们要做的就是顺应这种天性，去牧养节奏、养护天性，顺应语文教材每一个言语生命的潜质、天性和个性的成长，使得教学的日程和言语生命自然生长的时节合拍，约在天成。然而，每一位语文教师其言语生命特质不一，这就注定着有什么样的语文教师哺育出什么样的言语孩童。从这个意义上说，语文教师在一个人的言语生命发育过程中的重要性。细心观察后不难发现，北方人的言语表象区别于南方人，中原地区的人言语特质异于沿海地区的，这都跟其语文教师的言语特质相关。但无论是北方人还是南方人，中原人还是沿海人，他们言语结构中有一种东西相同的，那就是——节奏。

诗画语文与言语节奏

　　我的语文即将赴约，我将披着怎样的外衣去与言语的节奏赴约呢？抑或说，我心目中的理想语文应该呈现出怎样的节奏之美呢？这是每个语文教师在上路之前、途中、山顶，时时刻刻，必须思考的问题。

　　母语，是每个民族最敬畏的图腾。作为承载我们民族精神的母语，习得她的过程应该是从容的、浸润的、流淌的、悄然的、涓涓的、潜入的、融化的、熨烫的、蒸融的、沙漏的、咀嚼的、诗情的、画意的……一言以蔽之，习得母语的过程，其核心应该是——诗情和画意的。习得母语，无限风光在险峰。那么，诗情和画意的习得方式有哪些"招"呢？我以为，最大的"招"不是在于外在的形式，而是在于母语本身。苏轼评王维之诗画有"味摩诘之诗，诗中有画；观摩诘之画，画中有诗"之悟，母语同样具有"诗"与"画"的两维，"诗"乃文字，"画"乃画面，"诗"与"画"的互现，或者说"文字"与"画面"的互现，是我的——"诗画语文"课堂的理想与信念。

　　在我的诗画语文课堂上，我使出浑身解数，想方设法地打通文字与画面的通道。我让学生拿着心中的照相机，透过文字的肌理，去拍摄背后的一幅又一幅画面，而后又从一幅又一幅画面中返回到文字的中间地带，细细地咀嚼，静静地品尝……于是，在我的诗画语文课堂上，少的是外在的形式，多的是文字与画面的亲密互现。在这样的往返穿行之中，诗画语文呈现出鲜明的节奏感。

我以为，诗画语文的最大的秘妙，乃是心中有儿童，只要心中有儿童，就是最大的福祉。我的"诗画语文"，把儿童的发展作为己任，关注着课堂上的三个"儿童"：教室里的儿童、教材中的儿童、教师也是个儿童。我的诗画彼岸就是：教师和学生一起在亲历语言文字和描绘田园画卷中获得比现实更丰富的文化内涵、更润泽的情感熏陶和更深邃的精神洗礼，师生一起过着一种文化的、母语的、儿童的、智慧的生活。

诗画语文一直对言语节奏保持一种虔诚的皈依，一堂好课，在教学过程展开后，课堂节奏便迅速拉起，并且很快建立一种"模型"。这种"模型"在变化中有规律，在流动中有生展，却又常回旋到课的出发点时的律动频率。这种"模型"印到学生心里也就形成了一种"心理模型"，他们不知不觉地准备照着这个模型去适应，去花费心力，去调节注意力的张弛与筋肉的伸缩，这种准备在心理学上的术语叫作"预期"。吸引人的课堂节奏都必须在听课者生理、心理中印为模型，都必能产生"预期"。"预期"的中与不中就是节奏的快感与不快感的来源。比如听一堂动静相生、起伏相间的课，听到极动时我们不知不觉地预期极静的复返，听到大起时又不知不觉地预期大落的复返。课堂上，预期不断地产生，不断地被证实，就能发生恰如所料的快慰感。

曾几何时，诗画语文节奏的言说方式逐渐清晰，并以课的名义诗意存在。也就是从那时起，诗画语文每年推出一堂课例，每一堂课，都是一场浪漫的言语节奏的约会。动静、起伏、错落、收放、疏密、留白、回旋、明暗、突降、突转、层进、回环、轮回、婉言、取舍、顺逆、详略、点面、内外、立破、张弛、曲直、合分、荡漾、往今、通感、停走、迂回、一三、三一、梦实、首尾、你我、聚散、和谐……这些像歌曲中的音符悄然暗含于我的《三顾茅庐》《我的伯父鲁迅先生》《木笛》《姥姥的剪纸》《月迹》《冬阳·童年·骆驼队》《威尼斯的小艇》《北京的春节》《老人与海鸥》《山中访友》《用文字拍照》《用文字画画》《用文字演奏》等诗画语文课例里，我心里明白，我没有刻意的追求，它们显然是不请自来。我突然间澄明，天地间，唯有言语、唯有节奏是一切生命的表征。

2004年，诗画语文推出《三顾茅庐》。我和学生一起层层相进、婉言诉说，投入"三国"那风云莫测的情境中，我给孩子们深情朗诵诸葛亮的《出师表》，整个课堂时空凝固了，学生的心被节奏紧紧地揪住，刘玄德和孔明的故事在时空中轮回。这是诗画语文教学生涯中的第一次"高峰体验"，如此美妙的感觉进入身体的每一个毛细血管，迅速膨胀，使我的灵魂腾空而起。

2005年，诗画语文推出《我的伯父鲁迅先生》。我以"爱"和"泪"为情感主线，轻重缓急、回环相扣、立体多维地推进教学。我尽情地感受着诗画语文课堂的"场"，或身飘于柳絮之间，或闲暇于朵云之上，或休憩于茗树之下，或吟赋于紫竹之阴，或吮吸于母乳之甜……

2006年，诗画语文推出《木笛》。一位青年、一名大师、一次抉择、一个日子、一曲笛声、一片烛光、一群孩子……以她极具场景性的描述引入我走进南京交响乐团的这个考场。课堂上，我和学生以"如泣如诉"为轴心，在"泣"和"诉"两个层面上挥洒，在布局谋篇、起承转合、审美张力、语言风格等方面泼墨留白、突降取胜，呈现出诗画语文鲜明的节奏感。

2007年，诗画语文推出《姥姥的剪纸》。我依托语词和学生一起经历把课文读薄、把课文读厚、把课文读活的奇妙的阅读之旅，厚薄梳理、通感相融，引导学生读出姥姥的心灵手巧，读出姥姥的舐犊情深，读出作者的心梦之境，读出对亲人的感恩、对童年的眷恋之情。在课堂上，保持"诗情"与"画意"的张力臻于融通，课中有画，画中有课，一张一弛，是诗画语文生命发展的要义。

2008年，诗画语文推出《月迹》。我努力打通文字和画面的界限，在课文的推进过程中，使"寻觅月迹"和"感悟心迹"这两条主线一明一暗，始终相互缠绕、相互印证、明暗交织、物我合一，保持"诗情"与"画意"的张力臻于融通，这样，课中有画，画中有课，诗画语文的节奏张力挥洒得淋漓尽致。

2009年，诗画语文推出《冬阳·童年·骆驼队》。文本细读时我努力寻觅语言表达上的暗线，倾力倾听语言内部的撞击声，细心发现言语结构上的秘妙。课堂呈现出起承转合中的节奏之美：驼铃声声入课来，驼铃声声入味来，驼铃声声入文来，驼铃声声入梦来。一三三一、轮回归一，让文字的画面立起来，在冬阳底下编织着英子与骆驼的故事：傻傻地学咀嚼，轻轻地谈驼铃，愣愣地看驼绒，连连地问行踪，一切都是那么舒缓、惬意。

2010年，诗画语文推出《威尼斯的小艇》。意大利的威尼斯，就宛如一幅画，一首歌，包含了真、善、美。威尼斯的小艇轻快、灵活，仿佛一条蛇。在这堂课中我尝试了一种"骑"在文字上的感觉，依托语词，把读课文和看电影联系起来，在镜头的推进、拉长、蒙太奇中经历把课文读薄、把课文读厚、把课文读活的奇妙阅读之旅，读出威尼斯小艇的独特魅力和说不完的情趣，推拉收放、动静自如。

2011年，诗画语文推出《北京的春节》。当老舍的文字大幕拉开的时候，老北京过春节的画面在我和学生的眼前立起来：闻闻腊八的浓香，尝尝小年的麦芽糖和糯米糖，听听除夕的鞭炮声，逛逛初一的庙会，看看元宵的花灯，还有正月十九的残灯末庙，好一幅北京《春节序曲》图景！我把教学定位在感受老舍笔下北京春节的风俗美和品味老舍语言俗白美妙的独特魅力上，打出猜断玩味、繁简织就的节奏快感。

2012年，诗画语文推出《老人与海鸥》。昆明的那群海鸥与老人的相遇，一如"海鸥之与波涛的相遇"。海鸥依旧年年来，老人却如波涛流去。昆明人是诗意的，他们将老人撮嘴呼唤的形象定格在了湖畔，这样老人与海鸥就时时刻刻缠绕在一起。老人与海鸥共飞、海鸥与雕像共飞，惺惺相惜，永不分开，成了这座城市永恒的美丽。原来文字是会跳舞的，文质彬彬、音画同源，我和学生享受到了和文字舞蹈的魅力。

2013年，诗画语文推出《山中访友》。滂沱大雨中细读《山中访友》，一种言语对称之美悠然呈现。晨出，露水和栀子花裹着好心情；老桥，词语逐个扩散成美丽的倒影；树林，人依照树盘古似的衍变成美丽的神话；深谷，琳琅满目的风铃摇曳成五线谱般的平衡；驻足，虔诚的动作惊人相似；雷雨，就连夸张也如此工整；晚归，天与地、首与尾完美合一。课堂上师生对文字的对应平衡现象反复进行转弦弹拨，使得文字像音符一样歌唱。

2014年，诗画语文推出《用文字拍照》。这是诗画习作的扬帆之旅，就像一泓清泉缓缓流至师生心田，为学生带来诗情画意的慰藉。景中有景、画中有画；景外有景、画外有画。每一处风景不能边走边忘，每一处风景都值得用文字拍照，记录最真实的心情。诗画习作渴望在习作的路上有感而发，不为技巧，只为心情，只为用真情的文字来为沿途的风景美美地拍照。

2015年，诗画语文推出《用文字画画》。当诗画作文与中国画相遇后，课堂呈现出水墨画般的美感。诗画作文的母语血缘来自王维的"诗中有画，画中有诗"，由王维的诗作入手启动诗画作文的课堂大幕，课堂的文化脐带带有鲜明的诗画特征。小语教材中有多篇涉及文字和画面的题材，师者惊奇地发现，这些作品中，谈及的作画技法是如此的相似：浓墨涂抹、工笔细描；绿色渲染、轻笔细描；挥笔速写、墨线勾勒……这些中国画作画技法的词语引起了诗画作文的极大兴趣，原来，这就是中国画技法中的两大门派——写意和工笔。其实，写作也罢，画画也罢，无非就是将写意和工笔调节到最佳的点，或写意，或工笔，或既写意又工笔。

2016年，诗画语文推出《用文字演奏》。诗画作文与音乐相遇了，这注定是一场浪漫的文字与音乐之约。然究其本源，乃是文字、画面、音乐三者的约会。从古诗中发现的用文字演奏入课，到教师文字中的用文字演奏，再到教材中的用文字演奏，继而派生出学生笔下的用文字演奏，最后回归到我们心中的用文字演奏，文字与音乐、画面一路逶迤前行，师生惊奇地发现，原来音乐的节奏、旋律、和声蕴藏在文字的画面之中，原来艺术都是相同的，音乐的技法跟写作的技法是一样的。诗中有画，画中有诗；音中有画，画中有音。

……

人是言语的动物，每个人都是活在言语中的，每个人都有自己的言语生命。语文教师就更应该珍惜并努力营造自己的言语生命，让自己的言语生命之树枝繁叶茂，让鸟儿在你的大树下诗意栖居。只有自身的言语生命丰润的语文教师才能更好地牧养学生的言语生命。说到底，语文教学，是教师和学生言语生命的交响与共振，是言语情怀、言语智慧、言语节奏的激情欢歌。在我看来，语文教师对言语的敏感度直接影响着自己的语文教学生命。而在对言语诸多敏感的相度里，对言语节奏的敏感是最能滋养人的言语生命的。

诗画语文，十三年一约，真爱永恒，生命不息，约会不停。每一年，诗画语文都会与一篇课文相遇，与课文中的言语相遇，与言语中的节奏相遇。在课堂上，教师和学生玩味着言语，享受着言语节奏带来的快感，就像李清照写道："常记溪亭日暮，沉醉不知归路。兴尽晚回舟，误入藕花深处。争渡，争渡，惊起一滩鸥鹭。"在言语的河流中放舟，从晨曦到日暮，师生全情投入，全然融入，一时忘记来时路，在言语节奏的冲击下，顺流而下来到如诗如画的境地，犹如王羲之在《兰亭序》中描述的"此地有崇山峻岭，茂林修竹，又有清流激湍，映带左右……"

著名特级教师周一贯先生对诗画语文课堂这样评价："肖绍国老师迈步走自己之路，行走在诗情画意中，走得踏实，也走得潇洒；走得刻苦，也走得快乐……语文教师担当着历史的道义，成为不可替代的角色，这就注定了这条道路虽然崎岖曲折，但确实充满了诗情画意。肖绍国能够聪慧地领悟其个中三昧，而成就着他的诗意人生。"我愿意为我的诗意人生在崎岖的山道中行走，因为我知道沿途会有无比绚烂的风景等着我。

课堂是
诗画语文节奏的
伊甸园

层层相进　婉言诉说

　　《三顾茅庐》是诗画语文2004年的课品，时隔多年，当我捡起它作诗画语文言语节奏观察时，我的耳畔响起了邓丽君的《我只在乎你》："任时光匆匆流去，我只在乎你，心甘情愿感染你的气息……"就像刘备的眼里只有诸葛亮一样。

一、层进——起伏相间，渐臻佳境

　　层进式的节奏张力就像说话人语气、语调的变化，由弱到强，依次递进，使得说话的感情渐趋强烈，最后达到顶点的方法。课堂中的层进是教师带领学生依据教学设计方案和师生情感在课堂中采取层层递进的方式展开堂课，它所能产生的节奏张力就像说话人利用语气、语调的变化，言语由弱到强，依次递进，使得凝聚的情感渐趋强烈，直至顶点。抑或说，一堂课，主线与辅线、明线与暗线、内线与外线相互制约，在节奏的韵动中要经历一个由淡至浓的过程。《三顾茅庐》的教学我锁定的主要教学目标是抓人物语言反复揣摩，体会刘备三请诸葛亮的诚意。为了体会诚意，我和学生锁定对话悟诚意：

　　张飞说："一个村夫，何必哥哥您亲自去呢？派个人把他叫来得了！"

　　刘备斥责他："胡说！孔明是当今大贤。怎么可以随便派个人去呢？"

　　以上是第一组对话，教师依托关键词语点，如"胡说""大贤"等关键处，引导学生体会张飞和刘备截然不同的心情，进而师生分角色对读。朗读体验是感悟的主要途径，找出体现刘备诚意的一组对话以后，教学重在指导朗读，在朗读中把握读的语气，在读中理解词语，体会人物的思想感情。

张飞埋怨说："天寒地冻，还是回新野避避雪吧！"

刘备说："我冒着风雪正是为了让孔明知道我的诚意。你怕冷，自己回去吧！"

张飞说："哥哥不用去了，我用一条绳子把诸葛亮捆来就是了！"

刘备大声斥责说："你怎么如此无礼？这回不用你去了，只让云长同我一起去。"

张飞说："既然二位哥哥都去，小弟怎么能落后呢！"

刘备说："你一起去也行，但要懂得礼节。"

第二组对话，教学主要采用"自由对读"的形式，让学生在小组内你读张飞，我读刘备，选择其中一组你最感兴趣的对话，先充分自由对读，继而指名对读。同样依托"大声斥责"等关键词语，引导学生体会刘备的诚意。这样，朗读又进了一步，由读前面的一组对话到自由对读三组对话。朗读的形式更为多样，有对读、分角色读或荐一位同学读等。反复朗读中教师进行适当点拨，使刘备儒雅、彬彬有礼、待人诚恳的形象浮现在学生眼前。

张飞气极了，对关羽说："这个先生怎么这样傲慢！等我到草屋后面放一把火，看他起不起来！"

刘备＿＿＿＿＿说："＿＿＿＿＿＿＿＿！"

第三组对话，此时课文中只出现了张飞的话语，而刘备的话语则被编者删去，这是一次极佳的"创新对读"的机会：

师：这张飞到了忍无可忍的地步。此刻，刘备会说些什么呢？书中无文字，图中无声音，你能想象刘备会说些什么吗？

生1：刘备大声斥责说："你怎么又来了，我早就告诉过你，我这样是为了让孔明知道我的诚意。"

生2：刘备耐心地说："既然孔明正在睡觉，我们不妨也等他一下嘛。"

生3：刘备火冒三丈地说："你怎么又这样了呢！我在来的路上，不是跟

层层相进　婉言诉说

你讲过要懂得礼节，千万不能失礼呀！"

生4：他压低声音地说："你的牛脾气怎么又上来了？不是教育过你了吗！别坏了我们的大事呀！兄弟！"

师：你叫什么名字？你为什么会压低声音说？

生4：我叫吴月。因为大声说会吵醒诸葛亮的。

师：如果我是刘备，我会将一将胡子（师边说边做将胡子状），告诉你说：吴月，知我者，非吴月公子莫属也！（全场都笑了）

这里的"创新对读"，由理解性阅读进入创造性阅读。前面读了那么多对话，学生对刘备的性格特点自然有了比较深入的了解。教师巧妙地利用文中"张飞气极了，对关羽说：'这个先生怎么这样傲慢……'"设计了一个通过想象写人物对话的练习，把个性化阅读引向深入。这样，通过师生对读、自由对读、集体引读、创新对读，逐步推进，在层层推进的过程中，使课堂呈现出依次递进的美感。学生在经历"师生对读""自由对读""集体引读"的起伏相生之后，会自然地形成"心理模型"，企盼下一个对比的出现，当"创新对读"呈现在学生面前时，"心理预期"得以证实，身心愉悦、兴致盎然、高峰体验。

二、婉言——逶迤曲折，收放自如

婉言本是汉语中一种比较古老的修辞手法，在《诗经》中运用十分普遍。说话人故意不直接说出要表达的意思，而是将本意绕个圈子委婉曲折地加以表达，这种方法就是婉言法。这种手法跟语文教学有什么关系呢？其实很有关系，课堂往往有一个主体"话语"目标，即所谓的"主题""中心"。为了开发这个"话语"，我们往往会想尽办法，迂回委婉地朝这个主题进发，正所谓"通往罗马广场的路不止一条"，在曲折回廊中移步换景，会出现藤萝摇曳的美景。

《三顾茅庐》的教学，锁定的课堂话语目标是"诚"，为了让学生对刘备的"诚心诚意"产生共鸣，在课程的结尾处，我安排了如下的逶迤曲折的过程，一如婉言的节奏手法：

师：刘备以他的诚心和谦恭感动了诸葛亮，从此，诸葛亮出山辅佐刘备南征北战，鞠躬尽瘁，死而后已。二十一年以后，刘备已经离开了人世，诸葛亮在回忆起这段往事的时候，感慨万千地写下了这样的话——（媒体出示《出师表》节选，古筝曲《高山流水》徐徐奏响，教师深情朗读："臣本布衣，躬耕于南阳，苟全性命于乱世，不求闻达于诸侯。先帝不以臣卑鄙，猥自枉屈，三顾臣于草庐之中，咨臣以当世之事，由是感激，遂许先帝以驱驰。后值倾覆，受任于败军之际，奉命于危难之间：尔来二十有一年矣。"）诸葛亮眼中含着点点泪花，心潮澎湃，思绪万千，他深情回首，念念不忘，同学们，这段文字比较深奥，你好像听懂了些什么？

生：最后一句说这是二十一年前的事，二十一年，历历在目。

生："臣本布衣"，诸葛亮说他原来是穿布衣的，布衣就是平民。

生："由是感激"，说明二十一年过去了，诸葛亮还念念不忘。

师：此时此刻，你想对一片真情的刘备说些什么呢？请你用一句话、一个词、一个短语，来抒发此刻你想对刘备所说的话。先写一写。

师：写好了，大声地朗读出来，抒发你此刻的心情。

生：珍惜人才，是打胜仗的关键；一片诚意，是尊敬别人的关键。学习你，敬佩你，对待朋友，对待人才，一片诚意。

生：你是一个独具慧眼的人，如果不是你的耐心和诚意，也许诸葛亮的才干会被埋没，也许我们中国的历史也不会如此灿烂。

生：千里马常有，而伯乐不常有，刘备你乃伯乐也！

生：刘备三顾茅庐，真是精诚所至，金石为开。

师：同学们，是"诚"唤醒了沉睡着的诸葛亮！是"诚"让诸葛亮拥有了无穷的力量！还是这"诚"让诸葛亮驰骋沙场，报效国家！千言万语汇成一个字——诚。

这一环节有着明确的教学任务——写下对一片真情的刘备想说的话

语。但为了写下这些话语，我们设置了婉转的表达程序：赏诸葛亮的《出师表》，听诸葛亮在城门上弹奏的《高山流水》，谈对《出师表》的体会……这一切都是为了后面的"千里马常有，而伯乐不常有，刘备你乃伯乐也！""精诚所至，金石为开"等精彩表白。教学至此，教师深情朗诵，古筝徐徐放送，学生零星揣摩，继而动笔写话，节奏铺陈舒展，曲折处还它个曲折，通幽处还它个通幽。教师教得气定神闲，学生学得从容不迫，大有"淡云含远意，壶天自春色"的意趣。在这样的节奏中，学生的"心理模型"是散放型的，直至教师的结语"是'诚'唤醒了沉睡着的诸葛亮！是'诚'让诸葛亮拥有了无穷的力量！还是这'诚'让诸葛亮驰骋沙场，报效国家！千言万语汇成一个字——诚。"这句一出，"预期"终于得以证实，他们在心里会长吁一口气。

层进、婉言，是诗画语文对言语节奏的自觉皈依，当作如是观。

《三顾茅庐》教学实录

起：感觉，第一印象落诚意

师：同学们，上节课我们已经初读了《三顾茅庐》这篇课文，（媒体出示刘备三顾茅庐的画面）通过初读课文，刘备三顾茅庐，给你留下怎样的印象？

生：我认为刘备非常珍惜人才。

师：好的，还有吗？

生：我感觉刘备是一个非常有诚意的人。

师：非常有诚意的人，很好。（板书：诚）

生：我以为刘备非常会用人，他知道诸葛亮非常厉害，才三次去茅庐拜访。

师：对呀，三顾茅庐，可见刘备对诸葛亮的一片诚心。（教师点着板书

"诚")要想细细品味刘备这深深的诚意,咱们还得好好地读读课文。

承:揣摩,锁定对话悟诚意

师:请大家默读课文,找到那些最能体现刘备真心诚意的语句,然后放开声音自由地读一读这些语句,好不好?

生:好。(学生自由地朗读课文)

师:能体现刘备诚意的语句有好多处,你找到的是哪一句,谁先来读?

师 生 对 读

生1:我找到这一句话:刘备斥责他:"胡说!孔明是当今大贤。怎么可以随便派个人去呢?"

师:联系张飞的话,这是一组对话。(媒体出示:张飞说:"一个村夫,何必哥哥您亲自去呢?派个人把他叫来得了!"刘备斥责他:"胡说!孔明是当今大贤。怎么可以随便派个人去呢?")

师:你再来读读这两句话,然后说说你的感受。

生1:(再读对话)我觉得刘备非常严格要求张飞,他非常尊敬孔明。

师:你是从哪些词语中体会出来的?

生1:我觉得这个"胡说"特别有味道,能体会出来。

师:哦,我刚才从你的朗读听出,你这个"胡说"读得特别有味道,你为什么要这样读?

生1:我要读出刘备斥责张飞的语气。

师:噢,那你们知道刘备和张飞是什么关系吗?

生2:刘备和张飞是兄弟关系。

师:对,他们"桃园三结义",情同手足。现在,为了请一个诸葛亮,刘备竟然斥责自己的兄弟,足可以看出刘备怎么样?

生3:爱才。

层层相进 婉言诉说

师：爱才，对了。你说。

生4：他很敬重人才，很珍惜人才，真得很有诚意。

师：我们就要读出刘备这种斥责的语气，体现他的诚意，谁来读？你来读。

生5：刘备斥责他："胡说！孔明是当今大贤。怎么可以随便派个人去呢？"

师：我觉得你不但"胡说"读得不错，"大贤"也读得很有味道，你为什么
　　要这样读呢？

生5：我这样读，是因为要体现出孔明是一个大贤，而不是一个村夫，而且他
　　非常有才干。

师：大贤啦，为了表示尊重，咱们可以边行礼边读这句话。来，同学们，让
　　我们加进动作，（教师做拱手的动作）一起来读这句话，好不好？

生（齐）：好。"胡说！孔明是当今大贤。怎么可以随便派个人去呢？"
　　（学生边拱手边朗读）

师：在刘备的眼中诸葛亮是一位大贤，而在张飞眼中诸葛亮只不过是一个？

生（齐）：村夫。

师：谁来读读张飞的话，体会体会张飞当时的心情。你来。

生：一个村夫，何必哥哥您亲自去呢？派个人把他叫来得了！

师：我听出了你对诸葛先生的轻视。来，我读张飞，你们读刘备，咱们来一
　　次对话，好不好？
　　（师生分角色对读上面两句话）

自 由 对 读

师：好，刚才这位同学是抓住刘、张的对话来体会刘备的诚意，很好！哪位
　　同学还有别的发现呢？谁来读其他的对话？你来读。

生1：当时正是数九寒天，雪花纷飞。张飞埋怨说："天寒地冻，还是回新野
　　避避雪吧！"刘备说："我冒着风雪正是为了让孔明知道我的诚意。你
　　怕冷，自己回去吧！"

师：读得不错。

师：还有吗？你来读。

生2：张飞说："哥哥不用去了，我用一条绳子把诸葛亮捆来就是了！"刘备大声斥责说："你怎么如此无礼！这回不用你去了，只让云长同我一起去。"

师：读得很流利，请坐。还有对话吗？你读。

生3：张飞说："既然二位哥哥都去，小弟怎么能落后呢！"刘备说："你一起去也行，但要懂得礼节。"

师：好的。同学们，请看你们读的这三组对话。（媒体出示：张飞埋怨说："天寒地冻，还是回新野避避雪吧！"刘备说："我冒着风雪正是为了让孔明知道我的诚意。你怕冷，自己回去吧！" / 张飞说："哥哥不用去了，我用一条绳子把诸葛亮捆来就是了！"刘备大声斥责说："你怎么如此无礼！这回不用你去了，只让云长同我一起去。" / 张飞说："既然二位哥哥都去，小弟怎么能落后呢！"刘备说："你一起去也行，但要懂得礼节。"）你们同桌，或者前后同学，你读张飞，我读刘备，选择其中一组你最感兴趣的对话，先自由读读，等会儿，请你们来展示，好不好？

（学生合作分角色读）

师：好，哪两个同学先来？有人说，听话听音，其他同学可要认真听，看看你能听出些什么？

生1：张飞埋怨说："天寒地冻，还是回新野避避雪吧！"

生2：刘备说："我冒着风雪正是为了让孔明知道我的诚意。你怕冷，自己回去吧！"

师：读得不错！你们听出了什么？

生3：我听出刘备非常想把诸葛亮请出山来帮助他。天寒地冻，就是要让孔明知道他的诚意。

师：刘备真可是用心良苦啊！来，请你把刘备当时的心情读出来。

生3：张飞埋怨说："天寒地冻，还是回新野避避雪吧！" 刘备说："我冒着风雪正是为了让孔明知道我的诚意。你怕冷，自己回去吧！"（学生读出了张飞轻蔑的语气）

师：好的。你们又听出了什么？

生4：我听出了张飞对孔明很不在意，认为他没有什么才干。

师：你看，天寒地冻，雪花纷飞，谁不会埋怨呢！谁也来埋怨一下？你来。

生5：张飞埋怨说："天寒地冻，还是回新野避避雪吧！"

师：好的。面对着弟弟的埋怨，谁做哥哥，来教训他一下？

生6：刘备说："我冒着风雪正是为了让孔明知道我的诚意。你怕冷，自己回去吧！"

师：读得真棒。同学们，让我们一起来读读刘备的话，感受他的用心良苦吧！

生（齐）："我冒着风雪正是为了让孔明知道我的诚意。你怕冷，自己回去吧！"

师：还有对话，谁想来读？

生1："哥哥不用去了，我用一条绳子把诸葛亮捆来就是了！"

生2："你怎么如此无礼！这回不用你去了，只让云长同我一起去。"

师：这一回，你又听出了什么？

生3：我听出来了，"这回不用你去了，只让云长同我一起去。"张飞对孔明如此无礼，刘备就不允许张飞同他一起去了。

师：刘备是怎样说出这句话的？

生3：大声斥责地说。

师："大声斥责"的语气是怎样的？你能来斥责一下吗？

生3：刘备大声斥责说："你怎么如此无礼！这回不用你去了，只让云长同我一起去。"（生3努力地读出了刘备大声斥责的情景）

师：你给自己的朗读打几分啊，如果满分是100分的话呢？

生3：我觉得95分吧，因为后面"只让云长同我一起去"，我的声音、表情都有点落下来了。

师：喔唷，表情都很注意。那么你推荐一个比你读得好的同学来读。

生3：我认为周楠。

师：好，请周楠来读。

生4：刘备大声斥责说："你怎么如此无礼！这回不用你去了，只让云长同我一起去。"（生4读出了大声斥责的感觉，语速较慢）

师：刘备这么大声斥责，语速还这么慢，看来刘备非常文雅。

生5：我想评价一下她的朗读，可以吗？

师：可以。

生5：我觉得周楠眼中的刘备是十分有耐心的刘备。她的朗读也正体现了这一点，虽然大声斥责，但语速不一定很快。

师：真好，你来试一下。

生5：刘备大声斥责说："你怎么如此无礼！这回不用你去了，只让云长同我一起去。"

师：好的，刘备大声斥责张飞的背后，就是对诸葛亮的一片诚心。（教师点着板书上的"诚"）来，让我们一起来读读这句话，体会体会刘备当时的心情。

生（齐）：你怎么如此无礼！这回不用你去了，只让云长同我一起去。

师：好的，还有一组对话，你们俩来读吧。

生1："既然两位哥哥都去，小弟怎么能落后呢！"

生2：刘备说："你一起去也行，但要懂得礼节。"

师：这位男孩子读书的味道真好，你们听出了什么？

生3：我听出来了，张飞说这句话的时候有点羞愧的感觉。

师：真好，羞愧的感觉，你体会到了。你读一读看，让大家感受感受。

层层相进　婉言诉说

生3：张飞说："既然两位哥哥都去，小弟怎么能落后呢！"

集 体 引 读

师：刘备千叮咛万嘱咐，你可千万别失了礼节。来，孩子们，我们一起连起来，（媒体集中出示刘、张二人的四组对话）把你的感受读出来，好吗？

师：这两组同学读张飞，这两组同学读刘备，好不好？

生（齐）：好！

师：准备，一顾茅庐，三人失望而回，没几日，刘备又要去卧龙岗，张飞说——

学（齐）：一个村夫，何必哥哥您亲自去呢？派个人把他叫来得了！

师：刘备斥责他——

生（齐）："胡说！孔明是当今大贤。怎么可以随便派个人去呢？"

师：当时正是数九寒天，雪花纷飞，张飞埋怨说——

生（齐）："天寒地冻，还是回新野避避雪吧！"

师：刘备说——

生（齐）：我冒着风雪正是为了让孔明知道我的诚意。你怕冷，自己回去吧！

师：二顾茅庐，三人又快快而归。转眼间，寒冬刚过，早春来临，刘备欲三顾茅庐，张飞不耐烦地说——

生（齐）：哥哥不用去了，我用一条绳子把诸葛亮捆来就是了！

师：张飞不耐烦地说，再读——

生（齐）：哥哥不用去了，我用一条绳子把诸葛亮捆来就是了！

师：刘备大声斥责说——

生（齐）：你怎么如此无礼！这回不用你去了，只让云长同我一起去。"

师：张飞想了想，也就知趣地说——

生（齐）：既然二位哥哥都去，小弟怎么能落后呢！

节奏，一如神奇的魔法，让诗画语文弹奏出交织着欢快与悲哀的旋律，又恰似多变的金银蓝绿的空幻色丝，将诗画语文织成一袭袭或空灵、或充实、或望之邈然、或哥之无踪的心灵的披纱。

师：刘备说——

生（齐）：你一起去也行，但要懂得礼节。

创 新 对 读

师：张飞经过刘备的这番那般教导，知趣地随刘、关二人第三次来到隆中。久等不见诸葛亮出来迎接，他的牛脾气又发了，气急败坏地对关羽说——

生（齐）：这个先生怎么这样傲慢！等我到草屋后面放一把火，看他起不起来！

师：这张飞到了忍无可忍的地步。此刻，刘备会说些什么呢？书中无文字，图中无声音，你能想象刘备会说些什么吗？同桌先交流一下。（媒体出示：张飞气极了，对关羽说："这个先生怎么这样傲慢！等我到草屋后面放一把火，看他起不起来！"刘备＿＿＿＿＿＿＿说："＿＿＿＿＿＿＿＿＿＿＿＿＿！"）

（学生想象，相互交流）

师：刘备怎样说，会说些什么呢？谁先来？

生1：你怎么又来了，我早就告诉过你，我这样是为了让孔明知道我的诚意。

师：他当时说这话是怎样说的？

生1：斥责说的。

师：斥责的口气，你再说一遍。

生：（斥责地说）你怎么又来了，我这样做是为了让孔明知道我的诚意。

师：好的。你说。

生2：刘备耐心地说："既然孔明正在睡觉，我们不妨也等他一下嘛。"

师：你跟他说得不一样，你是耐心地说，我觉得你真是刘备的知音。

生3：刘备斥责地说："你答应我一定要懂得礼节，可你现在怎么又来了！"

师：嗨！你跟刘皇叔还真是心有灵犀呢！还有谁来说？

生4：刘备发火地说："你怎么又这样了呢！我在来的路上，不是跟你讲过要懂得礼节，千万不能失礼呀！"

师：对呀。有跟她说得不一样的吗？

生5：我们小组认为刘备当时说的时候不应该是大声的。

师：为什么呢？

生5：因为这样会吵醒诸葛亮的。

师：那他会怎样说，说些什么呢？

生5：我觉得他会小声而有耐心地、压低声音说。

师：刘备小声、耐心、压低声音说了些什么？

生5：他压低声音地说："你的牛脾气怎么又上来了？不是教育过你了吗！别坏了我们的大事呀！兄弟！"

师：你叫什么名字？

生5：我叫吴月。

师：你叫吴月，如果我是刘备，我会捋一捋胡子（师边说边做捋胡子状），告诉你说：吴月，知我者，非吴月公子莫属也！（全场都笑了）

转：融入，聚焦行动品诚意

师：从这些对话中，我们从张飞的"鲁莽""不耐烦"读出了刘备的一片诚心。（教师点着板书"诚"）言为心声，这些对话表达了他们鲜活的个性。个性是可以从多方面来表达的呀，除了语言，我们能不能从别的方面感受到刘备的真心诚意呢？

生1："三人第三次来到隆中，离诸葛亮的草屋还有半里多地，刘备就下马步行。"从刘备的动作中我也体会到他的诚意。

师：是呀，从刘备的动作中也可以看出他非常尊重诸葛亮，好的。还有吗？你来读吧。

生2："刘备吩咐两个弟弟在门外等着，自己轻轻走过去，恭恭敬敬地站在房门台阶下等孔明醒来。"从"轻轻走过去，恭恭敬敬地站在"看出刘备的真心诚意。

师：真好，还有吗？

生3："刘备叫人立即备马。"从这句话我看刘备非常想把孔明请出山，一听到孔明回来就立即叫人备马。

生4："回答新野，刘备派人打听"这句话也可以看出刘备很诚心。

生5："又过了好长时间，诸葛亮才睡醒。刘备赶紧下拜说："久闻先生大名，曾经两次谒见都没有遇到。" 从"下拜"看出刘备的真心诚意。

师：好，同学们，你们找到的都是从刘备的行动中看出了他的一片诚心。为了让大家更好地感受这些地方，来，同学们，让我们一起走进"三顾茅庐之隆中相见"这一历史时刻，你可要用心地、细细地去品味呦！（媒体播放录像）

师：欣赏到这感人的一幕，相信你对刘备的一番诚意有了进一步的理解。那么，来，同学们，能读好描写刘备动作的语言吗？

师：谁来读？来，你来读。

生：又过了好长时间，诸葛亮才睡醒。刘备赶紧下拜说："久闻先生大名，曾经两次谒见都没有遇到。"

师：同学们，你们知道诸葛亮当时的年纪吗？

生：我只知道他很年轻，具体多大不知道。

师：我告诉大家，他当时二十七岁。那刘备呢？你们猜猜。

生：我觉得刘备岁数也应该和诸葛亮差不多，二十八岁。

师：你说呢？

生：我觉得应该三十几岁。

师：好，告诉大家，刘备当时整整四十七岁。

生（惊讶）：差了多少岁？

生：整整二十岁。

层层相进 婉言诉说

师：而且一个是大将军，一个是一介平民，这怎么叫"谒见"呢？你能体会到刘备当时内心的想法吗？

生1：诸葛亮可不是一介平民，他是一个奇才呀。

师：你体会得很好！请你再把刚才那个句子再来读一下，读出你对诸葛亮的一片敬重。

生1：又过了好长时间，诸葛亮才睡醒。刘备赶紧下拜说："久闻先生大名，曾经两次谒见都没有遇到。"（动情地读）

师：好的，你来。

生2：他们的年纪整整相差二十岁，从刘备赶紧下拜中看出他根本不在意诸葛亮年纪比他小，而是很尊重他。

师：你能读出这种尊重吗？来。

生2：刘备赶紧下拜说："久闻先生大名，曾经两次谒见都没有遇到。"

师：不错。那么，其他感动你的地方还有吗？谁还想读？

生3：刘备吩咐两个弟弟在门外等着，自己轻轻走过去，恭恭敬敬地站在房门台阶下等孔明醒来。

师：如果你能读得再轻一点，就更加尊重诸葛亮了。再来读一遍。

生3：（轻轻地）刘备吩咐两个弟弟在门外等着，自己轻轻走过去，恭恭敬敬地站在房门台阶下等孔明醒来。

师：是呀，诸葛亮在温暖舒适的床上高卧不起，而刘备却在春寒料峭的门外恭恭敬敬等候，面对着此情此景，同学们，让我们通过朗读把当时的情景展现出来吧。这一自然段我们一起来读，好不好？

生（齐）：刘备吩咐两个弟弟在门外等着，自己轻轻走过去，恭恭敬敬地站在房门台阶下等孔明醒来……

合：拓展，妙笔生花赞诚意

师：刘备以他的诚心和谦恭感动了诸葛亮，从此，诸葛亮出山辅佐刘备南征北战，鞠躬尽瘁，死而后已。二十一年以后，刘备已经离开了人世，诸葛亮在回忆起这段往事的时候，感慨万千地写下了这样的话——（媒体《出师表》节选缓缓出示，古筝曲《高山流水》徐徐奏响，教师深情朗读："臣本布衣，躬耕于南阳，苟全性命于乱世，不求闻达于诸侯。先帝不以臣卑鄙，猥自枉屈，三顾臣于草庐之中，咨臣以当世之事，由是感激，遂许先帝以驱驰。后值倾覆，受任于败军之际，奉命于危难之间：尔来二十有一年矣。"）诸葛亮眼中含着点点泪花，心潮澎湃，思绪万千，他深情回首，念念不忘，"三顾臣于草庐之中""由是感激""尔来二十有一年矣"（媒体显示这些文字下画的红线，教师重读一遍）同学们，这段文字比较深奥，你好像听懂了些什么？

生1：最后一句说这是二十一年前的事。

师：二十一年，历历在目。

生2：我听懂了第一句和最后一句。"臣本布衣"，他原来是穿布衣的，布衣就是平民，"躬耕于南阳"是说他鞠躬弯腰耕种在南阳。最后一句"二十有一年"，是说他跟着刘备已经有二十一年了。

师：他有没有忘记当时刘备的一番诚意呀？

生2：没有。

生3：诸葛亮非常感激刘备，被他的一片诚心所感动了。

师：是呀，同学们，有了这样的体验，再让我们来读读"三顾茅庐之隆中相见"这段话，你肯定对这个"诚"（点着板书"诚"）有更深的认识。来。

生：又过了好长时间，诸葛亮才睡醒。刘备赶紧下拜说："久闻先生大名，曾经两次谒见都没有遇到。"……

师：还是这个"诚"感动了诸葛亮！（教师边说边板书"诚"）此时此刻，你想对一片真情的"刘备"说些什么呢？来，请你用一句话，一个词，一个短语等，来抒发此时此刻你想对刘备所说的话。先写一写。

（学生专心致志地抒写胸臆）

师：写好了，大声地朗读出来，抒发你此刻的心情。你来读。

生1：珍惜人才，是打胜仗的关键；一片诚意，是尊敬别人的关键。学习你，敬佩你，对待朋友，对待别人，一片诚意。

师：你是用心写出了这一段话。

生2：你是一个独具慧眼的人，如果不是你的耐心和诚意，也许诸葛亮的才干会被埋没，也许我们中国的历史也不会如此灿烂。（掌声）

师：三国史，因三顾茅庐而更加灿烂。

生3：我先用一句话来形容刘备。

师：好的。

生3：刘备，你真是一代天骄啊！然后，我用一个词来形容刘备——精诚所至，金石为开。（全场响起热烈掌声）

师：精诚所至，金石为开。我把它写出来，这个词真是太好了。（教师板书"精诚所至，金石为开"）

师：好，同学们，是"诚"唤醒了沉睡着的诸葛亮！是"诚"让诸葛亮拥有了无穷的力量！还是这"诚"让诸葛亮驰骋沙场，报效国家！千言万语汇成一个字——诚。（教师边饱含激情地述说边板书：诚）正如刚才这位同学所写的，这真是……

生（齐）："精诚所至，金石为开！"

师：这堂课咱们就学到这儿，下课。

轻重缓急　回环相扣

　　《我的伯父鲁迅先生》是诗画语文2005年的课品，当时的教学聚焦在了鲁迅"救护车夫"和"关心女佣"两部分。以"爱"和"泪"为情感主线，立体多维地推进教学。由于鲁迅的"大爱"的包围，当我捡起她作言语节奏观察时，我的耳畔响起了邓丽君的《甜蜜蜜》："甜蜜蜜，你笑得甜蜜蜜，好像花儿开在春风里……"

一、重轻——酣畅淋漓，简洁明快

　　重与轻，是最直接的节奏形式，这种本来是质量范畴的节奏形式呈现在课堂的方式是多样的。如教师和学生语言的把握、教学媒体音量的调节等。而基于言语的重与轻的处理才是跟语言最深层次的对话。一篇课文的教学，你必须懂得在什么地方刨根问底，在什么地方蜻蜓点水。这不仅仅是因为课堂时间是一个定量的问题，更是一种节奏的艺术。

　　在"救护车夫"环节的教学重锤敲击，酣畅淋漓：

　　师：读读课文"救护车夫"这段，把最能够拨动你心弦的句子，用波浪线把它画出来。

　　生："爸爸跑到伯父家里，不一会儿，就跟伯父拿了药和纱布出来。他们把那个拉车的扶上车子，一个蹲着，一个半跪着，爸爸拿镊子给那个拉车的夹出碎玻璃片，伯父拿来硼酸水给他洗干净。他们又给他敷上药，扎好绷带。"

　　师：这段话读一遍，显然是不够的。请你再细细地读读，一边读，一边看看课文的插图。如果请你把目光聚焦在鲁迅先生身上，先生的哪一个动作最能打动你？

生：半跪着。（学生情不自禁地说出来）

师：什么样的跪才叫"半跪"？你说说看。

生：双膝盖快接近地面了。

师：是吗？

生：一个脚接触地面，一个脚在站着。

师：孩子，你能试一试吗？（生上台来演示"半跪着"的动作）

师：你这样半跪着，你有什么感觉？

生：身体变得很低了且比较难受。

师：同学们，请看，（示意同学们看大屏幕上的课件）透过文字的背后，那隐隐约约半跪着的正是鲁迅先生。请把眼睛闭起来，画面突然间在你的眼前活了起来，动了起来。只见，伯父小心翼翼地夹着，轻轻巧巧地敷着，一点一点地洗着，一圈一圈的扎着，我们分分明明地感觉到就在这凄风冷雨中，先生就这样半跪着好长一段时间。睁开眼睛，你感觉到吗？

生：感受到了。

师：感受到了，就赶快到课文中去找一找，哪些文字，能够证明先生就这样半跪着好长一段时间。找到一句，就举手。

生："天黑了，路灯发出微弱的光。"

师：天都黑了，在开始的时候……

生："有一天黄昏的时候。"

师：你注意到了时间的变化。你读书真仔细。还有哪里也看出半跪了非常长的一段时间。

生："我站在伯父家门口看着他们，突然感到深深的寒意，摸摸自己的鼻尖，冷得像冰，脚和手也有些麻木了。"因为周晔自己都觉得冷了，伯父就应该更加冷。

师：是呀，她的手和脚都有些麻木了，很长一段时间。还有没有？请你关注先生救护的那一段动作，最后一句话，谁来读一下？

生："伯父拿来硼酸水给他洗干净。他们又给他敷上药，扎好绷带。"是啊，敷上药，洗干净，一圈一圈地扎好绷带，那岂不是半跪了很久。

师：孩子们，我在想呀，在那个凄冷的傍晚，难道发现这位受伤的车夫的就只有鲁迅先生他们吗？

生：不是的。

师：但是他们都……

生：行色匆匆。

生：视而不见。

生：置之不理。

生：归心似箭。

师：而鲁迅先生，就这样"半跪"着救护这位车夫。这一个像电影中的特写镜头"半跪"，印证了先生的一颗怎样的心？

生：怜爱心。

生：同情心。

生：亲切心。

师：一个字，印证出了一颗"爱"之心。太感人了。就请你带着自己独特而真实的体味再读读这段话。

生：齐读这段文字。

"响鼓要用重锤敲"，在"救护车夫"这一环节中，引导学生做足做透"半跪"这一文章，课堂节奏显得舒缓流畅，重锤敲击，酣畅淋漓，一吐为快，让"半跪"这一视像化着一尊雕像永铸学生的心坎。这正是鲁迅"俯首甘为孺子牛"精神的写照，日后，学生若读到鲁迅的这句诗句时，脑海中肯定能呈现"半跪"这一视像。

但在"关心女佣"环节，则简洁明快，干脆利落：

轻重缓急　回环相扣

师：当女佣回忆起先生每个夜晚都挑灯夜战，却每每都让她早点歇息的时候，她感怀地对周晔说……

生：（齐读）"周先生自己病得那么厉害，还三更半夜地写文章。有时候我听着他一阵阵接连不断地咳嗽，真替他难受。他对自己的病一点儿也不在乎，倒常常劝我多休息，不叫我干重活儿。"

师：当女佣回忆起先生拖着病体三更半夜，他还不时地从里屋里传来一阵阵接连不断的咳嗽声，她感动地对周晔说……

生：（再次齐读上句）

师：当女佣回忆起先生在世的时候，还有周先生的夫人许广平，先生的公子周海婴，从来没有嫌弃过她那一双起了蒙的不争气的看不见东西的眼睛的时候，他还常常关心她，不让她干重活，她感激地对周晔说……

生：（再次齐读上句）

此时的课堂节奏则显得明快简洁，在三次引读中一笔带过，干脆利落，简简单单，快刀斩乱麻。细读之，每一次的引读都是有着强烈的目标和情感指向的。课堂教学是艺术，任何艺术都追求节奏的重轻变化，课堂教学也不例外。此处的轻重变化映射的是节奏的变化，正如课堂行进中学生的反应一样，其中的"鲁迅先生拖着病体"的视像和"鲁迅关心女佣，不让她干重活"的视像通过引读后，像排球中的"短、平、快"一般，迅速映入学生的精神世界。唯有节奏产生轻、重、缓、急的美妙变化，课堂才会显得灵动与丰盈。因此，教师对课堂节奏的把握能力，从某种程度上决定了一堂课的好与劣。善于把握课堂重轻节奏的教师，在课堂上抑扬顿挫、游刃有余、衔接自如，时而疾风骤雨，时而舒缓悠扬，就如磁石一样使得学生饶有兴致地品味语言，而不至于感到疲倦和乏味。

二、回环——一唱三叹，回环往复

回环就是用相同语句回环往复说明的一种言说方式，在形式上表现为话语相同而语序相反。这种手法的运用往往使得文字高高低低、错落有致。

其实，回环的手法在语文课堂中运用的现象十分多见，教师往往凭借所谓的文本的"支架"回环往复、一唱三叹、诵读涵咏，这就是回环。因为，课堂节奏如果全是恰如所料，则不免呆板单调，故整齐中须彰显变化，有变化的"预期不中"所引起的课堂惊讶同样不可或缺，它不但可以破除课堂节奏的单调，还可以提高学生的注意力。这就需要我们用开阔的视野运用回环的手法，使得课堂节奏错落有致、一板三眼。

跨越时空整合文本，将周晔的《我的伯父鲁迅先生》和巴金的《永远不能忘记的事情》中的语句融合对照参读，铺设"周晔的泪——小孩的泪——青年的泪——老人的泪——巴金的泪"情感主线，立体多维地推进教学。

师：然而，就是这样的一位亲切、可敬的鲁迅先生离我们而去了，特别是他的侄女周晔，她想到再也不能跟伯父"笑谈《水浒》""趣谈碰壁"了，再也无法享受伯父的至爱关怀了，这怎能不叫她万分悲痛呢！文中哪一句话写出了周晔的这种感受？

生（读）：我呆呆地望着来来往往吊唁的人，想到我就要永远见不到伯父的面了，听不到他的声音了，也得不到他的爱抚了，泪珠就一滴一滴地掉下来。

……

师：孩子们知道如今失掉一个爱护他们的友人了，他们怎能不伤心落泪呢？在当时，有一名青年，名叫巴金，他为我们记下了一些永远不能忘记的事情：

生（读）：一群小学生恭敬地排成前后两列，一齐抬起头，痴痴地望着那张放大的照片。忽然一个年纪较大的孩子埋下头低声哭了起来，其余的孩子马上低下头来小声抽噎着。（巴金《永远不能忘记的事情》）

……

师：就是这样一位让人动容的鲁迅先生走了，让人不禁动容的鲁迅先生走了，他过早地离开了我们，那时，他才56岁，从此以后，劳苦青年再也得不到他的爱了，这怎能不让人落泪呢？在前来吊唁的人群中，出现了那位似曾相识的饱经风霜的面庞，他或许就是鲁迅先生救助过的那位车夫，也或许根本跟鲁迅先生素不相识，只见一位。

生（读）：一位拉黄包车的青年人端端正正地立着，抬起他那饱经风霜的脸茫然地望了望前面，又低下头，恭恭敬敬地行三鞠躬，几颗泪珠从他那干涸的眼角滚落下来。（巴金《永远不能忘记的事情》）

……

师：显然，女佣是在回味先生在世的时候，给予她的爱，想着想着，不禁潸然泪下……在巴金的《永远不能忘记的事情》中，还有两个老太太：

生（读）：两个老太太埋着头，闭着眼睛，默默地合掌祷告了一会儿，脸上挂满泪痕，继而响起了悲痛的哭声。（巴金《永远不能忘记的事情》）

……

师：感谢周晔，感谢巴金，他们为我们记下了这些永远不能忘记的事情。作为一名热血青年，巴金自己也深情地写道：

生（读）：我的眼睛是不会受骗的，我的耳朵是不会误听的，像这样的哭声我每天至少要听到好多次，我的眼泪也常常被它引出来。（巴金《永远不能忘记的事情》）

……

师：现在，把所有的"泪"联系在一起，把所有的"泪"聚焦在一起，把所有的"泪"糅合在你心头，你想呀，对于鲁迅先生的逝世，为什么有那么多人流泪呢？

一般层面上的回环只是围绕周晔的泪——"我呆呆地望着来来往往吊唁的人，想到我就要永远见不到伯父的面了，听不到他的声音了，也得不到他的爱抚了，泪珠就一滴一滴地掉下来。"这句是回环往复。视野开阔的回环则可以将巴金的《永远不能忘记的事情》中"周晔的泪——小孩的泪——青年的泪——老人的泪——巴金的泪——所有人的泪"全方位整合起来，这种手法使学生每次在预期"心理模型"的时候都会带来表面看上去"不中"的心理体验，破除了课堂节奏的单调，很好地提高了学生的注意力，使得《我的伯父鲁迅先生》的课堂板式"刻意"中透着"随性"，效果极佳。

重轻、回环，是诗画语文对言语节奏的自觉皈依，当作如是观。

《我的伯父鲁迅先生》教学实录

起：回想画面，呈现主旨，一锤定音

师：同学们，上堂课，我们已经初读《我的伯父鲁迅先生》，今天就让我们继续跟随着周晔的思绪再次走进鲁迅先生，走进先生的内心世界。通过初读课文，鲁迅"趣谈《水浒》""笑谈'碰壁'""救护车夫""关心女佣"，他给你留下了怎样的印象？

生1：他给我留下了和蔼可亲和幽默的印象。

师：很好。还有什么印象？你说。

生2：为别人想得多，为自己想得少。

师：那是课文的最后一句话，你读懂了，你留意了，真好。

生3：先生的善良、助人为乐。

师：是啊，先生的善良，先生的助人为乐，先生的"为自己想得少，为别人想得多"，都是来自他内心那颗博大的爱心。（板书：爱）

师：就是这样一位鲁迅先生离我们而去了，特别是周晔再也不能和伯父"笑谈《水浒》""趣谈'碰壁'"了，她再也无法享受伯父的挚爱关怀了，这让她怎能不万分悲痛呢？谁来读读周晔的感受？来，你来。

（多媒体出示：我呆呆地望着来来往往吊唁的人，想到我就要永远见不到伯父的面了，听不到他的声音了，也得不到他的爱抚了，泪珠就一滴一滴地掉下来）

（指名学生读这一段文字）

师：孩子，我在感受着你的朗读，我发现当你读到"泪珠就一滴一滴地掉下来"的时候，你读得很轻，语速变得很慢，你是在表达周晔失去伯父的那份悲伤之情吧，是吗？（板书：周晔）

生：是的。

师：读得多好呀！是啊，面对这突如其来的噩耗，小周晔木然发呆，不知所措，来，"我呆呆地望着来来往往吊唁的人……"齐——

（学生齐读这一段文字）

师：就在此刻，小周晔的思绪飘回到往日和伯父在一起的那点点温馨，"泪珠就一滴一滴地掉落下来。""我呆呆地望着来来往往吊唁的人，"再读——（板书：泪）

（学生再次齐读这一段文字）

师：就在此刻，就站在伯父的灵柩面前，小周晔的思绪飘啊飘啊，飘到了往日和伯父在一起的快乐时光。她可能会想起些什么？

生1：她会想起和伯父"趣谈《水浒》"的事情。

师：那是多么惬意的一段茶余饭后的时光。她还会想起什么？你说。

生2：她还会想起和伯父"笑谈'碰壁'"的事。

师：（师自然而然，入境而笑）"哈哈，墙壁当然比鼻子硬得多了"，伯父多么幽默风趣呀。

生3：小周晔还可能会想起伯父生前送给她的一些书，比方说《小约翰》《表》等。

师：我告诉大家，《表》是苏联作家写的儿童小说，《小约翰》是荷兰作家写的童话，这两本书以及其他许多的儿童故事，都是鲁迅先生在百忙之中为少年儿童翻译的。他时刻想着"救救孩子，帮帮孩子"，当你了解了这些情况之后，你想说些什么？

生：鲁迅先生十分关心孩子，十分伟大。

师：是啊，得到先生的爱抚的，仅仅是他的小侄女——周晔一人吗？

生：不是。

师：他把他的爱给予了每一个需要关爱的孩子。（板书：孩子）

师：孩子们知道如今失去了一位关爱他们的友人，怎能不伤心落泪呢？当时，有一位青年，名叫巴金，他为我们记下了一些《永远不能忘记的事情》。

[多媒体出示：一群小学生恭敬地排成前后两列，一齐抬起头，痴痴地望着那张放大的照片。忽然一个年纪较大的孩子埋下头低声哭了起来，其余的孩子马上低下头来小声抽噎着。——巴金《永远不能忘记的事情》（有删改）]

师：这句话没有看到过，拿起来就读，谁来？

（一生动情地读，在"低下头来"处读破句了）

师：孩子，这么长的一句话，你除了有个地方稍微疙瘩了一下之外，其他地方都读得非常通顺，而且字正腔圆，可见你平时的语文基本功是多么扎实。更为可贵的是，我发现你努力地把周晔的心情和巴金的心情糅合在一起，真好。巴金是亲眼看见了这一幕，我们也永远不会忘记这一幕，我们一起来读，预备，齐。

（学生齐读上句）

承：救护车夫，重锤敲击，酣畅淋漓

师：除了孩子，还有哪些人也曾经得到先生的这份爱。快速地读读课文的最后两段，那就是"救护车夫"和"关心女佣"。来，放开声音，自由地、快速地读。读着读着，把最能够拨动你心弦的句子，也就是读到这儿你的心会轻轻一颤，你的心波一圈一圈地荡漾开去，像这样的句子，用浪线把它画出来，好吗？

（学生投入地自由读课文）

　轻重缓急　回环相扣

师：画好的同学给我一个眼神。好，同学们，你们都在认真地十分投入地读课文，我看见有的同学画了一条波浪线，线特别粗，有的同学画了两处，有的同学画了三处，真好。不管画了几处，总有一处是最让你怦然心动的，你把这句话读给大家听，好吗？

生1："爸爸跑到伯父家里，不一会儿，就跟伯父拿了药和纱布出来。他们把那个拉车的扶上车子，一个蹲着，一个半跪着，爸爸拿镊子给那个拉车的夹出碎玻璃片，伯父拿来硼酸水给他洗干净。他们又给他敷上药，扎好绷带。"

师：说说你的体会。

生：这说明爸爸和伯父关心那个车夫。因为那个时代的车夫受人歧视，而爸爸和伯父却是那么地关心他。

师：你的心思是多么的细腻。这段话是直接描写爸爸和伯父救护车夫的，值得我们好好地品味。跟他一样的，也画下这段文字的同学，请把你的手举起来。

（大部分学生举手了）

师：好，你们是英雄所见略同啊。把手放下来，没有画的，老师建议你们用波浪线把它画下来。好了吗？来，拿起书本来，我们一起把这段话来读一遍。

（学生齐读上句话）

师：这段话读一遍，显然是不够的。请你再细细地读读，一边读，一边看看课文的插图。请你把目光聚焦在鲁迅先生身上，先生的哪一个动作最能打动你？

生：半跪着。（有孩子情不自禁地说出来）

师：哪个动作？

生1：半跪着。

师：你是——

生2：半跪着。

师：你是——

生3：半跪着。

师：你——

生：半跪着。

师：什么样的跪才叫"半跪"？你说。

生1：双膝盖快接近地面了。

师：是吗？

生2：一个脚接触地面，一个脚在站着。

师：孩子，你能试一试吗？

　　（生2上台来演示"半跪着"的动作）

师：你这样半跪着，你有什么感觉？

生2：身体变得很低了且比较难受。

师：谢谢你，请回到座位上。同学们，请看，（示意同学们看大屏幕上的课件）透过文字的背后，那隐隐约约半跪着的正是鲁迅先生。请把眼睛闭起来。（学生闭起眼睛，静静地等待着）画面突然间在你的眼前活了起来，动了起来。只见，伯父小心翼翼地夹着，轻轻巧巧地敷着，一点一点地洗着，一圈一圈的扎着，我们分分明明地感觉到就在这凄风冷雨中，先生就这样半跪着好长一段时间。睁开眼睛，你感觉到吗？

生：感受到了。

师：感受到了，就赶快到课文中去找一找，哪些文字，能够证明先生就这样半跪着好长一段时间。找到一句，就举手。

生1："天黑了，路灯发出微弱的光。"

师：天都黑了，在开始的时候……

生1："有一天黄昏的时候。"

师：你注意到了时间的变化。你读书真仔细。还有哪里也看出半跪了非常长

轻重缓急　回环相扣

的一段时间。

生2："我站在伯父家门口看着他们，突然感到深深的寒意，摸摸自己的鼻尖，冷得像冰，脚和手也有些麻木了。"因为周晔自己都觉得冷了，伯父就应该更加冷。

师：是呀，她的手和脚都有些麻木了，很长一段时间。还有没有？（学生在思考）请你关注先生救护的那一段动作，最后一句话，谁来读一下？你来读吧。

生3："伯父拿来硼酸水给他洗干净。他们又给他敷上药，扎好绷带。" 是啊，敷上药，洗干净，一圈一圈地扎好绷带，那岂不是半跪了很久。

师：我在想呀，在那个凄冷的傍晚，难道发现这位受伤的车夫的就只有鲁迅先生他们吗？

生：不是的。

师：但是他们都……

生1：行色匆匆。

生2：视而不见。

生3：置之不理。

生4：归心似箭。

师：而鲁迅先生，就这样"半跪"着救护这位车夫。这一个像电影中特写镜头"半跪"，印证了先生的一颗怎样的心？

生1：怜爱心。

生2：同情心。

生3：亲切心。

生4："爱"之心。

师：真好，同学们。我们真应该感谢那位男同学，他首先带领我们把目光全部聚焦在了伯父救护车夫上，真好，真应该感谢他。那么，就还在救护车夫中，如果老师请你把目光投向周晔，那肯定也有使你的心弦为之轻轻一颤的地方。刚才很多同学已经把它画出来了。请个女同学，读吧。

生："这时候，我清清楚楚地看见，而且现在也清清楚楚地记得，他的脸上不再有那种慈祥的愉快的表情了，变得那么严肃。他没有回答我，只把他枯瘦的手按在我的头上，半天没动，最后深深地叹了一口气。"（女同学很有感情地朗读）

师：说说体会。

生：就是（鲁迅先生）对当时那种黑暗社会的愤恨，已经无法用语言来表示了。

师：你隐隐约约感觉到这句话当中隐藏着愤恨，隐藏着不满，是吗？

生：是。

（多媒体出示以上那个女孩子读的语句）

师：（指着大屏幕说）这两句话难读也难懂。我能为大家读读吗？

生：能。

（教师深情地朗读上句）

师：你感觉到什么？

生1：凄凉。

生2：我感觉到痛恨。

生3：我感觉到了鲁迅先生对当时社会的不满。

生4：我感觉到了鲁迅先生的悲愤。

师：你们也感觉到先生的不满、悲愤、痛恨了。来，请你们也细细地读这两句话，字字入目，句句入心地读，读着读着，你会发现这句话中有一个词，作者一口气，一下子用了两次。

生：清清楚楚。（有孩子忍不住脱口而出）

师：别急。你读着读着，这两个词，它突然间会在你眼前晃动起来，你就抓住它，细细地品味一番，行吗？发出声音，自个儿读。

（生自由读课文）

师：哪个词在你眼前晃动，抓住了吗？

生：清清楚楚。

师：小周晔她清清楚楚的是什么？

生：伯父的那种表情和动作。

师：是啊，那种慈祥的、愉快的表情，变了变了，变成了……

生：严肃的。

师：孩子们，在"趣谈《水浒》""笑谈'碰壁'"中，伯父是如沐春风，谈笑风生，而此刻变得如此严肃，他在想什么？他可能会想起那些像车夫一样疲于奔波的青年，他们……也许先生会想起那些可怜无助的孩子们，他们衣衫褴褛，他们……也许先生还会想起那些进入迟暮之年，那些骨瘦如柴的老人，他们……也许先生在捶胸自问，他问自己，也问当权者，你们……孩子们，拿起笔来，就把鲁迅想到的，用一两句话，写下来。就写在课本的空白处。

（生专心致志地写话）

师：好，我请求大家把手中的笔收一收，我们时间有限。来，我们一起来走进先生的内心世界，一起来聆听先生在想些什么。

生1：如今像车夫这样无助的穷苦人民还有多少啊？难道他们注定要过着这样如此悲惨的生活吗？

师：这是发自先生内心的呐喊。真好。

生2：为什么当时政府的罪过要加在这些无辜的百姓身上？

师：这是为什么呢？这是在反问，难能可贵啊。

生3：他想现在像车夫一样的人还有多少？他们到底是怎样走过来的呢？

师：他们的悲惨命运到底有没有尽头呢？他们的尽头又在何处呢？

生4：我们的祖国正在受到帝国主义的蹂躏，我们的人民正处在水深火热之中，可是那些当权者现在正在干些什么呢？

师：我不能不承认你对当时的社会情况了解得非常多，说明你的课外知识面非常广。但荡开一笔，只有爱得深，才能恨得痛。你听先生还在想些其他的——

生5：为什么，为什么帝国主义要侵略我们中国？就因为我们贫困落后吗？如果帝国主义者看到他们国家的人民在拉黄包车，会有怎样的心情，会像我一样吗？

师：你是在反问那些入侵的中国的侵略者。

生6：这个黑暗的社会埋没了多少人才，使多少家破人亡，注定了多少人悲惨的命运？

师：同学们，有了这样的体会，我们再回过头来，你想啊——如果说小周晔在当时，她年幼的时候，她清清楚楚的仅仅是伯父那严肃的面庞，直到现在，直到周晔长大成人以后，她还清清楚楚的，难道仅仅是伯父那严肃的面庞吗？她清清楚楚的还有什么？你说。

生1：她知道了当时社会的黑暗。

师：是的，那是小周晔的一颗心。她清清楚楚的还是伯父的什么？

生2：伯父为广大的贫困人民做出的事情。

生3：伯父对帝国主义的愤恨，对人民的深切同情。

师：她清楚的是伯父的愤恨，是伯父的同情，一个字，她清楚的是伯父的——

生：（齐）爱。

师：同学们，短短的这两句话，它却包含着不尽的情丝。那真是剪不断，理还乱。那么，同学们，就让我们一起再次来感受感受。让我们和着音乐，用朗读再一次走进那个冰冷的夜晚。请你们根据我的提示，直接接读课文的有关语段。行吗？

生：行。

（课件：如泣如诉的小提琴音乐响起，教师引读）

师：黄昏时刻，北风怒号着，在阴暗的街道边，一位黄包车夫的脚被碎玻璃

轻重缓急　回环相扣

片插了进去，鲜血直淋，染红了整只脚，他不停地，小声地呻吟着，伯父和爸爸见状，二话没说，只见爸爸跑到伯父家里——（示意学生接读）

生：（接读）"一个蹲着，一个半跪着，爸爸拿镊子给那个拉车的夹出碎玻璃片，伯父拿来硼酸水给他洗干净。他们又给他敷上药，扎好绷带。"

师：时间在一分一秒地过去，天已经全黑了，路灯发出微弱的光芒——

生：（接读）"我站在伯父家门口看着他们，突然感到深深的寒意，摸摸自己的鼻尖，冷得像冰，脚和手也有些麻木了。我想，这么冷的天，那个拉车的怎么能光着脚拉着车在路上跑呢？"

师：我想从伯父的口中得到答案，我抬起头来，要求他给我详细地解说——（示意学生接读）

生：（接读）"这时候，我清清楚楚地看见，而且现在也清清楚楚地记得，他的脸上不再有那种慈祥的愉快的表情了，变得那么严肃。他没有回答我，只把他枯瘦的手按在我的头上，半天没动，最后深深地叹了一口气。"

师：直到伯父去世多年以后，直到小周晔长大成人，直到她成为一名出色的作家，直到周晔她也渐渐地老去的时候，但这时候——（示意学生接读）

生：（接读）"这时候，我清清楚楚地看见，而且现在也清清楚楚地记得，他的脸上不再有那种慈祥的愉快的表情了，变得那么严肃。他没有回答我，只把他枯瘦的手按在我的头上，半天没动，最后深深地叹了一口气。"

师：我们真应该感谢刚才的那位同学，他带领我们把目光聚焦在了车夫身上，聚焦在了鲁迅先生给予车夫的关爱上。（板书：车夫）就是这样一位让人动容的鲁迅先生，离我们而去了，他过早地离开了我们，当时他只有五十六岁。从此以后，劳苦大众再也得不到他的关爱了，这怎能不让人伤心落泪呢？在前来吊唁的人群里，出现了一位似曾相识的、饱经风霜的面庞，他或许就是先生救护的那位车夫，也或许跟鲁迅先生素不相识。只见一位拉黄包车的青年，读——

［多媒体出示：一位拉黄包车的青年人端端正正地立着，抬起他那饱经风霜

的脸茫然地望了望前面，又低下头，恭恭敬敬地行三鞠躬，几颗泪珠从他那干涸的眼角滚落下来。——巴金《永远不能忘记的事情》（有删改）]

（学生齐读上句）

转：关心女佣，简洁明快，干脆利落

师：（师动容了）堂堂七尺男儿也伤心落泪了。（板书：青年）孩子们，在"关心女佣"当中，同样也有让人的心弦为之拨动的地方，肯定有，来。

生1：她说"周先生自己病得那么厉害，还三更半夜的写文章，有时候我听着他一阵阵激烈不断的咳嗽，真替他难受，他对自己的病一点儿也不在乎，倒常常劝我多休息，不叫我干重活儿。"

师：说说你的体会。

生1：周先生叫女佣不要干重活，对自己的病却不在乎，一直在三更半夜写文章。

师：是为谁而写文章？

生：为广大劳苦大众。

师：要唤醒劳苦大众的意识，他为劳苦大众在写文章。是的，当女佣回忆起先生拖着病体三更半夜，他还不时地从里屋里传来一阵阵接连不断的咳嗽声，她感动地对周晔说……

生：（齐读）"周先生自己病得那么厉害，还三更半夜的写文章。有时候我听着他一阵阵接连不断的咳嗽，真替他难受。他对自己的病一点儿也不在乎，倒常常劝我多休息，不叫我干重活儿。"

师：当女佣回忆起先生在世的时候，还有周先生的夫人许广平，先生的公子周海婴，从来没有嫌弃过她那一双起了蒙的不争气的看不见东西的眼睛的时候，他还常常地关心她，不让她干重活，她感激地对周晔说——

（学生再次齐读上句）

师：显然，女佣是在回味先生在世的时候，给予她的爱。（板书：女佣）想

轻重缓急　回环相扣

着想着不禁潸然泪下，在巴金的《永远不能忘记的事情》当中，还有两
位老太太，我们一起来读，"两位太太埋着头"，来——
[多媒体出示：两个老太太埋着头，闭着眼睛，默默地合掌祷告了一会儿，
脸上挂满泪痕，继而响起了悲痛的哭声。——巴金《永远不能忘记的事情》
（有删改）]
生：（齐读）"两个老太太埋着头，闭着眼睛，默默地合掌祷告了一会儿，
　　脸上挂满泪痕，继而响起了悲痛的哭声。"

合：拓展延伸，悲欣交集，凝成博爱

师：老泪纵横，那可是历历在目啊！（板书：老人）感谢周晔，感谢巴金，
　　为我们记下了一些永远不能忘记的事情。作为一名热血青年，巴金自己
　　也深情地写到——[多媒体出示：我的眼睛是不会受骗的，我的耳朵是
　　不会误听的，像这样的哭声我每天至少要听到好多次，我的眼泪也常常
　　被它引出来。——巴金《永远不能忘记的事情》（有删改）]（师深情
　　范读）现在把所有的泪联系在一起，把所有的泪融合在一起，把所有的
　　泪夹杂在一起，把所有的泪糅合在你的心头，你想啊，鲁迅的逝世为什
　　么有那么多人伤心、落泪呢？谁来说？（课件：小提琴名曲马思奈《沉
　　思曲》缓缓而起，大屏幕集中出示"泪"的语句，同时出示鲁迅画像，
　　音乐直至课的结束）
生1：一个真正为广大劳苦人民着想的人。
师：是啊，你来。
生2："他为自己想得少，为别人想得多。"
师：这是课文的最后一句话。
生3：他时时刻刻关爱着劳苦人民。
生4：鲁迅是一个伟大的战士，他为无产阶级而奋斗，为了广大的劳苦人民而
　　奋斗，为了自己的国家和人民而奋斗。

师：正如周晔在课文最后写的那样——"的确，伯父就是这样一个人"，齐——

生：（齐读）"的确，伯父就是这样的一个人，他为自己想得少，为别人想得多。"

师：这是我们每个人真真切切感受到的，"的确，"再读，齐——

生：（齐读）"的确，伯父就是这样的一个人，他为自己想得少，为别人想得多。"

师：同学们，今天——在这东风习习、春意盎然的时节，我们又一次学习了《我的伯父鲁迅先生》，我们再来读读，我国著名诗人臧克家为纪念鲁迅先生所写的一首《有的人》，那真是别有一番滋味在心头呀！

（多媒体出示：《有的人》，有删节）

师：（缓缓地、从容地深情朗诵）"有的人/死了/他还活着/有的人/俯下身子给人民当牛马/有的人/情愿作野草/等着地下的火烧/有的人/他活着为了多数人更好地活/给人民当牛马的/人民永远记住他/只要春风吹到的地方/到处是青青的野草/他活着为了多数人更好活的人/群众把他抬举得很高/很高。"

师：同学们，相信，节选的这部分诗句一定会让你有所感触，那么让我们一起，带着对先生的无比的思念，来吟诵吟诵这首小诗吧。有时候，你内心的情感化作你的朗读时，不一定要很激昂，你的情在你的心头涌动的时候，你吐出的文字又是那么的平淡、从容，那该有多好啊。"有的人"，预备齐。

生：（齐读时有些激动）有的人/死了/他还活着……

生：（由内而发，轻轻地齐读）"有的人/死了/他还活着/有的人/俯下身子给人民当牛马/有的人/情愿作野草/等着地下的火烧/有的人/他活着为了多数人更好地活/给人民当牛马的/人民永远记住他/只要春风吹到的地方/到处是青青的野草/他活着为了多数人更好活的人/群众把他抬举得很高/很高。"

师：同学们，下课。（听课教师报以热烈掌声）（生还沉浸在其中）

轻重缓急　回环相扣

泼墨留白　突降取胜

2006年，诗画语文推出了《木笛》一课。课文的主人翁叫朱丹，他在南京城参加一个乐团的面试，当主考官让他吹奏欢快的乐曲时，他想到今天是12月13日，正好是南京大屠杀遇难同胞纪念日，毅然拒绝吹奏欢快的乐曲，挥泪悄然离开考场，而面对纪念碑下的一片莹莹烛光，他却伫立雪中，尽情地吹奏起来。我的教学力求层层叩击文本，在学生、教师、文本之间的多向互动的对话中，在充分的朗读中，以"如泣如诉"为轴心，在"泣"和"诉"两个层面上挥洒，铺设"幽幽笛声如泣如诉，莹莹烛光告慰亡灵"的情感主线，立体多维地推进教学。当我捡起她作言语节奏观察时，我的耳畔响起了邓丽君的《千言万语》，一如朱丹用笛声的柔声倾诉："不知道为了什么，忧愁它围绕着我，我每天都在祈祷，快赶走爱的寂寞……"

一、留白——疏密相映，天地自宽

留白是基于急收而言的，急收是语言因为特殊的情境，说到半路断了不说，使其收到意于语言之外的艺术效果，留出艺术空白让读者、听者自己去填补，这种辞格叫"留白蕴含"。庄子说："虚室生白。"又说："唯道集虚。"中国诗词文章里都着重空中点染、抟虚成实的表现方法，使诗境、词境里面有空间，有荡漾，有节奏。词然，画然，课亦然。课堂中的留白是指教者发现作者的"故意留白处"或文本的"可以留白点"，让学生去填补。在留白的填补中往往会繁衍出更多的迥然不同。

一位青年、一名大师、一次抉择、一个日子、一曲笛声、一片烛光、一群孩子……《木笛》以它极具场景性的描述引入我走进南京交响乐团的这个考场。我在文本细读笔记中写下了这样的话语：

——主人公朱丹"考场"情境中的"拒吹木笛"和"烛光"中的"尽情吹奏"形成一种极鲜明、极强劲的行为反差和情绪张力。考场自是"考场"，这是不言自明的。但对身处烛光方阵的朱丹而言，纪念碑前又何尝不是一种更肃穆、更真实的"考场"？于是，朱丹用"拒吹木笛"和"吹木笛"这两种完全对立的方式，在两个考场上写下了完全一致的答案——毋忘国难，守护国魂。

——"阶梯教室里面试的场景"和"面对烛光方阵吹奏木笛的场景"不能平均使用力量，一节课内，必须舍掉一个，保留一个，当然是保留后者。

课堂的取舍定下来之后，那么，"阶梯教室里面试的场景"这一略教内容怎样做到"略"呢？我采用的方法就是留白：

师：让我们随着笛声去寻找他为何流泪？显而易见，朱丹由"一丝悲戚"到"苦涩泪涌"，是因为……

生：是因为今天是12月13日，是南京大屠杀遇难同胞纪念日。

师：12月13日，南京大屠杀遇难同胞纪念日。朱丹这样想着，脑海里不由地回想起那一段我们每个人都不堪回首的血泪史……

（大屏幕呈现南京大屠杀的画面及配乐解说词："上海失守一个月后，当时中国的首都南京陷落了。一场骇人听闻的大屠杀开始了。东京在狂欢，南京却在燃烧；东京在庆功，南京却成为人间地狱。侵华日军把南京变成了屠杀场，日军对被俘的中国军人，对成千上万的难民，对无数的男女老幼用机枪扫射，用火焚烧，甚至用中国百姓的头颅做赌注，展开杀人比赛。"）

师：屠杀持续了40多天，近1000个小时，大约60 000分钟。要屠杀300 000万人，大约是每1分钟杀6个人。来，我们一起来读一读这"300 000"。

（大屏幕呈现：300 000）（颜色为红色，字体硕大）

生：齐读300 000。

师：同学们，朱丹想到今天是中华民族的奇耻大辱，他又怎能吹奏欢快的曲目呀！来，把课文拿起来，就请你们跟老师一起来对读考场上朱丹和大师的一段对话。

让稚嫩的心灵直面殷红的数字，无疑是"残忍"的。但是，当历史生生地将这份"残忍"悬挂在时代之门的时候，语文的眼睛又能作何观想？"南京大屠杀"所依附的民族焦虑，成了每个中国人不能承受的生命之重。"残忍"就这样残忍地横亘在"笛声"和"心声"之间，化作通向朱丹人格和中华国格的脉管滴血。"笛声"被褪色的画面、殷红的数字、沉重的解说首次读厚。请注意此处的"齐读300 000"后的"对读"，即诗词国画中的留白。因为课堂不可能有一段相当长的时间师生都不作为，那么，面对着这殷红的300 000，怎样留白呢？此情此景，"对读"比什么都强，"笛声"在师生的情境对读中堆积着无言的国殇和无尽的创伤。正是对读，轻易绕开了对"数字"、对"国耻"的苍白演绎和浮泛阐释，悄无声息地完成了由旁观者到当事人的角色置换、场景置换乃至心灵置换。对读，在改变课堂节律的同时，也改变了学生亲近文本的方式。教学如此留白，久而久之，学生的"心理模型"和"心理预期"会交替产生，课堂也因此而显得疏密相映、天地自宽。

二、突降——动静相生，别有洞天

突降的手法，是指说话人或写作中从重大意义的内容突然转入平淡或荒谬的内容甚至戛然而止，给人"虎头蛇尾"的感觉。这种手法往往使文句产生别有洞天、诙谐幽默的效果。由此联想到课堂，在课堂教学的某个环节，师生围绕某个"话语"（福柯说：话语是指系统地形成人们所谈论事物的实践活动，是一种通过语言产生知识的言语方式）在推进，一开始针对这个"话语"的矛盾被挑起，一如话剧中的矛盾冲突开始上演，随着教学的深入，课堂进程愈趋激烈，矛盾趋于白热化，最终达到高潮，学生内心正要会心欢呼时，关于这一"话语"的推进却峰回路转，使得学生欲罢不能，产生极其强烈的心理变化。这一节奏的变化，很容易让学生产生动静相生的"心理模型"，以至于在课堂的下一个"话语"展开时，学生会产生同样的"心理预期"。如果预期恰如所料，则产生快慰，学习积极性高涨。

《木笛》一课的教学，"阶梯教室里面试的场景"和"面对烛光方阵吹奏木笛的场景"不能平均使用力量，一节课内，必须舍掉一个，保留一个，当然是保留后者。那么，后者的教学具体怎样展开呢？我用的方法就是突降，使得课堂节奏急转直下，别有洞天。

师：是啊，朱丹伫立雪中，从绒套中小心地取出那支心爱的木笛，抖落了上面的雪花，吹奏起来——（音乐响起：《江河水》笛子版，乐声如泣如诉）

师：笛声化作了这样一段文字，笛声悲凉凄切，读——

（大屏幕出示："笛声悲凉凄切，犹如脉管滴血。寒冷凝冻着这声音，火焰温暖着这声音。坠落的雪片纷纷扬起，托着笛声在天地间翩然回旋。孩子们在静静地倾听，他们似乎听懂了这如泣如诉的笛声。"）

师：这段话中，有倾诉，有叹息，有哭泣，有呐喊。来，拿起笔来，用一两句话把你听到的除笛声以外的声音写下来。

大屏幕出示：笛声在向人们倾诉（叹息、哭泣、呐喊）：_____。

（学生和着音乐练笔写话）

师：你仿佛听到了笛声以外的什么声音？

生：笛声在向人们倾诉着那段已经被人忘记了的国耻，在朱丹心中那说不出的苦涩和让人不忘国耻的呐喊声。

生：笛声在向人们倾诉，请别忘记这段国耻，这是中国的国耻，忘记是不可原谅的。因为我们是中国人。

……

师：是的，这幽幽笛声在夜空中回旋，在雪花中盘旋。孩子们，你们都听到了这曲木笛声。那么现在就请你来做一回朱丹的代言人，不！不仅仅只是代言人，此刻，你就是朱丹，你们就是朱丹，我有几个问题想问问你们，好吗？

师：我想问问你，考入乐团是你梦寐以求的愿望，现在你就这样草率地离开考场，难道你就没有为自己的艺术前途担忧吗？

生：我是为前途担忧，但是我觉得在带着国耻的这一天，我不应该吹奏欢乐的乐曲。

师：我想问问你，作者赵恺先生的原著上写着：当时考题是让你从贝多芬的《欢乐颂》和柴可夫斯基的《四小天鹅舞》中任选一首乐曲表现欢乐。我想问问你，凭你的专业水平，《欢乐颂》和《四小天鹅舞》，你能吹得好吗？

生：我觉得我可以把它表现得很完美，但是今天是我们南京大屠杀的同胞的纪念日。我想，在这刻着国耻的一天，不应该忘记国耻，作为一个中国人，作为一个堂堂正正的中国人。

师：难道你就不留恋《欢乐颂》的欢快，《四小天鹅舞》的轻快曲调吗？

生：我想机会可以有无数个的，以后在其他的时间应该是还有机会，其他的场合我能把《欢乐颂》《四小天鹅舞》演奏好的。

师：我想问问你，你在这凄凉的夜晚吹奏如此悲凉凄切的曲调，站在你面前的可是一群孩子，他们能听懂吗？

生：应该能，因为作为一个中国人，最起码的原则就是不能忘记自己的国耻，所以说我觉得那群孩子应该听得懂。

师：朱丹，如此说来，你就尽情地吹奏吧！一曲完毕，还请你来读读由你的笛声改编的这首奇丽的小诗。

（大屏幕出示：笛声／悲凉凄切／犹如／脉管滴血／寒冷凝冻着这声音／火焰温暖着这声音／坠落的雪片纷纷扬起／托着笛声在天地间翩然回旋／孩子们／在静静地倾听／他们／似乎听懂了这如泣如诉的笛声）

师：在"莹莹光亮"中，在"曙色萌动"中，在"蓓蕾初绽"中，在

"无声晕染"中，你们用笛声倾诉着，读——

生：（齐读这首小诗）

卒读之，很明显，在"倾诉"这一"话语场"中，我做了精心的安排，首先，让文字化作音乐《江河水》，音乐再融为文中的特定文字，然后想象笛声倾诉，此处似乎循规蹈矩。迅疾，通过角色的转换，突降出一个"笛外音"，继而，我与学生在课堂上几番反诘对话，最终出乎所有人意料的，将文字化身一首凄美的小诗。虽仍是始于文本、终于文本，但在不断的转换与置景中，正是对课堂节奏的娴熟把握，在这种"突降"的过程中，课堂呈现出明快的节奏，它成为一种"心理模式"保存在学生心中，他们期待着在课的又一个环节再次出现如此状况。果然在《木笛》的结课时，这种"突降"又不期而遇了：

师：同学们，从朱丹的角色中走出来吧！我在想呀，如果当时那位外国音乐大师也在现场，他也看到了这一片烛光，也听到了这一曲木笛声，我不知道他又该作何想法？我不知道。你看一看，猜一猜。

……

师：那位外国音乐大师其实一直跟在朱丹的身后——

（深情叙述）"吹奏完毕，有人在朱丹肩上轻轻地拍了一下。他回头一望，竟然是那位音乐大师。朱丹深感意外，连忙回身向大师鞠躬。大师说：'感谢你的出色演奏，应该是我向你鞠躬。'朱丹连忙说：'考场的事，请大师原谅。'大师说：'不，应该是我请求你的原谅。现在我要告诉你的是，你虽然没有参加终试，但已被乐团录取了。'说完，大师紧紧握住朱丹的手。朱丹的手中，紧紧握着木笛。"

师：显然，大师是被打动了，大师到底是被什么而打动，使得他做出如此的决定呢？

……

师：大师彻底地被打动了。在今天的课即将结束的时候，在这忧郁低婉的曲调中，你真得会看到那一片莹莹烛光——（大屏幕出示动态烛光图）上面有一首小诗，同学们，来，让我们全体起立，跟着老师，来吟诵这首小诗。

师、生：（一起诵读）不能遗忘／中华民族的一段血泪史／每一朵烛光／代表一个在侵华日军南京大屠杀中遇难的同胞

请关注课堂的那一处"猜一猜"，当学生七嘴八舌地猜测外国音乐大师的想法而兴致正浓，都想从老师的口中得到答案的时候，老师"乾坤大挪移"地说："那位外国音乐大师其实一直跟在朱丹的身后。"紧接着揭开故事的神秘面纱，第二次出现一首小诗，师生诵读后结课。第二次"突降"带来的课堂韵律使得学生的"预期"得以证实，教学呈现出"柳暗花明又一村"的节奏之美。

留白、突降，是诗画语文对言语节奏的自觉皈依，当作如是观。

《木笛》教学实录

起：如泣如诉，于词语扩散中倾听声音

师：上课。同学们好！

生：老师好！

师：同学们，在我来给大家上课之前，大家已经初读了《木笛》一文，现在，就让我们继续跟随着作者赵恺先生的思绪再次走近那位手握木笛的青年朱丹，走进朱丹的内心世界。通过初读课文，我们了解到朱丹由于拒绝吹奏欢快的乐曲，挥泪悄然离开考场，而面对一片莹莹烛光，他却伫立雪中，尽情地吹奏起来。那么，课文中是用怎样的语句来描写朱丹吹奏的那一曲木笛声的呢？请同学们快速地浏览课文，找一找。

生："朱丹伫立雪中，小心地从绒套中取出木笛吹奏起来。笛声悲凉凄切，

节奏隐藏于迁流不
居而又生生不息的言
语中。从长短交替到
虚实转换，从详与略的
对比到疏与密的穿插，
从一泻千里气势如虹的
挥洒到曲径通幽烟岚氤
氲的蕴藉，又如平仄、
轻重、停延、抑扬、清
浊、快慢、高低、雅
俗、奇正、刚柔……

犹如脉管滴血。寒冷凝冻着这声音，火焰温暖着这声音。坠落的雪片纷纷扬起，托着笛声在天地间翩然回旋。"

师：这么长的一段话，你一口气把它读了下来，而且通顺流畅，字正腔圆，可见你平时的语文基本功非常扎实，请坐。这就是那曲木笛声，她听到了。你们听到了吗？

生：（齐）听到了。

师：继续听，这木笛曲在课文的结尾处还在吹，还有谁听到其他声音吗？来，你来。

生："孩子们在静静地倾听，他们似乎听懂了这如泣如诉的笛声。"

师：是的，这一处不太容易被人发现，被你发现了，非常关键，真好。这曲笛声散见在课文的最后2个自然段的字里行间，同学们都有一双善于发现的眼睛，我们都听到了这曲笛声。老师还特地把描写笛声的优美词语摘录了下来，谁来字正腔圆地读读这4个词语？

（大屏幕出示词语：悲凉凄切、脉管滴血、翩然回旋、如泣如诉）

生："悲凉凄切、脉管滴血、翩然回旋、如泣如诉。"

师：读得不错，有个地方需要纠正一下。读"脉管滴血（xiě）"。大家跟我读。

生：（齐）"脉管滴血（xiě）"。

师：我再请一位同学字正腔圆地，不紧不慢地，一板一眼地读读这四个词。请你读。

生："悲凉凄切、脉管滴血、翩然回旋、如泣如诉。"

师：读词语光做到字正腔圆还不够，有时候在读词语的时候，你需要用心听，由词语散发开来，词语，它有魔力呀，你往往能听到许多意想不到的声音。请看大屏幕，听老师读这4个词语，你仿佛听到了怎样的木笛声？

师：（课件呈现"悲凉凄切、脉管滴血、翩然回旋、如泣如诉"4个词语Flash动画）（深情范读）"悲凉凄切、脉管滴血、翩然回旋、如泣如诉。"

你好像听到了怎样的木笛声？来，你说。

生1：我仿佛听到了一种非常凄凉的木笛声，让我感觉浑身发冷。

师：好极了。还有谁听到了怎样的木笛声？

生2：我觉得好像四周围荒无人烟似的，独自一人时听到很凄凉的声音，非常地恐怖。

师：凄凉、恐怖、可怕。还有呢？你说——

生3：这木笛声非常地悲伤，好像在哭诉，让人很难过。

师：悲伤！难过！哭诉！是这个词——如泣如诉（板书）。这个"泣"，三点水加个"立"，什么意思？

生：哭泣。

师：那么这里的"诉"难道是"告诉"的意思吗？

生：应该是"倾诉"的意思。

师：是啊！倾诉、倾吐的意思。

师：是的，这流着泪的、款款倾诉的笛声在夜空中回旋。同学们，你们都听到了。来，让我们一起看大屏幕，一齐有滋有味地、很有感觉地再来读一读这4个词语。（课件呈现"悲凉凄切、脉管滴血、翩然回旋、如泣如诉"4个词语Flash动画）

生：（齐）"悲凉凄切、脉管滴血、翩然回旋、如泣如诉。"

师：跟着这种感觉，读着这些词语，耳畔听着这曲木笛声，你就想象一下，站在你面前的青年朱丹，同学们，你是不是有什么问题冒出来了，想要问问朱丹呢？

生1：朱丹，你为什么要吹奏如此悲凉凄切的音乐？

师：是啊，问得好。

生2：我想问一下，为什么朱丹吹奏的这曲笛声，如此悲凉？

师：是啊，如此悲凉，你这个问题问得多好啊，还有谁想问？

生3：朱丹，你吹奏这曲悲凉凄切的笛声，是为了告诉我们什么？

师：是啊，问得好，你来。

生4：朱丹，你在考官面前不肯吹欢乐的笛声，而现在在这里（面对这片烛光），为什么吹奏悲凉凄切的笛声？

承：如泣如诉，于国耻国难中品味泪水

师：是啊，你把课文的前后内容联系起来，问得很有价值。

师：是呀，朱丹，你是为何要吹奏如此悲凉凄切的笛声？你为何而哭泣？你又是在向谁倾诉些什么？让我们一齐带着自己提出的问题走近朱丹，走进朱丹的内心世界。让我们先随着笛声去寻找他为何流泪。显而易见，众所周知，朱丹由"一丝悲戚"到"苦涩泪涌"，是因为——是因为——

生：是因为今天是12月13日，是南京大屠杀遇难同胞纪念日。

师：12月13日，南京大屠杀遇难同胞纪念日。朱丹这样想着，脑海里不由地回想起那一段我们每个人都不堪回首的血泪史——

（大屏幕呈现南京大屠杀的画面及配乐解说词："上海失守一个月后，当时中国的首都南京陷落了。一场骇人听闻的大屠杀开始了。东京在狂欢，南京却在燃烧；东京在庆功，南京却成为人间地狱。侵华日军把南京变成了屠杀场，日军对被俘的中国军人，对成千上万的难民，对无数的男女老幼用机枪扫射，用火焚烧，甚至用中国百姓的头颅做赌注，展开杀人比赛。"）

师：屠杀持续了40多天，近1000个小时，大约60 000分钟。要屠杀300 000万人，大约是每1分钟杀6个人。来，我们一起来读一读这一组血红的数字。

（大屏幕适时呈现：屠杀持续了 / 40多天 / 近1000个小时 / 大约60 000分钟 / 要屠杀300 000万人 /大约是每1分钟杀6个人）（其中数字颜色为红色）

生：齐读这一组文字。

师：同学们，这是什么？这难道仅仅是几个鲜红的数字吗？这是什么？你说——

生：这是我们不能忘掉的国耻。

师：这是国耻！（板书：国耻）同学们，朱丹想到今天是中华民族的奇耻大辱，他又怎能吹奏欢快的曲目呀！来，把课文拿起来，就请你们跟老师一起来对读考场上朱丹和大师的一段对话。

师："朱丹向主考席深深鞠了一躬，然后抬起头，轻轻地说"——

生：（接读）"请原谅，我可以不演奏欢乐的曲目吗？"

师：（不屑地）"为什么？"

生：（接读）"因为——今天我不能演奏欢快的乐曲。"

师：（冷峻地）"为什么？"

生：（接读）"因为今天是12月13日。"

师：（一笔带过地）"12月13日是什么日子？"

生：（接读）"是南京大屠杀遇难同胞纪念日。"

师：（片刻停顿）（责问地）"你没有忘记今天是考试吗？"

生：（接读）"没有。"

师：（惋惜地）"你是一个很有才华的青年，应当懂得珍惜艺术前途。"

生：（接读）"请原谅……"

师：（果断地）"你现在可以回去了。"朱丹把抽出的木笛，又小心地放回了绒套。

转：如泣如诉，于凄凉笛声中聆听倾诉

师：同学们，别从朱丹的苦涩中走出来，就这样全身心地融入进去吧！此刻，朱丹泪流满面，他又能向谁倾诉呢？他贴着雪片，漫无目的地走在南京市的鼓楼广场。穿过广场，他又鬼使神差般地径直走向坐落在鸡鸣寺下的南京大屠杀死难同胞纪念碑。临近石碑，他看到怎样的画面？

生：他看见一群孩子，他们高矮不一，衣着不一，每个人都手擎一支红烛……

师：临近石碑，只见一片莹莹光亮，读——

（大屏幕出示课文片段："一片莹莹光亮，像曙色萌动，像蓓蕾初绽，像墨滴在宣纸上无声晕染。走近一看，竟是一个由孩子组成的方阵。有大孩子，有小孩子；有男孩子，有女孩子；他们高矮不一，衣着不一，显然是自发聚集起来的。他们的头上、肩上积着一层白雪，仿佛一片幼松林。每个孩子手擎一支红烛，红烛流淌着红宝石般的泪。"）

生：齐读这一段话。

师：同学们，请把你们的眼睛闭上，伴随着老师的描述，让我们一起用心去看，这段话在你们的眼前仿佛出现了怎样的画面？把眼睛闭上。

师：（深情描述）"只见一片莹莹光亮，像曙色萌动，像蓓蕾初绽，像无声晕染……"虽然南京城的那个夜晚离我们很远，但你可以用自己的心灵，用自己的想象，和朱丹一起走进那个夜晚。睁开眼睛，你仿佛看到了怎样的画面？

生1：在南京大屠杀遇难同胞纪念碑前，只有孩子们拿着红烛，其他什么人都没有，烛光在闪烁着。朱丹走过，他有可能很激动，被孩子们感动了啊！

师：朱丹看到那一片莹莹光亮，你也看到了。

生2：我仿佛看到了在下着白雪的夜中，朱丹伫立在雪中，与那些孩子一起哭诉着，似乎不少人已经忘记了这个国耻，只有朱丹和孩子们伫立在雪中吹奏着悲凉的笛声。

师：你看到朱丹伫立雪中吹奏笛声的那幅画面，还有谁看到怎样的画面？

生3：这时候尽管是黑夜，但是我觉得这里却充满无限的光明，那光明不仅是蜡烛的烛光，还是孩子们心里的光亮。

师：孩子，你看到了属于你心中的那片曙色在萌动呀！还有谁看到——

生4：我仿佛看见了大雪飘零，像含苞欲放的花朵在闪动，孩子们蜡烛的烛光照亮了朱丹的心。

师：那是蓓蕾初绽的奇妙景象，孩子，你在心中也看到了。那么，来，让我们一起来将这一片奇妙的烛光方阵再来有滋有味地读一读。

生：再次齐读这一段话。

师：朱丹看到了这一片莹莹烛光，（板书：莹莹烛光）看到了这片幼松林，看到了这滴滴红宝石般的泪。那么就在此刻，就站在这片烛光面前，朱丹最想干的一件事儿是什么？

生1：他最想吹奏木笛。

师：他最想干的是什么？

生2：吹木笛。

师：他最想干的是什么？

生3：吹木笛。

师：他最想干的是什么？

生4：吹木笛。

师：他最想干的是什么？

生5：吹木笛。

师：是啊，朱丹伫立雪中，从绒套中小心地取出心爱的木笛，抖落了上面的雪花，吹奏起来——

（音乐响起：《江河水》笛子版，乐声如泣如诉）

师：笛声化作了这样一段文字，笛声悲凉凄切，读——

（大屏幕出示："笛声悲凉凄切，犹如脉管滴血。寒冷凝冻着这声音，火焰温暖着这声音。坠落的雪片纷纷扬起，托着笛声在天地间翩然回旋。孩子们在静静地倾听，他们似乎听懂了这如泣如诉的笛声。"）

生：齐读这一段话。

师：我们现在听到的曲子就在这段文字里，请你用心地，带着音乐留给你的感觉，带着音乐传达给你的情绪，再读这段文字。

生：（自由读）（指名）读这一段话。

师：来，我们一齐来读读这段文字。一边读，一边打开你的心灵，用心地去听，这段文字当中，有一个声音在向你哭泣，有一个声音在向你叹息，有一个声音在向你倾诉，笛声悲凉凄切，读——

生：齐读这一段话。

师：就在这段话中，有倾诉声，有叹息声，有哭泣声，有呐喊声。来，拿起笔来，用一两句话把你听到笛声以外的声音写下来。

（大屏幕出示：笛声在向人们倾诉（叹息、哭泣、呐喊）：＿＿＿＿＿＿＿＿＿＿。学生和着音乐练笔写话）

师：（音乐停）同学们，把笔停下来。你仿佛听到了笛声外的什么声音？

生1：笛声在向人们倾诉着那段已经被人忘记了的国耻，在朱丹心中那说不出的苦涩和让人不忘国耻的呐喊声。

师：是啊！朱丹在呐喊，他怎能忘记这一段国耻？他的内心在滴血。

生2：笛声在向人们倾诉，我永远也不能忘记这段国耻。

师：永远不能忘记。

生3：笛声在向人们倾诉，在为南京遇难的同胞们感到悲戚。

师：感到悲伤、悲戚。

生4：笛声在向人们倾诉，请别忘记这段国耻，这是中国的国耻，忘记是不可原谅的。因为我们是中国人。

师：是啊！他用笛声来告慰死去的亡灵，（板书：告慰亡灵）我们的心情跟朱丹是一样的。还有谁听到了除笛声以外其他的声音？

生5：寒冷的夜，我们也不应该忘记那冰冷的国耻，无数死去的百姓们记载了历史，让我们用一颗炽热的心来告慰祖国。

师：让我们用红烛的温度，用自己的体温来告慰这些亡灵，来报效我们的国家。这是朱丹的心，也是你的心。还有谁，听到了除笛声以外其他的声音？

生6：还有世界人民打抱不平的声音和人们祈祷和平的声音。

师：世界人民渴望和平的声音，你通过笛声听到了。是的，这幽幽笛声在夜空中回旋，（板书：幽幽笛声）在雪花中盘旋。同学们，你们都听到了这曲木笛声。那么现在就请你来做一回朱丹的代言人,不!不仅仅只是代言人,此刻,你就是朱丹,你们就是朱丹,我有几个问题想问问你们,好吗?

师:来,朱丹,我想问问你,考入乐团是你梦寐以求的愿望,现在你就这样草率地离开考场,难道你就没有为自己的艺术前途担忧吗?

生1:我是为前途担忧,但是我觉得在带着国耻的这一天,我不应该吹奏欢乐的乐曲。

师:你有你的原则,请坐。

师:来,请你,朱丹,我想问问你,作者赵恺先生的原著上写着:当时考题是让你从贝多芬的《欢乐颂》和柴可夫斯基的《四小天鹅舞》中任选一首乐曲表现欢乐。我想问问你,凭你的专业水平,《欢乐颂》和《四小天鹅舞》,你能吹得好吗?

生2:我觉得我可以把它表现得很完美,但是今天是我们南京大屠杀的同胞的纪念日。我想,在这刻着国耻的一天,不应该忘记国耻,作为一个中国人,作为一个堂堂正正的中国人。

师:难道你就不留恋《欢乐颂》的欢快,《四小天鹅舞》的轻快曲调吗?

生3:我想机会可以有无数个的,以后在其他的时间应该还有机会,其他的场合我能把《欢乐颂》《四小天鹅舞》演奏好的。

师:请坐。朱丹,我听懂了,你有你做人的方式,你有你的骨气,你有你的人——格。

师:来,我想请你,朱丹。我想问问你,你在这凄凉的夜晚吹奏如此悲凉凄切的曲调,站在你面前的可是一群孩子,他们能听懂吗?

生4:应该能,因为作为一个中国人,最起码的原则就是不能忘记自己的国耻,所以说我觉得那群孩子应该听得懂。

师:孩子们确实听懂了,因为——

生5:因为我觉得这些孩子都跟朱丹一样,有一颗爱国的心。

师：都跟你一样，你就是朱丹。

生：跟我一样，有一颗爱国的心，所以我相信他们一定能听得懂。

师：是啊！这真是"幽幽笛声——"（手指板书）

生：（齐读）"幽幽笛声，如泣如诉；莹莹烛光，告慰亡灵。"

师：再读。

生：（齐读）"幽幽笛声，如泣如诉；莹莹烛光，告慰亡灵。"

师：朱丹，如此说来，你就尽情地吹奏吧！一曲完毕，还请你来读读由你的笛声改编的这首奇丽的小诗。

（大屏幕出示：笛声／悲凉凄切／犹如／脉管滴血／寒冷凝冻着这声音／火焰温暖着这声音／坠落的雪片纷纷扬起／托着笛声在天地间翩然回旋／孩子们／在静静地倾听／他们／似乎听懂了这如泣如诉的笛声）

生1：读这首小诗。

师：好的，这是一首凄美的小诗啊！

生2：读这首小诗。

师：笛声出自你的口中，朗读就显得激情涌动了。

师：在"莹莹光亮"中，在"曙色萌动"中，在"蓓蕾初绽"中，在"无声晕染"中，你们用笛声倾诉着，读——

生：（齐）读这首小诗。

合：如泣如诉，于忧郁低婉中印证国魂

师：同学们，从朱丹的角色中走出来吧！我在想呀，如果当时那位外国音乐大师也在现场，他也看到了这一片烛光，也听到了这一曲木笛声，我不知道他又该作何想法？我不知道。你看一看，猜一猜。

生1：我觉得大师应该感到惭愧。

师：你再看一看。

生2：朱丹真是太伟大了，为了不忘记这段国耻，在正值青春年华之时，连最

泼墨留白　突降取胜

好的机会都放弃了。大师应该很感动。

师：然而，同学们，其实这个故事还没有结束，那位外国音乐大师其实一直跟在朱丹的身后——

（大屏幕出示文本，奥斯卡最佳影片《辛德勒的名单》主题小提琴曲同时响起，直至课程的结束）

师：（深情叙述）"吹奏完毕，有人在朱丹肩上轻轻地拍了一下。他回头一望，竟然是那位音乐大师。朱丹深感意外，连忙回身向大师鞠躬。大师说：'感谢你的出色演奏，应该是我向你鞠躬。'朱丹连忙说：'考场的事，请大师原谅。'大师说：'不，应该是我请求你的原谅。现在我要告诉你的是，你虽然没有参加终试，但已被乐团录取了。'说完，大师紧紧握住朱丹的手。朱丹的手中，紧紧握着木笛。"

师：显然，大师是被打动了，大师到底是被什么而打动，使得他做出如此的决定呢？

生1：是眼前这位有勇气有思想的中国青年。

师：他的品性，是啊！被什么而打动了？

生2：被这位少年的作风和炽热的爱国心感动了。

师：被那颗爱国心打动了。

生3：被朱丹的中国魂给感动了。

师：被中国魂给打动了，说得多好啊！他是仅仅被朱丹打动了吗？

生4：他被朱丹的泪水和笛声给感动了。

师：被笛声，被如泣如诉的笛声打动了，还被谁打动了？你说——

生5：被那些站在他面前的那群孩子给打动了。

师：那群大孩子，那群小孩子，那群男孩子，那群女孩子，被他们什么打动了？

生6：被这些孩子们的爱国心给打动了。

师：你说，你大声地说。

生7：我觉得他被孩子们的莹莹烛光甚至是孩子们眼角的一丝丝泪而打动了。

师：一丝丝泪！大师看得真真切。所有爱国者他们心中装着国耻，装着死难的同胞，就像刚才这位男同学所说的，装着国魂。实际上，那是作为堂堂正正的中国人的中华——魂。（板书：国魂）大师彻底地被打动了。在今天的课即将结束的时候，在这奥斯卡最佳影片《辛德勒的名单》主题小提琴曲忧郁低婉的曲调中，你真得会看到那一片莹莹烛光——

（大屏幕出示动态烛光图）

师：上面有一首小诗。同学们，来，让我们全体起立，跟着老师，来吟诵一下这首小诗。

师（生）：（激情诵读）"不能遗忘 / 中华民族的一段血泪史 / 每一朵烛光 / 代表一个在侵华日军南京大屠杀中遇难的同胞"

师：好，那这堂课就到这儿吧。

师：下课。（学生没有反应，沉浸其中）（听课教师掌声）

师：下课。

生：老师再见！

师：谢谢同学们！同学们再见！（听课教师报以热烈掌声）

厚薄梳理 通感相融

2007年，诗画语文推出《姥姥的剪纸》一课，出自苏教版教材。笑源的文字，如此清新，如此怀旧，如此清爽，如此依恋，如此温暖，如此心醉，它像一块磁石牢牢地吸引了我。读第一遍，想笑，笑笑源小时候刁难姥姥的手段；读第二遍，想到自己小时候，想到自己的外婆，还有那次自己不慎落水外婆只身搭救我的惊险；读第三遍，想喊，喊一声我早已去世的外婆，她和笑源的外婆何等相似，只是没有一手的剪纸技艺；读第四遍，想哭，真地想哭，淡淡的幽思，淡淡的感伤，淡淡地糊在心头，所有美好的东西，当你正在享受的时候，你并不知道，一旦时光流逝，再也回不到从前，譬如童年，譬如外婆。当我捡起《姥姥的剪纸》做言语节奏观察时，我的耳畔响起了邓丽君的《小村之恋》："啊，问故乡，问故乡别来是否无恙；我时常时常地想念你，我愿意，我愿意，回到你身旁……"

一、厚薄——往返穿行，天机自然

厚薄，就是基于文本整体把握的读薄与读厚，理薄与理厚，这里的"读"包括朗读与走进，这里的"理"包括理解与输出。对于文本的整体把握，诗画语文一直坚守着"厚薄"的节奏策略，那就是在完全对立的空间转换中入读、入感、出悟。《姥姥的剪纸》一课，我的教学依托语词，经历把课文读薄、把课文读厚、把课文读活的奇妙的阅读之旅，引领学生读出姥姥的心灵手巧，读出姥姥的舐犊情深，读出对亲人的感恩、对童年的眷恋之情。

首先是浓缩语词，把课文读薄。一度浓缩，把课文读成几个镜头：

（大屏幕出示两组词语，左边一组：啧啧赞叹、刷刷刷刷、悦耳至极、清清爽爽；右边一组：左邻右舍、择菜薅草、喜鹊登枝、牛驮小兔）

师：请你选择这两组词语当中的一个或几个，联系课文内容说说：围绕着剪纸，作者回忆了他和姥姥的哪些往事？你看到了哪几个镜头？

生：围绕着剪纸，我看到作者"刁难"姥姥，蒙住姥姥的眼睛让她剪"喜鹊登枝"的窗花的镜头。

生：围绕着剪纸，我看到了姥姥给作者剪"牛驮小兔"的窗花的镜头。

生：我还听到了姥姥剪纸时剪刀发出的刷刷声和乡亲们的啧啧赞叹声。

师：同学们真会读书！读着读着，就把长长的一篇课文读成了几个镜头和一串声音，我们看到了姥姥剪窗花的镜头，看到了姥姥干活儿的镜头，看到了作者"刁难"姥姥的镜头，还听到了姥姥那清清爽爽的剪纸声……

在以系统论为指导的现代教学设计领域里，任何一个教学环节都不应是孤立的存在，而是整体中一个不可分割的构成部分。教师以识字学词的两组词语为抓手，要学生接着用其中的一两个词语"联系课文内容说说：围绕着剪纸，作者回忆了他和姥姥的哪些往事"，很自然地由"识字学词"引入到"初知课文大意"的训练，恰似行水流云，了无斧迹刀痕。

二度浓缩，把课文读成一个词语：

师：是呀，姥姥那清清爽爽的剪纸声令作者魂牵梦萦、欲罢不能，请再次快速地浏览课文，找一找课文中的哪一句话最能够表达作者的这种魂牵梦萦、欲罢不能的心境与梦境？

生："事实上，我不管走多远，走多久，梦中总不时映现家乡的窗花和村路两侧的四季田野。无论何时，无论何地，只要忆及那清清爽爽的剪纸声，我的心境与梦境就立刻变得有声有色。"

师：好一个"有声有色"，请你仔细观察屏幕上刚才的两组词语，左边一组，右边一组，你再联系"有声有色"这个词语，有没有发现什么名堂来？

　厚薄梳理　通感相融

生：我发现第一组词语都跟声音有关。"啧啧、刷刷"都是声音，"悦耳至极、清清爽爽"是声音带给人的感觉。都跟"有声有色"的"声"有关系。

生：我还发现第二组词语其实跟"色"有关，不管是择菜、薅草、剪窗花……都是描写童年色彩斑斓的生活的。

师：同学们真了不起！那你能结合这两组词语，分别说说作者说的"有声有色"的"声"和"色"可能各是什么吗？

生："声"可能是姥姥剪纸时的刷刷声、乡亲们的啧啧赞叹声。

生："声"就是悦耳至极、清清爽爽的声音。

生："色"可能就是指姥姥给我剪"喜鹊登枝"，给我剪"牛驮小兔"，给左邻右舍剪窗花……

师：是啊，这就是作者心中的"有声有色"！

由初识课文大意而至找出中心句，又由中心句而至读成一个词语——"有声有色"，又以"有声有色"复归于已学的两组词语的联系……如此从"详"到"略"，而又以"简"驭"繁"，在字——词——句——篇间的往返穿行，让学生快乐地初读了课文，感受了姥姥的"心境"和作者的"梦境"，可谓匠心独具、天机自然。

然后是扩散语词，把课文读厚。一度扩散，读出姥姥的心灵手巧：

师：作者只要忆及乡亲们的啧啧赞叹声，他立刻就会回想起左邻右舍的窗子上姥姥剪的窗花。乡亲们又是怎样赞叹姥姥的手艺的呢？谁来读读？

生："你姥姥神了，剪猫像猫，剪虎像虎，剪只母鸡能下蛋，剪只公鸡能打鸣。"

师：请注意这番话中乡亲们仅仅是在赞叹姥姥剪什么剪得活灵活现？

生：（齐）动物。

师：除了动物，姥姥还会剪什么？书上怎么说的？

生：人物、植物、器物等等。

师：现在请你扮演乡亲们，学着书上这句话的韵味和形式来夸夸姥姥剪的其他东西，前后同学先互相夸夸。（大屏幕出示：你姥姥神了，剪＿＿＿＿＿像＿＿＿＿＿，剪＿＿＿＿＿像＿＿＿＿＿，剪个＿＿＿＿＿＿＿＿，剪个＿＿＿＿＿＿＿＿。）（学生讨论，互相夸夸）

二度扩散，读出姥姥的舐犊情深：

师：姥姥"熟能生巧"的本领是怎么练就的呀？

生："数九隆冬剪，三伏盛夏剪，日光下剪，月光下剪，灯光下剪，甚至摸黑剪。"

师：来，让我们也跟着姥姥来学一学剪纸，男生冬天剪，女生夏天剪，男生白天剪，女生晚上剪，男生灯光下剪，女生摸黑剪，开始。

（师数次引读，男女生数次轮流接读）

师：是呀，那剪刀声如此悦耳至极，作者怎么不会发出这样的感叹：无论何时，无论何地，只要忆及那悦耳至极的剪纸声，我的心境与梦境就立刻变得——有声有色。

以一个词语"熟能生巧"统领探究，可谓"提领一顿，百毛皆顺"：以"甜蜜""温馨""依恋"由读而思，诉说心情；以"双手死死捂住姥姥的双眼"也能剪窗花，畅叙感受；以学生多种多样的"读"，体悟姥姥在各时各地的"剪"，频生情趣，真正体现出"人文就在语文中"的和谐融通。

三度扩散，读出笑源的心梦之境：

师：剪呀剪，拴呀拴，剪只兔，剪头牛，牢牢拴住萝卜头。姥姥的剪纸拴住了我的幼年时代，拴住了我上学前的一个个密云多雨的盛夏，后来我上学了，小学、中学、大学——越走越远了，还拴得住我吗？何以见得？

（媒体出示："我还是不断收到姥姥寄来的剪纸，其中有一幅是这样的：一头老牛定定地站着，出神地望着一只欢蹦着远去的小兔子，联结它们的是一片开阔的草地。"）

（齐读上段文字）

　　厚薄梳理　通感相融

师：请你把目光移到那幅剪纸上，谁再来读读描写这幅剪纸的文字。

生："一头老牛定定地站着，出神地望着一只欢蹦着远去的小兔子，联结它们的是一片开阔的草地。"

师：如果，让你给这幅剪纸取个名儿，你会取什么名儿？

生：《凝望》《无声的爱》《我的童年》《我是风筝，你是线》《联结》……

师：姥姥的剪纸拴了"我"多久？还将拴"我"多久，还能拴"我"多久？

生：姥姥的剪纸拴了"我"的童年、小学、中学、大学，还将拴"我"一生。

生：姥姥的剪纸是一笔宝贵的财富，给了"我"五彩缤纷的童年生活，还将拴"我"一辈子，让"我"的生活永远有声有色。

师：姥姥的剪纸拴住的其实是"我"的什么？

生：拴住的其实是"我"的一颗心。

生：拴住的其实是"我"的一个梦。

师：我心飞扬，我梦依旧，姥姥的剪纸将拴"我"一生，拴"我"一世。

这个"拴"字，不仅"拴"住了"我"的童年，还"拴"住了"我"上小学、中学、大学——越走越远的人生之路；不仅"拴"住了"我"的身体，还"拴"住了"我"的"梦"，"我"的"心"……至此，课文又由"读厚"变成"读薄"了。这里的关键便在教师引领学生对节奏的合理把握，把姥姥、剪纸、善缘、亲情共同提炼成为人性之美。

二、通感——整体和谐，有容乃大

国学大师钱锺书先生对通感有一段精辟的见解："在日常经验里，视觉、听觉、触觉、嗅觉、味觉往往可以彼此打动或交通，眼、耳、舌、鼻、身各个官能的领域可以不分界限。颜色似乎会有温度，声音似乎会有形象，冷暖似乎会有重量，气味似乎会有锋芒。"是否可以这样理解：通感就是一种把适用于甲类感官上的词语巧妙地移植到乙类感官上去，使各种感官彼此沟通的一种修辞格。语文教师应该练就良好的艺术修养，具备较高的艺术通感，然后在课堂上打通学生的各类感官，使得眼、耳、舌、鼻、身各个官能相互嫁接、相互融通，让课堂节奏呈现出"和合"的境界。

为了追求"和合"的节奏快感，《姥姥的剪纸》着实费了一番脑筋：

在板书字体追求上，为了使学生产生剪纸时剪刀行在纸上的感觉，我采用了"魏碑"字体铿锵有力，入木三分的写法，且一笔一画力求体现书法美感，努力让学生把书写和剪纸联系起来。特别是在教学"我还是不断收到姥姥寄来的剪纸，其中有一幅是这样的：一头老牛定定地站着，出神地望着一只欢蹦着远去的小兔子，联结它们的是一片开阔的草地。"这句话中"联结"这个词语的时候，先让学生给它找一个近义词。然后问学生，作者为什么用"联结"这个词语？想看看"联结"这两个字的甲骨文是怎么写的吗？接着教师板书甲骨文"联结"二字，让学生观看，并问这里面有什么奥秘。备课前，笔者通过《说文解字》等文献反复考证了"联结"二字的甲骨文写法及造字演变过程，发现这两字的本意都是用绳子把东西拴在一起，甲骨文"联结"二字在外观上正体现了一点。所以学生很容易就发现了个中奥秘：作者用"联结"二字，是说姥姥用"绳子"（剪纸）牢牢地"拴"住了"我"。这样的教学使学生通过板书跨越时空，联想翩翩，节奏蕴涵其中。

在课件配色和花边修饰上，我力求体现乡村孩提韵味。整个课件均采用草绿色为背景，为的是让学生产生对乡村世界的遐想，且每个页面上都紧扣课文内容配上剪纸花边。这些花边有大红的喜鹊登枝图，有在葡萄架下吃草的老牛图，有牧童骑牛的晚归图，有五颜六色的小兔图，有祖孙俩围炕剪纸图，在课的末尾，更有一幅经过精心处理的图片："一头老牛定定地站着，出神地望着一只欢蹦着远去的小兔子，联结它们的是一片开阔的草地。"……所有的这些在美术领域的努力，我希望给予学生在视觉方面的刺激，进而促使他们听觉、触觉、嗅觉、味觉的彼此打通。与此同时，节奏蕴涵其中。

在音乐选配和教师语言风格上，我力求体现怀旧的基调。课至正酣时，在经典银幕金曲《相处岁月》*A time for us*的旋律中教师娓娓道来：

剪呀剪，拴呀拴，剪只兔，剪头牛，牢牢拴住萝卜头。姥姥的剪纸拴住了我的幼年时代，拴住了我上学前的一个个密云多雨的盛夏，后来我上学了，小学、中学、大学——越走越远了，还拴得住我吗？何以见得？

是呀，思念之心、依恋之心、怀旧之心、感恩之心、回归之心统统被姥姥的剪纸"拴"住了。有一首歌这样唱着：（教师轻声哼唱）我来自偶然，像一颗尘土，有谁看出我的脆弱；我来自何方，我情归何处，谁在下一刻呼唤我……孩子，记住：亲人、故乡永远是你情归的港湾，感谢亲人、感谢命运、感谢生活……如此音乐和语言，跟整堂课的基调是相融的，随着音乐旋律的跳动和教师款款的倾诉，学生的感官系统被彻底打通，节奏蕴涵其中。

厚薄、通感，是诗画语文对言语节奏的自觉皈依，当作如是观。

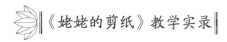

《姥姥的剪纸》教学实录

看山是山，看水是水：浓缩语词，把课文读薄

一度浓缩，把课文读成几个镜头

师：同学们，今天我们一起来学习一篇课文，题目叫《姥姥的剪纸》。看老师写课题。（师一笔一画地板书：姥姥的剪纸，字迹端庄秀美）

师：作者的名字很好听，叫作笑源，微笑的源头，哈哈。北方人管外婆叫姥姥，口语就一个字——姥，叫起来很亲切。我们一起学着笑源，来叫一声，姥姥。

生：（齐）姥姥。

师：（微笑地示意一学生）你来叫声，注意儿化。

生：姥姥。

师：你再来叫，就叫一个字。

生：姥。

师：好听！挺亲切的。同学们，笑源的姥姥还有一样拿手绝活儿呢！那就是——剪纸。

师：课文预习过了吗？读了几遍？（学生回答略）现在请大家在课堂上再读一遍课文，这篇课文生字新词比较多，特别还有几个多音字，要力争把它们读准确，把课文读通顺，边读边思考：围绕着剪纸，作者回忆了他和姥姥的哪些往事？明白吗？好的，放开声音，按自己的节奏读，开始。

（学生自由读课文）

师：大家读得很投入，我发现有的同学读着读着，就忍不住抿着小嘴笑了起来，看来，你们被文中的"我"和姥姥吸引住了。好，先来检查一下大家生字新词学得怎样？请看大屏幕。

（大屏幕出示两组词语，左边一组：啧啧赞叹、刷刷刷刷、悦耳至极、清清爽爽；右边一组：左邻右舍、择菜薅草、喜鹊登枝、牛驮小兔）

师：屏幕上有两组词语，左边一组，右边一组，大家一组一组地自己先读读。（学生自由读词语）

师：来，谁来读左边的这组词语？

生：啧啧赞叹、刷刷刷刷、悦耳至极、清清爽爽。

师：读得不错。我们来看这组词语，先看第二个词语，"刷刷"一词在课文中出现了两次，老师把它们放在了一起，课文中指什么发出的声音？

生：剪刀剪纸时发出的声音。

师：这种声音你听过吗？感觉怎样？

生：听到过。感觉很轻快，很短促，很好听的。

生：是很有节奏的。

厚薄梳理　通感相融

师：是啊，这声音带给人的感觉是轻快的，短促的。那么，这个词语应该怎么读？你来试一下，行吗？

生：（轻快地）"刷刷刷刷"。

师：这种"刷刷刷刷"的声音在作者心目中真是——悦耳至极，谁来读这个词语？

生：悦耳至极。

师：大家请注意这个"悦"，为什么用竖心旁呢？

生：跟"心"有关。是说这声音传到耳朵里，心里觉得很舒服。

生：这美妙的声音让人听来觉得无比地愉悦、快乐。

师：看来这种短促、轻快的声音一直钻到了作者的心里去了。

师：这种"刷刷刷刷"的声音在作者听来还是——清清爽爽的，你来读这个词语。

生：清清爽爽。

师："清清爽爽"是一种怎样的感觉？

生：我感觉清清爽爽的声音传入耳朵，让人觉得无比纯净，没有一点杂音。

生："清清爽爽"是听上去很清楚、很爽朗的感觉。

师："爽"在字典中有三种解释，请看屏幕。（点击课件，呈现"爽"的三种解释：① 明朗、清亮；② 率直、痛快；③ 舒服。）你认为"清清爽爽"的"爽"应该选择哪一种？

生：我觉得应该是第一种，是明朗、清亮的意思。

师：是的，清清爽爽的声音是明朗的、清亮的。搞清楚了"爽"的意思，我们还要会写这个字，拿起笔来，在课文后面的空白处跟老师一起来写一个"爽"字：注意笔顺，先写一横，再写中间的四个小叉，多像抱得很拢的四个小孩，最后写人，一撇、一捺，要舒展开来，要不然，四个小孩待在里面就不"爽"了！（学生随教师写一"爽"字）

师：这种"刷刷刷刷"的声音还引来了乡亲们的——啧啧赞叹，"啧啧"一词是从口语中而来。（教师模仿口语中"啧啧"的声音）谁也来模仿一下？

生：（一学生模仿口语中"啧啧"的声音）。

师：你再来读读这个词语。

生：啧啧赞叹。

师：右边还有四个词语，谁来读？

生：左邻右舍、择菜薅草、喜鹊登枝、牛驮小兔。

师：这里有两个多音字，"左邻右舍"的"舍"是个多音字，这里读shè。
　　"择菜"的"择"也是个多音字，读成zhái。大家跟老师读：左邻右舍、
　　择菜薅草。

生：（齐）左邻右舍、择菜薅草。

师：你帮助妈妈择过菜吗？

生：择过。有时妈妈买菜回来，如果有空，我就会帮助择菜叶。但是，我不
　　知道"薅草"是怎么回事？

师："薅草"就是用锄头薅去庄稼地里的杂草，是这样一个动作。（教师模
　　仿"薅"的动作，学生竞相模仿）

师：课文中还写到了姥姥干的哪些活儿？

生：洗衣服、纳鞋底、淘米、喂猪……

师：后边的两个词语，其实是姥姥的两幅剪纸作品，是吗？

生：（齐）是的。

师：一幅叫——

生：（齐）"喜鹊登枝"。

师：还有一幅叫——

生：（齐）"牛驮小兔"。

师："驮"这个字在书写的时候要注意什么？

生：不要在大字的右上方多加一点。

师：是啊，千万不要画蛇添足。来，我们来齐读第二组词语。

厚薄梳理　通感相融

生：（齐）左邻右舍、择菜薅草、喜鹊登枝、牛驮小兔。

师：看来，同学们词语学得不错，现在请你选择这两组词语当中的一个或几个，联系课文内容说说：围绕着剪纸，作者回忆了他和姥姥的哪些往事？你看到了哪几个镜头？请大家先准备一下，自己在心里想一想。

（学生静默思考片刻后）

生1：围绕着剪纸，我看到作者"刁难"姥姥，蒙住姥姥的眼睛让她剪"喜鹊登枝"的窗花的镜头。

师：哈哈，当时的我是个小调皮蛋。

生2：围绕着剪纸，我看到了姥姥给作者剪"牛驮小兔"的窗花的镜头。

师：是呀，关于牛和小兔主题的窗花，姥姥可不止给我剪一张"牛驮小兔"呢！

生3：我还听到了姥姥剪纸时剪刀发出的刷刷声和乡亲们的啧啧赞叹声。

师：是呀，那声音在作者心目中是如此地清清爽爽、悦耳至极！

师：同学们真会读书！读着读着，就把长长的一篇课文读成了几个镜头和一串声音，我们看到了姥姥剪窗花的镜头，看到了姥姥干活儿的镜头，看到了作者"刁难"姥姥的镜头，还听到了姥姥那清清爽爽的剪纸声……

二度浓缩，把课文读成一个词语

师：是呀，姥姥那清清爽爽的剪纸声令作者魂牵梦萦、欲罢不能，请再次快速地浏览课文，找一找课文中的哪一句话最能够表达作者的这种魂牵梦萦、欲罢不能的心境与梦境？

生："事实上，我不管走多远，走多久，梦中总不时映现家乡的窗花和村路两侧的四季田野。无论何时，无论何地，只要忆及那清清爽爽的剪纸声，我的心境与梦境就立刻变得有声有色。"

师：就是这句话，我们一起来读读。（大屏幕出示："无论何时，无论何地，只要忆及那清清爽爽的剪纸声，我的心境与梦境就立刻变得有声有色。"）

生：（齐）"无论何时，无论何地，只要忆及那清清爽爽的剪纸声，我的心境与梦境就立刻变得有声有色。"

师：这句话中有一组关联词，用得比较特殊，你注意到了吗？

生："无论……无论……只要……就……"，这里连用了两个"无论"。

师：作者为什么要这样写呢？你去读读，你感觉到了什么？

生：我感觉到作者是在强调不管在什么时间、什么地方，只要忆及剪纸声，我的心境与梦境就变得有声有色。

师：你能把你体会到的读出来吗？

生：（强调的口吻）"无论何时，无论何地，只要忆及那清清爽爽的剪纸声，我的心境与梦境就立刻变得有声有色。"

师：好一个"就立刻变得有声有色"，（教师端端正正地板书：有声有色，极具书法美感）"声"就是"声音"，这里的"色"，难道是颜色、色彩的意思吗？你认为怎么讲？

生：我认为是指作者孩提时的生活。

师：这种生活是充满什么色彩的？

生：这种生活是赤、橙、黄、绿、青、蓝、紫……七彩的。

生：是色彩斑斓的孩提生活。

师：请你仔细观察屏幕上刚才的两组词语，左边一组，右边一组，你再联系"有声有色"这个词语，有没有发现什么名堂来？（大屏幕再次出示刚才的两组词语，左边一组：啧啧赞叹、刷刷刷刷、悦耳至极、清清爽爽；右边一组：左邻右舍、择菜薅草、喜鹊登枝、牛驮小兔）

生：我发现第一组词语都跟声音有关。"啧啧、刷刷"都是声音，"悦耳至极、清清爽爽"是声音带给人的感觉。都跟"有声有色"的"声"有关系。

生：我还发现第二组词语其实跟"色"有关，不管是择菜、薅草、剪窗花……都是描写童年色彩斑斓的生活的。

师：同学们真了不起！那你能结合这两组词语，分别说说作者说的"有声有

厚薄梳理　通感相融

色"的"声"和"色"可能各是什么吗?

生:"声"可能是姥姥剪纸时的刷刷声、乡亲们的啧啧赞叹声。

生:"声"就是悦耳至极、清清爽爽的声音。

生:"色"可能就是指姥姥给我剪"喜鹊登枝",给我剪"牛驮小兔",给左邻右舍剪窗花……

师:是啊,这就是作者心中的"有声有色"!

师:看来这两组词语在作者的心目中有着千丝万缕的关系,你能用这样的句式说一说吗?

（课件点击,在上面两组词语下面逐个出示,第一句:"我"只要忆及乡亲们的啧啧赞叹声,立刻就会回想起_____;第二句:"我"只要忆及悦耳至极的剪纸声,立刻就会回想起_____;第三句:"我"只要忆及清清爽爽的剪纸声,立刻就会回想起_____。）

生1:"我"只要忆及乡亲们的啧啧赞叹声,立刻就会回想起左邻右舍的窗子上,都贴着姥姥心灵手巧的劳作。

生2:"我"只要忆及悦耳至极的剪纸声,立刻就会回想起姥姥熟练地给我剪"喜鹊登枝"。

生3:"我"只要忆及清清爽爽的剪纸声,立刻就会回想起我缠着姥姥不停地剪"牛驮小兔"。

师:这就是作者心中和梦中的"有声有色",那么这些声音和生活到底具有怎样的魔力呢?要想有更加深入的体会,我们要深入课文的字里行间去感受感受。

看山不是山,看水不是水:扩散语词,把课文读厚

一度扩散,读出姥姥的心灵手巧

师:作者只要忆及乡亲们的啧啧赞叹声,他立刻就会回想起左邻右舍的窗子

上姥姥剪的窗花。书上哪几个自然段写了这些内容?

生:第1~3自然段。

师:请一位同学来读课文的第1自然段,谁来读?

生:"大平原托着的小屯里,左邻右舍的窗子上,都贴着姥姥心灵手巧的劳
　　作。"

师:读得挺好的,知道什么是"小屯"吗?

生:就是小村庄吧!

师:有没有发现这个开头写得很有特色?特色在哪里?

生:是由远到近地写的。

生:从大平原到小屯到左邻右舍最后到窗子,一步一步缩进,像电影镜头推
　　进一样,最后定格在窗户上。

师:这种写法,让你感受到什么?

生:让人有一种身临其境的感觉。

生:就像看电影一样,使我们的眼睛跟着文字进行了一番游历。

师:真好,这就是语言的魅力。一个"都"字,还让你感觉到什么?

生:姥姥的剪纸作品很受家乡人们的欢迎,到处贴着她的作品。

生:我感觉到姥姥这个人真好,是有求必应。

师:你想想,当作者写下这篇文章的第一句话的时候,他的心情会是怎样
　　的?

生1:自豪的。

师:请你带着自豪的心情读读。

生1:"大平原托着的小屯里,左邻右舍的窗子上,都贴着姥姥心灵手巧的劳
　　作。"

生2:赞叹的。

师:请你带着赞叹的口吻读读。

生2:"大平原托着的小屯里,左邻右舍的窗子上,都贴着姥姥心灵手巧的劳

　厚薄梳理　通感相融

作。"

生3：开心的。

师：请你带着开心的心情读读。

生3："大平原托着的小屯里，左邻右舍的窗子上，都贴着姥姥心灵手巧的劳作。"

生4：温馨的。

师：请你带着温馨的感觉读读。

生4："大平原托着的小屯里，左邻右舍的窗子上，都贴着姥姥心灵手巧的劳作。"

师：我们一起来读读这句话。

生：（齐）"大平原托着的小屯里，左邻右舍的窗子上，都贴着姥姥心灵手巧的劳作。"

师：这是作者对姥姥的赞叹，乡亲们又是怎样赞叹姥姥的手艺的呢？谁来读读？

生："你姥姥神了，剪猫像猫，剪虎像虎，剪只母鸡能下蛋，剪只公鸡能打鸣。"

师：这是啧啧赞叹的口气吗？谁还想读。

生：（惟妙惟肖地）"你姥姥神了，剪猫像猫，剪虎像虎，剪只母鸡能下蛋，剪只公鸡能打鸣。"

师：读得真好。有没有发现这句话很有意思？读上去感觉怎样？

生：朗朗上口，就像顺口溜。

师：谁再来很有韵律地、有节奏地赞叹一番？

生：（惟妙惟肖、富有节奏地）"你姥姥神了，剪猫像猫，剪虎像虎，剪只母鸡能下蛋，剪只公鸡能打鸣。"

师：请注意这番话中乡亲们仅仅是在赞叹姥姥剪什么剪得活灵活现？

生：（齐）动物。

师：除了动物，姥姥还会剪什么？书上怎么说的？

生：人物、植物、器物等等。

师：现在请你扮演乡亲们，学着书上这句话的韵味和形式来夸夸姥姥剪的其他东西，前后同学先互相夸夸。（大屏幕出示：你姥姥神了，剪_____像_____，剪_____像_____，剪个_____，剪个_____。）（学生讨论，互相夸夸）

师：来，这位"老乡"，你来赞叹赞叹。

生："你姥姥神了，剪小孩像小孩，剪老人像老人，剪个娃娃会哭笑，剪个老汉长胡须。"

师：小孩儿是最喜欢姥姥剪的这些个人物。

生："你姥姥神了，剪树像树，剪花像花，剪个桃子红通通，剪个香蕉长溜溜。"

师：是在赞叹姥姥剪的花儿和水果。

生："你姥姥神了，剪凳子像凳子，剪桌子像桌子，剪个花篮喜洋洋，剪个房子好气派。"

师：这位"老乡"，如果您儿子结婚您就让姥姥给您剪这些吧！

师：是呀，听着乡亲们的啧啧赞叹，也难怪作者会发出这样的感叹：无论何时，无论何地，只要忆及乡亲们对姥姥的这些啧啧赞叹声，我的心境与梦境就立刻变得有声有色。（师指点板书上的"有声有色"）

二度扩散，读出姥姥的舐犊情深

师：更让作者难以忘怀的是当他忆及那悦耳至极的剪纸声，就会立刻回想起姥姥给他剪"喜鹊登枝"的窗花的事；当他忆及那清清爽爽的剪纸声，就会立刻回想起姥姥给他剪"牛驮小兔"等关于牛、兔主题的窗花的事。当作者这样想的时候，他的心情会是怎样的？

生：一定是甜蜜的。

生：非常温馨的。

厚薄梳理　通感相融

生：我想还可能有一种依恋的感觉。

师：请同学们默读课文中描写这些事情的段落，把你觉得甜蜜的、温馨的、依恋的地方用波浪线画下来，反复地在心中读上几遍，让心绪随着波浪荡漾开去。

师：来，把你觉得甜蜜的、温馨的，抑或是依恋的地方读给大家听听。好吗？

生1：我画的是这个句子："我是个出名的调皮蛋，经常变着花样刁难姥姥。一天，我用双手死死地捂住姥姥的双眼，让她摸着剪窗花。"

师：先说说你的感受？

生1：童年的我是那么调皮，竟然捂住姥姥的双眼，姥姥不但不生气，还乐呵呵地剪起纸来。我想，长大了作者回忆起来一定很甜蜜。

师：你能把"我"的调皮劲儿读出来吗？

生1："我是个出名的调皮蛋，经常变着花样刁难姥姥。一天，我用双手死死地捂住姥姥的双眼，让她摸着剪窗花。"

师：我的"刁难"手段就是——

生：死死地捂住姥姥的双眼，让她摸着剪窗花。

师：谁再来读读这句话，把姥姥的眼睛捂得再紧点儿？

生：（夸张地）"我是个出名的调皮蛋，经常变着花样刁难姥姥。一天，我用双手死死地捂住姥姥的双眼，让她摸着剪窗花。"

生2：我画的是这个句子："我服了，可还耍赖：'姥姥，你从我手指缝里偷着往外看了！'"

师：你耍赖过吗？你能把耍赖的感觉读到这话中去吗？如果我是文中的姥姥，你冲着我耍赖。

生2：（用耍赖的口吻）"姥姥，你从我手指缝里偷着往外看了！"

师：（幽默地）"你差点把姥姥的眼珠子按冒了！"

师：（用指头点一下生2的鼻子）"熟能生巧，总剪，手都有准头了！"

师：姥姥"熟能生巧"的本领是怎么练就的呀？

生："数九隆冬剪，三伏盛夏剪，日光下剪，月光下剪，灯光下剪，甚至摸黑剪。"

师：来，让我们也跟着姥姥来学一学剪纸，这一排同学，请站起来，你冬天剪，你夏天剪，你白天剪，你晚上剪，你灯光下剪，你摸黑剪，咱们来合作读一读，好吗？请注意现在你们在干吗？

生：（齐）剪纸。

师：不好剪啊，剪不好要剪到自己的手的，有信心吗？

生：（齐）有！

师：孩子，要想做到熟能生巧，你得：数九隆冬——

生1：剪！

师：三伏盛夏——

生2：剪！

师：日光下——

生3：剪！

师：月光下——

生4：剪！

师：灯光下——

生5：剪！

师：摸黑——

生6：剪！

师：剪纸有趣吗？你们达到熟能生巧了吗？

生：（齐）还没有。

师：来，让我们继续剪，男生冬天剪，女生夏天剪，男生白天剪，女生晚上剪，男生灯光下剪，女生摸黑剪，准备，开始。

（师再次引读，男女生轮流接读）

厚薄梳理　通感相融

师：再来一遍，这遍要剪得快一点呦！（师再次引读，男女生再次轮流接读，速度越来越快）

师：有没有人剪到手呀？

生：（齐笑）没有！

师：看来你们基本练就了熟能生巧的本领。是呀，那剪刀声如此悦耳至极，作者怎么不会发出这样的感叹：无论何时，无论何地，只要忆及那悦耳至极的剪纸声，我的心境与梦境就立刻变得——有声有色。（师指点板书上的"有声有色"）

师：来，继续把你觉得甜蜜的、温馨的、依恋的地方读给大家听听。

生1："密云多雨的盛夏，姥姥怕我溜到河里游泳出危险，便用剪纸把我拴在屋檐下。"姥姥是多么地爱我呀！心思是那么细腻，用剪纸把我拴在了屋檐下，真是别出心裁。

生2："唔！姥姥生肖属牛，而我属兔。我嚷着还要。"这是多么快乐甜蜜的回忆啊！

生3："姥姥把我搂在怀里夸道：'机灵鬼！'"我从这里看出姥姥是非常疼爱作者的。

生4："从那时候起，我总是缠着姥姥剪兔子和老牛——蹦跳的兔子，奔跑的兔子，睡觉的兔子；拉车的老牛，耕地的老牛……"有这样的姥姥该多幸福啊！

师：是呀，对于姥姥给我剪"牛驮小兔"等关于牛、兔主题的窗花的往事，每个同学都有自己独特的感受，那都是非常真实的。我们先来看看这个地方的描写："密云多雨的盛夏，姥姥怕我溜到河里游泳出危险，便用剪纸把我拴在屋檐下。"

师：请同学们自己读读这句话。

生：（自由地）"密云多雨的盛夏，姥姥怕我溜到河里游泳出危险，便用剪纸把我拴在屋檐下。"

师：这看似平淡的一句话，有一个字却用得很传神，你认为是哪一个字？

生：拴。

师：你认为是哪一个字？

生：拴。

师：你认为是哪一个字？

生：我认为也是这个"拴"字。

师：谁能上台来做一个"拴"的动作？

生：（做"拴"的动作）

师：（插话）拴东西，一般用什么拴？拴好后别忘了打一个结。（教师演示打结的动作）

师：课文中是用绳子拴吗？用什么拴住了什么？

生：用剪纸把我拴在屋檐下。

生：用剪纸拴住了我那颗贪玩的心。

师：拴得紧吗？谁来读读？

生："密云多雨的盛夏，姥姥怕我溜到河里游泳出危险，便用剪纸把我拴在屋檐下。"

师：拴是拴住了，但还没有打结，谁再来读读？

生：（很有趣味的）"密云多雨的盛夏，姥姥怕我溜到河里游泳出危险，便用剪纸把我拴在屋檐下。"

师：那么，姥姥的剪纸到底有什么神奇的功能，牢牢地拴住了上学前的我呢？请同学们赶快读读下文，到字里行间中去找答案。（生自由朗读课文）

师：从哪些句子的字里行间看出我被姥姥的剪纸拴住了？你来读，要读得让我们真得有身临其境的感觉。

生："她从旧作业本上撕下一页纸……姥姥把我搂在怀里夸道：'机灵鬼！'"

师：这段话中，拴住作者的是什么？

　厚薄梳理　通感相融

生：姥姥剪的"牛驮小兔"。

生：还有牛和小兔一起吃草这幅作品。

师：这段话中，拴住你的是什么？

生1：拴住我的是姥姥的亲切和慈祥的面容。

生2：拴住我的是姥姥说话时的轻声慢语、一副和颜悦色的样子。

生3：拴住我的是那段属于作者的快乐、惬意的夏日午后的日子。

师：想走进这温馨的盛夏午后吗？来，同桌一个读姥姥的话，一个读作者的话，姥姥是轻声慢语，作者是如痴如醉，用心感受感受，读一读。（生自由对读）

师：谁愿意上来和老师一起表演着读读？（请一生上台）你读文中的"我"，我读姥姥的话，其他同学就帮助我俩描述当时的场景，读旁白，好吗？

生：（全体）密云多雨的盛夏，姥姥怕我溜到河里游泳出危险，便用剪纸把我拴在屋檐下。她从旧作业本上撕下一页纸，刷刷几下，就剪出一幅图样。我抢过来看了，是一只顽皮的小兔子骑在一头温顺的老牛背上。我不解地问：

生：（不解地）"牛干啥驮着兔子？"

生：（全体）姥姥笑了。

师：（打趣地）"谁让牛是兔子的姥姥呢？"

生：（全体）唔！姥姥生肖属牛，而我属兔。我嚷着还要。

师：（指着该生）你嚷呀！你不嚷我就不剪呀！

生：（大嚷道）我还要！我还要！我还要！

生：（全体）姥姥又剪出一幅：一头老牛和一只兔子在草地上啃食青草。姥姥问：

师："看明白了吗？"

生：（全体）我想了想说：

语言建构与运用、思维发展与提升、审美鉴赏与创造、文化传承与理解是语文核心素养的四大模块。

四大模块当融通于语言建构与运用这一更基础、更关键的模块。语言建构与运用这一模块的核心当为语感素养。语感素养的核心当为言语节奏感。

生：（调皮地）"我知道了，是说我和姥姥在一个锅里吃饭呐！"

生：（全体）姥姥把我搂在怀里夸道。

师：（教师将该生搂在怀里，疼爱地）"机灵鬼！"

师：我们表演得怎样？你们感觉到文中的"我"被牢牢地拴住了吗？

生：感觉到了。

师：你还从哪些句子的字里行间看出我被姥姥的剪纸拴住了？

生（读）："从那时候起……对活泼的兔子与敦厚的老牛充满了好感。"

师：这段话中，拴住作者的还是什么？

生：活泼的兔子与敦厚的老牛。

师：哪一个字眼强烈地表达了"我"被牢牢地拴住了？

生：缠。

师："我"怎么缠的？可能有哪些动作，说了哪些话？来，把我当姥姥，你来缠缠我。

生1：姥姥，我属兔，你再给我剪一只兔子吧！要不然，我可要去游泳啦！

师：别去，危险！那好吧，姥姥就给你剪只蹦跳的兔子。你也来缠缠我。

生2：姥姥，你属牛，剪一头牛给我这只小兔子吧！

师：这孩子，我就给你剪头拉车的老牛吧。你也来缠缠我。

生3：姥姥，再给我剪一张吧，明天我要拿给小伙伴看。

师：我的小机灵鬼，你还有完没完，这是最后一张了啊，剪只睡觉的兔子给你。

师：这真的是最后一张吗？

生：（齐）不是。

师：从哪儿看出？

生："我总是缠着姥姥剪兔子和老牛——蹦跳的兔子，奔跑的兔子，睡觉的兔子；拉车的老牛，耕地的老牛……"我从这里的省略号看出，姥姥还给我剪了许许多多的兔子和牛。

厚薄梳理　通感相融

师：是呀，姥姥那神奇的剪纸，牢牢地拴住了上学前的"我"。"我"由衷地发出了这样的感叹：无论何时，无论何地，只要忆及那悦耳至极的剪纸声，我的心境与梦境就立刻变得——有声有色。（师指点板书上的"有声有色"）

三度扩散，读出笑源的心梦之境

师：（音乐：经典银幕金曲《相处岁月》*A time for us*响起，旋律动听怀旧）剪呀剪，拴呀拴，剪只兔，剪头牛，牢牢拴住萝卜头。姥姥的剪纸拴住了"我"的幼年时代，拴住了"我"上学前的一个个密云多雨的盛夏，后来"我"上学了，小学、中学、大学——越走越远了，还拴得住"我"吗？何以见得？

生：还拴得住。因为"我还是不断收到姥姥寄来的剪纸……无论何时，无论何地，只要忆及那清清爽爽的剪纸声，我的心境与梦境就立刻变得有声有色。"

（媒体出示："我还是不断收到姥姥寄来的剪纸，其中有一幅是这样的：一头老牛定定地站着，出神地望着一只欢蹦着远去的小兔子，联结它们的是一片开阔的草地。我知道，这是姥姥对我的期待。事实上，我不管走多远，走多久，梦中总不时映现家乡的窗花和村路两侧的四季田野。无论何时，无论何地，只要忆及那清清爽爽的剪纸声，我的心境与梦境就立刻变得有声有色。"）

师：我们来齐读这段有声有色的文字。

生：（齐读上段文字）

师：请你把目光移到那幅剪纸上，谁再来读读描写这幅剪纸的文字。（课件点击："一头老牛定定地站着，出神地望着一只欢蹦着远去的小兔子，联结它们的是一片开阔的草地"下出现一条红线）

生："一头老牛定定地站着，出神地望着一只欢蹦着远去的小兔子，联结它们的是一片开阔的草地。"

师：如果，让你给这幅剪纸取个名儿，你会取什么名儿？

生：《凝望》。

师：以老牛的目光来取名，可谓含义深刻。

生：《无声的爱》。

师：真好，这幅剪纸作品浓缩了姥姥对孩子深深的爱啊！

生：《我的童年》。

师：是的，作者那有声有色的童年就是在姥姥的呵护中快乐而甜蜜地度过的，这幅剪纸作品就是最好的见证。

生：《我是风筝，你是线》。

师：多富有诗意的名字，说说它的含义。

生：不管我飞得再远，姥姥的剪纸总是拴住我的心、我的梦。

生：我取的名字就是这句话中的一个词语——《联结》。

师：姥姥这头敦厚的老牛定定地站着，笑源这只活泼的兔子欢蹦着远去，联结它们的是一片开阔的草地。请大家把目光再投到"联结"这个词语上，能给它找一个近义词吗？

生："连接"。

师：那么作者怎么会想到用"联想"的"联"和"打结"的"结"呢？看老师把这两个字的甲骨文写给大家看看。你再想一想，作者为什么用这个词语？（教师现场板书"联结"两字的甲骨文）

生：老牛用"绳子"拴住了小兔子，所以用"联结"。

生：我觉得"联结"这个词语就好像在作者的心中打了一个心结，心有千千结，这个词语用得妙！

师：姥姥的剪纸拴了"我"多久？还将拴"我"多久，还能拴"我"多久？

生：姥姥的剪纸拴了"我"的童年、小学、中学、大学，还将拴"我"一生。

生：姥姥的剪纸是一笔宝贵的财富，给了"我"五彩缤纷的童年生活，还将拴"我"一辈子，让"我"的生活永远有声有色。

厚薄梳理　通感相融

师：何以见得还将"拴"我一生，还能"拴"我一辈子？别说，你能把作者这种坚定的预见和充沛的情感带到这段话的朗读中去吗？（指名读媒体出示的那段话）

师：如果说童年时拴住的是我的身体，那么到现在拴住的其实是我的什么？

生：现在拴住的其实是我的一颗心。

生：现在拴住的其实是我的一个梦。（教师板书：心 梦）

师：我心飞扬，我梦依旧，姥姥的剪纸将拴我一生，拴我一世，在这经典银幕金曲《相处岁月》*A time for us*的旋律中让我们饱含真情地齐读这段话。

生：（再次齐读媒体出示的那段话）（读完后《相处岁月》*A time for us*音乐停）

看山还是山，看水还是水：变异语词，把课文读活

师：同学们，你们想听听那清清爽爽的剪纸声吗？

生：（齐）想。

师：请闭上你的眼睛尽情地享受，用心灵去倾听。（课件播放清清爽爽的剪纸声）你们听到了什么？你听到的仅仅是剪纸声吗？

生1：我听到了乡亲们啧啧的赞叹声。

生2：我听到了姥姥关心我的话语。

生3：我听到了"我"的深情告白——姥姥，无论走遍天涯海角，我都忘不了您，忘不了您那出神入化的技术！忘不了您那心灵手巧的作品！

师：有位同学读了这篇文章之后写下了这样一首小诗，题目叫"想"，我们来读一读：

（媒体出示小诗：听那悦耳至极的剪纸声 / 想起月光下姥姥 / 还是那月光下的话语 / 还是那慈祥的面容 / 还是那恬静的微笑 / 真想 / 再一次回到姥姥的身边 / 怀念姥姥亲切的话语 / 怀念姥姥勤劳的身影 / 怀念姥姥剪纸的刷刷声 / 好想 / 一切都回到从前 / 好想 / 再回到姥姥的身边）

师：自己先读读这首小诗，感觉怎样？我们一起来读读。

生：（齐读小诗）

师：你能否写出属于你自己的小诗呢？（媒体点击出现空白的诗行：听那清清爽爽的剪纸声／想起月光下姥姥／还是那_____／还是那_____／还是那_____／真想／再一次回到姥姥的身边／怀念姥姥_____／怀念姥姥_____／怀念姥姥_____／好想／一切都回到从前／好想／再回到姥姥的身边）拿起笔来写下你自己心中的诗，写在作业纸上。（学生练笔）

师：好，让我们来交流一下，哪位小诗人先来？

生1：听那清清爽爽的剪纸声／想起月光下姥姥／还是那形象生动的"喜鹊登枝"／还是那其乐融融的"牛驮小兔"／还是那各式各样的美丽窗花／真想／再一次回到姥姥的身边／怀念姥姥额上的皱纹／怀念姥姥嘴边的唠叨／怀念姥姥延长的手指——剪刀／好想／一切都回到从前／好想／再回到姥姥的身边

师：是啊，怀念姥姥，多想再回到从前，多想再回到姥姥的身边啊！

生2：听那清清爽爽的剪纸声／想起月光下姥姥／还是那蹦跳的兔子／还是那拉车的老牛／还是那青青的草地／真想／再一次回到姥姥的身边／怀念姥姥的抱／怀念姥姥的笑／怀念姥姥无尽的好／好想／一切都回到从前／好想／再回到姥姥的身边

师：多么深情的话语啊！你读懂了作者的那颗心，你沉浸于作者的那个梦。现在，让我们一起回到作者的心上，你认为姥姥的剪纸拴住的是一颗什么之心？

生1：思念之心。

生2：依恋之心。

生3：怀旧之心。

生4：感恩之心。

厚薄梳理　通感相融

生5：回归之心。

师：是呀，思念之心、依恋之心、怀旧之心、感恩之心、回归之心统统被姥姥的剪纸拴住了。（板书：拴）有一首歌这样唱着：（教师轻声哼唱）我来自偶然，像一颗尘土，有谁看出我的脆弱；我来自何方，我情归何处，谁在下一刻呼唤我……（随后音乐《感恩的心》响起）

师：（在音乐声中）同学们，记住：天地虽宽，这条路却难走，亲人、故乡永远是你情归的港湾，感谢亲人、感谢命运、感谢生活……下课！

明暗交织　物我合一

2008年，诗画语文与北师大版教材《月迹》相遇了，这是一次美丽的邂逅，到现在看来，我一想起《月迹》便会情不自禁地哼起邓丽君的《月亮代表我的心》："你问我爱你有多深，月亮代表我的心……"《月迹》真是一篇卓荦的作品，作者是贾平凹先生，当我从"北师大版"的教材中把它捡出来的时候，我如同捡到一块宝石，我又如同捡到一颗心，一颗静穆之心，一颗空朗之心，一颗澄明之心。我以为，教学《月迹》，关键在于引领学生走进这美妙的月色之中，和作者一起追寻这月的踪迹，同作者一同天真地、全身心地去感受，去体验，从而获得一种美的愉悦。但教《月迹》，光寻找月亮的踪迹，光有美的愉悦还不够，体认《月迹》还需提升，月迹——心迹，每个人心中都有一个月亮，这便是禅意了。

一、明暗——草蛇灰线，伏延千里

每一片风景，都是一种心境。文本言说的风景说到底是一种心境的言说。明暗，就像水面上幽幽浮动的叶片的正反两面。"明"，是浮现于文本外在的表征存在，好寻、好找、好发现、好处理；"暗"，则是隐含于文本内在的意韵神动，难找、难寻、难发现、难处理。但是，明暗又是相辅相成、相缠相绕的，作为教者，必须全部梳理干净。古往今来，大凡写月者，或"举头望明月，低头思故乡"，抒羁旅怀乡之情；或"但愿人长之，千里共婵娟"，写睹月思人之意；或"春去秋来不相待，水中月色长不久"，感叹人生的短促，时光的流逝……而在《月迹》中，全然没有这些沉重复杂的情愫和心境。有的只是一种轻轻松松的童心与童趣，以及只有这种童心才拥有的纯真与美好。纵观全文，整个构思都是从孩童的灵心慧眼这一视角切入，以孩童盼月、寻月、问月和关于月的种种联想和想象为线索来建构文本的。观月实为观心，寻觅月迹实为寻觅心迹。于是，寻月是一条明线，寻心是一条暗线。

一埋伏笔，月迹隐含心迹：

师：古往今来，有很多文人墨客描写过月亮的踪迹，我们不妨一起先来吟诵几句。诗仙李白写到——（大屏幕出示：明月出天山，苍茫云海间）

生：明月出天山，苍茫云海间。

师：王维有诗云——（大屏幕出示：明月松间照，清泉石上流）

生：明月松间照，清泉石上流。

师：张九龄写到——（大屏幕出示：海上生明月，天涯共此时）

生：海上生明月，天涯共此时。

师：张若虚感叹到——（大屏幕出示：**滟滟随波千万里，何处春江无月明**）

生：滟滟随波千万里，何处春江无月明。

师：跨越千载，明月永恒，吟诵着这些千古名句，追寻着月亮的踪迹，你发现刚才这些诗人笔下的月亮踪迹分别出现在哪些地方？你说——

生：海面上。

师：海上。你说——

生：江面上。

师：那是在春江之上，还在哪儿？你说——

生：还在松林之间。

师：在那松林间，还在哪儿？

生：天山上。

师：好，在天山之间。那么，贾平凹笔下的月亮踪迹又会出现在哪里呢？来，放开声音，自由地朗读课文，边读边寻找：贾平凹笔下的月亮都跑到哪些地方去了？

之所以说这种设计对全课而言是一种伏笔，理由有三。第一，它是以"月迹"发端的，阅读指向的是"月亮踪迹出现在哪些地方"。至于诗人"缘月生情、借月抒怀"的那份诗心，在此则是做了相应的遮蔽。第二，联系课尾，我们是要为这一伏笔击节叹赏的。一诗两用，一箭双雕，在前后对比、内外对比中，彰显出"景语皆情语""月迹即心迹"的文本意蕴。第三，此伏笔，草蛇灰线、伏延千里。月迹在海面、在春江之上、在天上，还会在哪里呢？于是，贾平凹的月迹就渐次进入学生的视野，直至课终点睛。

二下曲笔，月迹反射心迹：

师：这就是贾平凹笔下的月亮踪迹，同一轮明月，你感觉在贾平凹的笔下和古人的感觉一样吗？

在"摩挲词语"环节，教师做了这样的追问。感觉当然是不一样的，但教师没有进一步追问：为什么一样的月亮会有不一样的感觉呢？不追问，是因为时机未到。这是一种分寸、一种火候，点到为止、恰到好处。

再看"杯中饮月"那个环节：

师：同学们，手捧酒杯，眼瞧月儿，你此刻的心情怎样？

生：陶醉了、很舒服、我已经很满足了、很激动、我很兴奋……

师：你一兴奋，那杯酒里的月亮便酥酥地颤着。（一阵欢快的笑声又响起了）

师：我们带着这样的心情去齐读这段话。

月迹反映着学生的心迹，反过来，心迹同样影响着月迹的生成。尽管，这个环节指向的是学生赏读杯中月时的心情，但是，它又何尝不是在暗示着人们，心迹不同，对月迹的感观也往往是不同的。这是暗示，而非明示。但课至此，两条主线已经日渐呈现出融合的趋势。

三挂收笔，月迹融入心迹，瓜熟蒂落，两线终于合而为一：

师：好的，同学们，这就是贾平凹笔下的月亮，玉玉的、银银的、淡淡的、软软的……然而，并不是所有人看到的月亮都是那么美丽的：李白看到的却是孤寂——"明月出天山，苍茫云海间。"王维看到的却是清冷——"明月松间照，清泉石上流。"张九龄看到的却是思念——"海上生明月，天涯共此时。"张若虚看到的却是惆怅——"滟滟随波千万里，何处春江无明月。"这是为什么呢？你想过吗？

生：因为这些是他们观察的角度和当时的心情不一样，所处的环境都不一样，朝代不一样，因为那些诗人他们都不在故乡……

师：哎，睹明月，思亲人！诗人们都不在家乡，而贾平凹他们仨孩子却没有与亲人分别的感觉，他们就在家中，心境自然就跟那些诗人不一样了。是呀，心是玉玉的，月亮也是——

生：玉玉的。

师：心是银银的，月亮也是——

生：银银的。

师：心是淡淡的，月亮也是——

生：淡淡的。

师：心是甜甜的，月亮也是——

生：甜甜的。

师：心是酥酥的，月亮也是——

生：酥酥的。

师：一切都在人的——

生：心中！

"心是……月亮也是……"，伏笔做铺垫，曲笔蓄走势，此刻已是"小舟撑出柳荫来"的时候。心物不二，物我同一。这看似极玄妙、极深奥的禅思慧心，此刻已经轻松自如地同化为学生理解宇宙、理解生命的一种精神方式。没有灌输，没有告知，有的只是春风化雨般的滋润和催生。

二、物我——如影随形，随波逐浪

王国维在《人间词话》中指出："有我之境，以我观物，故物皆着我之色彩。无我之境，以物观物，故不知何者为我，何者为物。"对于文本而言，要抵达文本的秘妙，正在于"以我观物"而达至"物我同一"的审美境界。在课堂上，使"我"融入文本，使"文本"融入我，极力打通"物"与"生"之间的链接障碍。物我的不断转换，会让课堂呈现一种全新的节奏之美。

摩挲月亮，触动"我"的感觉：

师：请你回味一下，你在第一次读这篇课文时，或者说你刚才在课堂上再次读的时候，你的心不知不觉地被贾平凹哪些直接描写月亮的词语给吸引了？或者说贾平凹哪些直接描写月亮的词语带给你别样的感觉？

经过几个收放自如的来回，学生们感觉的触角最后驻留在这些叠词的上面：

第一排：款款地、渐渐地、慢慢地、匆匆的；

第二排：玉玉的、银银的、淡淡的、痒痒的；

第三排：小小的、酥酥地；

第四排：溶溶的；

第五排：闪闪的；

第六排：白光光的。

这些刻画月亮的叠词，带给我们更多的是一种陌生化的感觉。譬如：款款地、酥酥地；譬如：玉玉的、痒痒的。从约定俗成的角度看，类似于"酥酥地、玉玉的"的这些叠词，简直就是作者的生造。但，我们感觉不到它们生造的痕迹，相反，我们觉得新鲜、奇妙，文字的独特传递着某种生命体验的独特。因为，以我观物，月亮已经不再是客观的、物性的月亮，月亮着了"我之色彩"。这些叠词，正是"我之色彩"烙在月亮上的鲜明的胎记。聚焦的是叠词，开启的却是进入《月迹》堂奥的"感觉之门"。

闻嗅月亮，体验"我"的感觉：

师：（大屏幕呈现："我们都面面相觑了。倏忽间，哪儿好像有了一种气息，就在我们身后袅袅，到了头发梢儿上，添了一种淡淡的痒痒的感觉。似乎我们已在了月里，那桂树分明就是我们身后的这一棵了。"）我们一起来读这段话。

生：（齐读此句）

师：平娃、二弟、三妹这仨孩子，倏忽间，好像闻到了什么气息？

生：淡淡的香气。

师：倏忽间头发梢儿上有了什么感觉？

生：痒痒的。

师：伸出你的手，轻轻地挠挠你的头顶心，就是那样的感觉。

（生轻轻挠挠自己的头顶心，会心地笑了）

师：倏忽间仨孩子嘴巴里尝到了什么味道？

生：甜甜的味道。

师：甜甜的味道，可能是桂花酒的味道。倏忽间仨孩子的双脚踩到了什么东西？

生：月亮上的桂花叶。

师：倏忽间仨孩子的身体不知不觉地靠在了哪里？

生：桂花树上。

此段师生对话，平实，但韵味十足。不但强化了文字传递出来的那种嗅觉和触觉，还因势利导，将通感引向了文字所不曾涉足的味觉（嘴巴里尝到了什么味道）和动觉（身体不知不觉靠在了哪里）。学生在教师的引领下，仿佛也个个通了神似的。

品尝月亮，沉淀"我"的感觉：

师：（大屏幕呈现："我们都看着那杯酒，果真里边就浮起一个小小的月亮的满圆。捧着，一动不动的，手刚一动，它便酥酥地颤，使人可怜儿的样子。大家都喝下肚去，月亮就在每一个人的心里了。"）往杯底看，看见了什么？

生：月亮。

师：怎样的月亮？

生：酥酥的。

师：你瞧，这个"酥"字：左边是一个"酒"字的半边，右边是一个"禾"，"禾苗"的"禾"，你想呀，禾苗结出的"籽儿"浸泡在"酒"里边，经过发酵，那还不松、软、脆呀！这里指什么浸泡在了"甜酒"里边？

生：月亮。

师：如果你就是平娃，就是作者的二弟和三妹，来，同学们，端起你手中的那杯酒，根据老师的提示，我们来做动作：你们都看着那杯酒，果真里边就浮起一个小小的月亮的——

生：满圆。

师：看见了吗？

生：看见了。

师：捧着，捧着，一动不动的！你看，你动了。（学生们笑了）

师：你看，你手刚一动，它便酥酥地颤，影子斜了，拉长了，像百叶窗一样了！还怎么了？手动了，你看还怎么样啦？

生：像使人可怜儿的样子。

师：看见使人可怜儿的样子，你手一动，怎么样了？

生：月亮在晃，影子拉长了。

师：在晃，你看到了什么？

生：我看到，它的影子被扯长了，很有弹性的。

师：是的，它软了？它松了？你说。

生：我还看见月亮在晃，时见时不见。

师：哟，时见时不见，时隐时现，你还看见什么？

明暗交织 物我合一

生：真得像百叶窗一样，有很多叠影。

师：大家都喝下肚去，快喝呀！（生笑，做喝酒样子）别一饮而尽哦！要慢慢地呷，这样月亮就在每一个人的……

生：心里了。

就这样，对月迹的梳理和对感觉的擦亮如影随形、如波逐浪，在孩子们充满童真的想象中，一个个细节生动、形象鲜明的生活场景被还原出来，文字和生活打成了一片。月亮已经不是天上的月亮，而是我们的月亮。喝下肚去的，不仅是那酥酥的月亮，还有什么呢？孩童的灵性抑或生活的诗意？这种亦真亦幻、半虚半实的感觉，此时，不仅属于作者的情怀，同样切入了每个学生的心灵世界。

明暗、物我，是诗画语文对言语节奏的自觉皈依，当作如是观。

║《月迹》教学实录║

穿梭古今，追寻永恒的月亮

师：同学们，今天我们一起来学习一篇新课文，课题叫作——《月迹》。抬起你的手跟老师一起来板书写课题和作者的名字——月，床前明月，月上柳梢；迹，蛛丝马迹，了无踪迹。（板书：月迹）作者是当代著名作家贾平凹，这个"凹"字在这里应该念"wā"，它并不是一个多音字，贾平凹在陕西农村长大，他在自己的一篇文章中写到过自己名字的来历：小时候父亲给他取名叫"平娃"，"娃娃"的"娃"，长大以后他用"娃"字的谐音"凹"字代替了，这个字在陕西方言中就念"wā"。（板书：贾平凹wā）来，让我们来齐读课题和作者的名字。预备——齐！

生：月迹，贾平凹。

师：古往今来，有很多文人墨客描写过月亮的踪迹，我们不妨一起先来吟诵几句。诗仙李白写到——（大屏幕出示：明月出天山，苍茫云海间）

生：明月出天山，苍茫云海间。

师：王维有诗云——（大屏幕出示：明月松间照，清泉石上流）

生：明月松间照，清泉石上流。

师：张九龄写到——（大屏幕出示：海上生明月，天涯共此时）

生：海上生明月，天涯共此时。

师：张若虚感叹到——（大屏幕出示：滟滟随波千万里，何处春江无月明）

生：滟滟随波千万里，何处春江无月明。

师：跨越千载，明月永恒，吟诵着这些千古名句，追寻着月亮的踪迹，你发现刚才这些诗人笔下的月亮踪迹分别出现在哪些地方？你说——

生1：海面上。

师：海上。你说——

生2：江面上。

师：那是在春江之上，还在哪儿？你说——

生3：还在松林之间。

师：在那松林间，还在哪儿？

生4：天山上。

师：好，在天山之间。那么，贾平凹笔下的月亮踪迹又会出现在哪里呢？来，放开声音，自由地朗读课文，边读边寻找：贾平凹笔下的月亮都跑到哪些地方去了？

（学生自由读课文）

摩挲语词，追寻躲闪的月亮

师：好，同学们读得非常带劲儿，贾平凹笔下的月亮跑到了哪些地方？

生1：竹窗帘里。

明暗交织 物我合一

师：竹窗帘里，然后倒映在了哪里？

生1：镜子里。

师：在了镜子里头，那是镜中月。（板书：镜中月）好的，请坐。

师：还跑到了哪里？

生2：院子里。

师：院中月，是的。（板书：院中月）还跑到了哪里？

生3：酒杯里。

师：酒杯里，那是杯中月。（板书：杯中月）还在哪里？

生4：葡萄叶儿上。

师：还在哪里？你说。

生5：锹刃上。

师：在爷爷的锹刃上，还在哪里？

生6：还在眼睛里。

师：还在眼睛里，那是眼中月。（板书：眼中月）还在哪儿？

生7：水里。

师：水里，那是水中月。（板书：水中月）还有吗？

生8：天上。

师：在夜空中，是吗？那是空中月。（板书：空中月）好的，请坐。这就是贾平凹笔下的月亮踪迹，同一轮明月，你感觉在贾平凹的笔下和古人的感觉一样吗？

生：不一样。

师：那么好，请你回味一下，你在第一次读这篇课文时，或者说你刚才在课堂上再次读的时候，你的心不知不觉地被贾平凹哪些直接描写月亮的词语给吸引了？或者说贾平凹哪些直接描写月亮的词语带给你别样的感觉？来，回味一下，说出自己在第一时间的真心体会。

生1：渐渐的，还有款款的，让我感觉到月亮走得很慢。

师：不要说理由。渐渐的，款款的。好的，还有吗？

生2："渐渐地爬得高了"的"爬"。

师："渐渐地爬"。好的，还有吗？

生3：还有玉玉的。

师：玉玉的。还有呢？

生4：银银的。

师：还有呢？

生5：酥酥的，颤颤的。

师：酥酥地颤，好的，你说——

生6：满盈了。

师：满盈了。你说——

生7：亏了，末了（le）。

师：亏了，末了（liǎo），不是末了（le），最后再叫一个同学。

生：白光光的。

师：好的，白光光的。我发现你们关注的词语有的在写月亮的形状，有的在写月亮的动态，有的在写月亮的颜色，有的在写月亮的气息……老师还特地把大家伙儿谈到的这些词语筛选了一下，排成了六排，请看大屏幕——（课件出示六排词语，第一排：款款地、渐渐地、慢慢地、匆匆的；第二排：玉玉的、银银的、淡淡的、痒痒的；第三排：小小的、酥酥地；第四排：溶溶的；第五排：闪闪的；第六排：白光光的）

师：这些都是作者直接描写月亮的词语，为什么要这样排列呢？排成六排，联系板书，两厢对照，谁发现了其中的奥秘？

生：第一排是写镜中的月亮，第二排是写院中的月亮，第三排是写杯中的月亮，第四排是写水中的月亮，第五排是写眼中的月亮，第六排是写夜空中的月亮。

师：是的，谁来字正腔圆地读一读这六排词语？

明暗交织　物我合一

生：款款地、渐渐地、慢慢地、匆匆的；玉玉的、银银的、淡淡的、痒痒的；小小的、酥酥地；溶溶的；闪闪的；白光光的。

师：读得好极了，吐字清晰，声腔圆润，所谓字正腔圆。有没有发现它们都有一个共同的特点？

生：都是叠词。

师：听上去什么感觉？你说。

生1：很有名家的气势。

师：哟，贾平凹的气势在叠词当中，你听出来了，还有什么感觉？

生2：有一种童趣在里面。

师：童趣在里边。你什么感觉？

生3：他把月亮写活了。

师：什么感觉？

生4：把月亮写得有点像小孩子一样淘气。

师：淘气。还有吗？

生5：让人舒服，让人陶醉。

师：让你舒服，让你陶醉。是的，听读词语光有舒服、惬意的感觉还不够，有的时候在听的时候，你需要打开你的心扉，由词语散发开来，你往往还能看到什么，闻到什么，尝到什么，甚至还能摸到什么？就这六排词语，你们听老师读一读，敞开你的心扉听一听，好吗？（师自然入境而读词语：款款地/渐渐地/慢慢地/匆匆的/玉玉的/银银的/淡淡的/痒痒的/小小的/酥酥地/溶溶的/闪闪的/白光光的）你好像看到了什么？

生1：月亮像玉盘那样漂亮。

师：你好像看到了什么？

生2：月亮款款地走进我们心里。

师：你鼻子好像闻到了什么？

生3：淡淡的桂花香。

师：是的。你嘴巴好像尝到了什么？

生4：月饼。

师：是呀，月饼甜甜的味道。你双手似乎摸到了什么？

生5：月亮的外壳。

师：月亮的外壳，你都摸到了？你说。

生6：软软的月亮。

师：软软的月亮被你摸到了。真有意思，六排词语，分别代表月亮所到的六
　　个地方，而且还让我们从耳、鼻、眼、口等方面感受到贾平凹笔下的月
　　亮跟别人的不一样，真的不一样。来，让我们一起有滋有味地，字正腔
　　圆地来读一读。

生（齐）：款款地、渐渐地、慢慢地、匆匆的；玉玉的、银银的、淡淡的、
　　痒痒的；小小的、酥酥地；溶溶的；闪闪的；白光光的。

院中问月，追寻痒痒的月亮

师：如果有这样一个选择，让你在刚才的六排词语中挑三个词语来形容贾平
　　凹笔下的月亮，不多不少，就三个，我不知道你会挑哪三个？因为每个
　　人的感觉不一样！来，跟着感觉走，用这样的句式说一说：我感觉贾平
　　凹笔下的月亮是怎样的，怎样的，怎样的。

生1：我感觉贾平凹笔下的月亮是玉玉的、淡淡的、闪闪的。

师：很好，这是你的感受。你的感受是——

生2：我感觉贾平凹笔下的月亮是缓缓的、酥酥地、白光光的。

师：好极了，这是你的感受，每个人的感受都不太一样。当然，也可能是不
　　谋而合的。你来。

生3：我感觉贾平凹笔下的月亮是玉玉的、小小的、闪闪的。

师：你呢？

生4：我感觉贾平凹笔下的月亮是溶溶的、酥酥地、闪闪的。

　明暗交织　物我合一

生5：我感觉贾平凹笔下的月亮是小小的、溶溶的、闪闪的。

生6：我感觉贾平凹笔下的月亮是玉玉的、银银的、溶溶的。

生7：我感觉贾平凹笔下的月亮是玉玉的、酥酥地、溶溶的。

师：我非常珍惜同学们的不同感觉，那都是非常真实的。老师听到有很多同学对"玉玉的""淡淡的""痒痒的""酥酥地"感觉特好，这两排词儿是形容孩子们在哪里找到月亮的呀？

生：在院子里。

师：在院子里，在庭院中。来，让我们先到庭院中去寻找月亮，拿起笔来，听清楚要求：把含有这两排词语的句子，含有"玉玉的""银银的""淡淡的""痒痒的""酥酥的"的词语的句子先用波浪线画下来，然后再挑选一处你最有感觉的在心里读上一遍，用心体会体会，这两件事情处理完毕，抬起头静静地看老师。好吗？

（生画句子，读语句，各自体会）

师：好了吗？静静地看着我，挑选一句你最有感觉的句子，读给大家听一听。

生1：我们都面面相觑了。倏忽间，哪儿好像有了一种气息，就在我们身后袅袅，到了头发梢儿上，添了一种淡淡的痒痒的感觉。似乎我们已在了月里，那桂树分明就是我们身后的这一棵了。

师：好的，（大屏幕出示上句）我们一起来读这段话。

生：我们都面面相觑了。倏忽间，哪儿好像有了一种气息，就在我们身后袅袅，到了头发梢儿上，添了一种淡淡的痒痒的感觉。似乎我们已在了月里，那桂树分明就是我们身后的这一棵了。

师：平娃、二弟、三妹这仨孩子，倏忽间，好像闻到了什么气息？

生：淡淡的香气。

师：倏忽间感觉到头发梢儿上有了什么感觉？

生：痒痒的。

师：伸出你的手，轻轻地挠挠你的头顶心，就是那样的感觉。

（生轻轻挠挠自己的头顶心，会心地笑了）

师：倏忽间仨孩子嘴巴里尝到了什么味道？什么味道？

生：甜甜的味道。

师：甜甜的味道，可能是桂花酒的味道。倏忽间仨孩子的双脚踩到了什么东西？

生：月亮上的桂花叶。

师：倏忽间仨孩子的身体不知不觉地靠在了哪里？

生：桂花树上。

师：这是描写孩子们在月宫里的感觉，淡淡的，还痒痒的，孩子们之所以有这样的感觉，是因为在人间看到了怎样的光？（课件出示句子：尽院子的白光，是玉玉的，银银的，灯光也没有这般儿亮的。院子的中央处，是那棵粗粗的桂树，疏疏的枝，疏疏的叶，桂花还没有开，却有了累累的骨朵儿了。我们都走近去，不知道那个满圆儿去哪儿了，却疑心这骨朵儿是繁星儿变的。抬头看看天空，星儿似乎比平日少了许多，月亮正在头顶，明显大多了，也圆多了，清清晰晰看见里边有了什么东西）

生1：玉玉的、银银的光。

师：感觉中这种颜色以什么色调为主？

生1：以绿色和银白色为主。

师：可能这种绿色是很淡的，以什么色调为主？

生2：以白色为主。

师：但是它跟普通的白色又有所不同？你觉得怎么样？

生2：这种白是晶莹剔透的。

师：在人间看到了怎样的树？

生：粗粗的桂树。疏疏的叶，疏疏的枝。

师：在人间看到了怎样的花？

生：桂花还没有开，却有了累累的骨朵儿了。

师：怪不得香味是那么淡淡的。在人间看到了怎样的月亮呀？

明暗交织　物我合一

生：月亮正在头顶，明显大多了，也圆多了，清清晰晰看见里边有了什么东西。

师：在人间他们还知道了月亮里也有一棵什么树？

生：桂树。

师：谁能用朗读，让我们看到那玉玉的月光，那粗粗的桂树，那累累的骨朵儿，那银银的满圆？

生：尽院子的白光，是玉玉的，银银的，灯光也没有这般儿亮的。院子的中央处，是那棵粗粗的桂树，疏疏的枝，疏疏的叶，桂花还没有开，却有了累累的骨朵儿了。我们都走近去，不知道那个满圆儿去哪儿了，却疑心这骨朵儿是繁星儿变的。抬头看看天空，星儿似乎比平日少了许多，月亮正在头顶，明显大多了，也圆多了，清清晰晰看见里边有了什么东西。

师：（音乐：《琵琶语》响起）同学们，请闭上你们的双眼，让我们随着老师的描述，一起走进平娃的那个院落，走进美妙的月宫：尽院子的白光，是玉玉的，银银的。你瞧，那棵粗粗的桂树，疏疏的枝，疏疏的叶，累累的骨朵儿。抬头看，月亮正在头顶。当我们从奶奶那里得知月亮里也是一棵桂树的时候，刹那间，我们的身子轻了，飘起来了……睁开眼睛，你现在仿佛在哪儿？

生：月亮上。

师：嘴巴里有了什么味道？

生：甜甜的味道。

师：头发梢儿上有了什么感觉？

生：痒痒的。

师：就是这种味道，就是这种感觉，谁来有滋有味地读读这段话？来，想象身后有一股淡淡的袅袅气息，从心里读出这段文字……

生1：我们都面面相觑了。倏忽间，哪儿好像有了一种气息，就在我们身后袅袅，到了头发梢儿上，添了一种淡淡的痒痒的感觉。似乎我们已在了月里，那桂树分明就是我们身后的这一棵了。

师：真好，痒痒的感觉。谁来读？来，想象头发梢儿上有一种痒痒的感觉，从心里读出这段文字……

生2：我们都面面相觑了。倏忽间，哪儿好像有了一种气息，就在我们身后袅袅，到了头发梢儿上，添了一种淡淡的痒痒的感觉。似乎我们已在了月里，那桂树分明就是我们身后的这一棵了。

师：读得好极了。谁再来读？来，你来，想象你双脚底板上有一种软软的感觉，从心里读出这段文字……

生3：我们都面面相觑了。倏忽间，哪儿好像有了一种气息，就在我们身后袅袅，到了头发梢儿上，添了一种淡淡的痒痒的感觉。似乎我们已在了月里，那桂树分明就是我们身后的这一棵了。

师：同学们，你们就想象嫦娥仙女儿柔柔地看着你的感觉，我们一齐从心里来读读这段文字……

生（齐）：我们都面面相觑了。倏忽间，哪儿好像有了一种气息，就在我们身后袅袅，到了头发梢儿上，添了一种淡淡的痒痒的感觉。似乎我们已在了月里，那桂树分明就是我们身后的这一棵了。

杯中饮月，追寻酥酥的月亮

师：哪些同学嘴巴里有一种淡淡的甜味？咂咂嘴。（学生们咂咂嘴巴，轻轻地笑）哪些同学头发梢儿上有痒痒的感觉？挠挠头。（学生们轻轻地挠头，轻轻地笑）真好，还有其他的句子吗？小小的、酥酥地，谁画下来了？好，你来读。

生：我们都看着那杯酒，果真里边就浮起一个小小的月亮的满圆。捧着，一动不动的，手刚一动，它便酥酥地颤，使人可怜儿的样子。大家都喝下肚去，月亮就在每一个人的心里了。

明暗交织　物我合一

师：望杯底看，看见了什么？

生：月亮。

师：看见了怎样的月亮？

生：酥酥地。

师：你瞧，这个"酥"字：左边是一个"酒"字的半边，右边是一个"禾"，"禾苗"的"禾"，你想呀，禾苗结出的"籽儿"浸泡在"酒"里边，经过发酵，那还不松、软、脆呀！这里指什么浸泡在了"甜酒"里边？

生：月亮。

师：如果你就是平娃，就是作者的二弟和三妹，来，同学们，端起你手中的那杯酒，根据老师的提示，我们来做动作：你们都看着那杯酒，果真里边就浮起一个小小的月亮的——

生：满圆。

师：看见了吗？

生：看见了。

师：捧着，捧着，一动不动的！你看，你动了，同学。（学生们笑了）

师：你看，你手刚一动，它便酥酥地颤，影子斜了，拉长了，像百叶窗一样了！还怎么了？手动了，你看还怎么样啦？

生1：像使人可怜儿的样子。

师：看见使人可怜儿的样子，你手一动，怎么样了？

生2：月亮在晃，影子拉长了。

师：在晃，你看到了什么？

生3：我看到，它的影子被扯长了，很有弹性的。

师：是的，它软了？它松了？你说。

生4：我还看见月亮在晃，时见时不见。

师：哟，时见时不见，时隐时现，你还看见什么？

生5：真得像百叶窗一样，有很多叠影。

师：大家都喝下肚去，快喝呀！（生笑，做喝酒样子）别一饮而尽哦！要慢慢地呷，这样月亮就在每一个人的……

生：心里了。

师：同学们，手捧酒杯，眼瞧月儿，你此刻的心情怎样？

生1：陶醉了。

师：你陶醉了。

生2：很舒服。

师：舒服。你呢？

生3：我已经很满足了。

师：满足了。你呢？

生4：很激动。

师：有点激动的感觉。你呢？

生5：我很兴奋。

师：你一兴奋，那杯酒里的月亮便酥酥地颤着。（一阵欢快的笑声又响起了）

生6：我很开心。

师：你开心了。你呢？

生7：我很甜蜜。

师：我们带着这样的心情去齐读这段话。

生（齐）：我们都看着那杯酒，果真里边就浮起一个小小的月亮的满圆。捧着，一动不动的，手刚一动，它便酥酥地颤，使人可怜儿的样子。大家都喝下肚去，月亮就在每个人的心里了。

心中怀月，追寻静谧的心梦

师：当大家都把"杯中月亮"喝下肚去，还以为月亮就在自己心里了，可是不想奶奶却说："月亮是每个人的，它并没走，你们再去找吧。"后来，孩子们又在院落中的哪些地方找到了月亮了呢？在哪儿？你说。

生1：葡萄叶儿上。

生2：锹刃儿上。

生3：瓷花盆儿上。

师：是啊，在葡萄叶儿上，在瓷花盆儿上，在锹刃儿上，（音乐：《琵琶语》再次响起）你又会看到怎样的月亮呢？你或许看到的是藤萝摇曳的葡萄叶儿上的月亮，风一吹……你或许看到的是鼓起小肚皮的瓷花盆儿上的月亮，你绕着她走……你或许看到的是明晃晃的锹刃儿上的月亮，你向她哈了一口气……是小小的、圆圆的、明晃晃的、洁净净的、清清晰晰的、模模糊糊的，还是怎样的呢？用上叠词和儿化音，挑选一个地方的月亮写下去，好吗？

（大屏幕上出示，第一排：妙极了，它真没有走去，我们很快就在葡萄叶儿上发现了……第二排：妙极了，它真没有走去，我们很快就在瓷花盆儿上发现了……第三排：妙极了，它真没有走去，我们很快就在爷爷的锹刃儿上发现了……）

（学生们在悠扬的音乐声里，想象着，书写着）

师：好，同学们，你们看到了怎样的月亮？

生1：妙极了，它真没有走去，我们很快就在葡萄叶上发现了，它圆圆的，亮亮的，晶莹剔透。

师：圆圆的，亮亮的。你呢？

生2：妙极了，它真没有走去，我们很快就在爷爷的锹刃儿上发现了，它圆圆的，小小的，晶晶莹莹的，像一个顽皮的孩子。

师：多有趣呀。你来。

生3：妙极了，它真没有走去，我们很快就在葡萄叶儿上发现了玉玉的、莹莹的月亮，风一吹，它随着藤叶摇摆，忽然，有一只小虫爬上来，望着晶莹剔透的月亮，它陶醉了。

师：连小虫都陶醉了。来，妙极了——

生4：妙极了，它真没有走去，我们很快就在葡萄叶儿上发现了，它是多么皎洁，多么晶莹剔透呀，闪闪的，亮亮的，在夜风中摇曳。

师：多美呀。你来。

生5：妙极了，它真没有走去，我们很快就在爷爷的锹刃儿上发现了，明晃晃的月亮，轻轻哈一口气，月亮就变得模模糊糊的了。

师：好，感觉完全不同了。来，请最后一个同学。

生6：妙极了，它真没有走去，我们很快就在葡萄叶儿上发现了，风一吹，它随着葡萄叶轻轻摇曳，亮亮的，玉玉的，银银的，我陶醉了。

师：好的，同学们，这就是贾平凹笔下的月亮，玉玉的、银银的、淡淡的、软软的……然而，并不是所有人看到的月亮都是那么美丽的：李白看到的却是孤寂——"明月出天山，苍茫云海间。"王维看到的却是清冷——"明月松间照，清泉石上流。"张九龄看到的却是思念——"海上生明月，天涯共此时。"张若虚看到的却是惆怅——"滟滟随波千万里，何处春江无明月。"这是为什么呢？你想过吗？

生1：因为这些是他们观察的角度和当时的心情不一样。

师：当时的心情不一样。

生2：所处的环境都不一样。

师：环境不同心境也不一样。还有吗？你说。

生3：朝代不一样。

师：朝代不一样，时代不一样，心境也不一样。还有什么呢？

生4：因为那些诗人他们都不在故乡。

师：哎，睹明月，思亲人！诗人们都不在家乡，而贾平凹他们仨孩子却没有与亲人分别的感觉，他们就在家中，心境自然就跟那些诗人不一样了。是呀，心是玉玉的，月亮也是——

生：玉玉的。

师：心是银银的，月亮也是——

生：银银的。

师：心是淡淡的，月亮也是——

生：淡淡的。

师：心是甜甜的，月亮也是——

生：甜甜的。

师：心是酥酥的，月亮也是——

生：酥酥的。

师：一切都在人的——

生：心中！

师：（板书：心）那么贾平凹心中的镜中月、水中月、眼中月、空中月，乃至梦中月又是怎样的呢？如果有机会，我将继续带领大家一起走进贾平凹的文字，好吗？这节课先上到这儿，下课。

师：同学们，再见！

生：老师，再见。

{ 一三三一　轮回归一

2009年的冬季似乎比以往时候来得更晚一些，在南方暖湿气流的强大攻势下，北方的冷空气迟迟未能南下。在暖暖的冬阳下，诗画语文推出了新课《冬阳·童年·骆驼队》。轻轻地咀嚼文字，一幅幅画面在我眼前立了起来："秃瓢"上袅袅的白烟，傻傻地学骆驼咀嚼，轻轻地谈驼铃的用处，愣愣地看垂得老长老长的驼绒，连连地问妈妈骆驼的行踪……老北京城里特有的孩童的童年生活渐次映入我的眼帘，一种委婉的诗意，一片宁静的意境，近乎一幅素雅、淡泊、简约的中国水墨画。时至今日，每个夜晚，想起林海音，想起《冬阳·童年·骆驼队》，我耳畔自然会响起邓丽君在《今夜想起你》中的唱词："你曾给过我欢乐，给过我甜蜜，时光一去不再回来，留下无限回忆……"

一、一三——三生万物，九九归一

在中国人眼中数字"一"和"三"，是两个极其神秘的数字。《老子》以"道"解释宇宙万物的演变，以为"道生一，一生二，二生三，三生万物"。课堂教学中，若能巧妙地运用"一生二，二生三，三生万物"的"道"，就能使得教学呈现出极强节奏的律动感。

在课堂上，我缓缓地把握林海音的语言节奏，唤醒孩子对童年缓缓的回忆，在课堂上慢慢地抒写，慢慢地浸润。在"学咀嚼"这个典型的慢镜头中我将语言的节奏感悟力求做到极致——

师：（课件出示"我站在骆驼的面前，看它们咀嚼的样子：那样丑的脸，那样长的牙，那样安静的态度。它们咀嚼的时候，上牙和下牙交错地磨来磨去，大鼻孔里冒着热气，白沫子沾在胡须上。我看呆了，自己的牙齿也动起来。"）这段话中哪一个字，境界、味道全在其中？

生："呆"。

师：这一"呆"就真的了不得了，这一"呆"，就将我们的眼前的镜头放慢了，拉长了，定格了。慢镜头就需要我们看得特别真切，看得特别生动。让我们一起来看，闭上眼睛："我站在骆驼的面前，看它们咀嚼的样子：那样丑的脸……"睁开眼，你看到一张怎样的骆驼的脸？

生：难看的脸。

师：你看到了骆驼脸上那高高前突的颧骨了吗？

生：看到了。

师：你看到了骆驼脸上那耷拉着的皮肤了吗？

生：看到了。

师：你看到了骆驼脸上那小烟囱似的鼻孔了吗？

生：看到了。

师：继续，闭上眼睛："我站在骆驼的面前，看它们咀嚼的样子：那样长的牙……"睁开眼，你看到一副怎样的骆驼牙？

生：很长的牙。

师：你看到骆驼的长牙上积着一层厚厚的黄渍了吗？

生：看到了。

师：你看到了骆驼上牙和下牙中嵌着的草根了吗？

生：看到了。

师：你看到了骆驼那恐怖的牙齿四周流淌着的白沫子了吗？

生：看到了。

师：继续闭眼："我站在骆驼的面前，看它们咀嚼的样子：那样安静的态度……"睁开眼，你看到骆驼一种怎样的态度？

生：我看到骆驼盘着腿，一动不动在那里吃草的态度。

师：你看到了骆驼不紧不慢的态度了吗？

生：看到了。

师：你看到了骆驼悠悠然然的态度了吗？

生：看到了。

师：你看到了骆驼旁若无人的态度了吗？

生：看到了。

师：还丑吗？

生：（齐）不丑了。

师：你亲近它还来不及呢！请同学们把眼睛继续闭上，伴随着老师的描述让我们在脑海中尽情想象（音乐《禅思组曲》响起）：你瞧，骆驼队来了，停在我家门前。它们排列成一长串，沉默地站着，等候人们的安排。拉骆驼的说，他们从门头沟来，他们和骆驼，是一步一步走来的。我站在骆驼的面前，看它们咀嚼的样子……睁开眼，看大屏幕——（课件播放《城南旧事》英子学咀嚼的片段，学生发出会心的笑声）

师：看到骆驼咀嚼了吗？看到英子学咀嚼了吗？电影的节奏和文字的节奏吻合吗？

生：吻合。

师：就这种感觉，如此的悠然。就这种感觉，谁再来读读这段文字？你来读，你就是小英子，你看呆了……

生：（徐徐地）读上段文字。

第一步，由一生三，一个"那样"派生出三个"那样"；第二步，三三得九，三个"那样"派生出九个"那样"；第三步，九九归一，九个"那样"归结到语言的悠长的味道。此时再引入视频，将吴贻弓导演的《城南旧事》中英子学咀嚼的片段植入课堂，这里的镜头，小英子看骆驼咀嚼，学咀嚼，吴贻弓导演在拍摄的时候机位肯定是固定的，"停"在我家的门前，镜头是慢慢地推，由远及近，推得很慢，和文本的节奏天衣无缝的吻合，反过来，问孩子们：电影的节奏和文字的节奏吻合吗？完全吻合。使得视频和语言同构共生。将台湾中台禅寺的免费结缘佛乐《禅诗》引入课堂，当空灵的禅乐在课堂上凌空出世的时候，语言的节奏、电影的节奏、音乐的节奏全然合一，在孩童天籁般的诵读声中我确信，师生获得了无与伦比的安适和宁静、快乐和幸福。

二、轮回——汩汩流淌，自觉皈依

尼采说：世界是我的表象，同一事物能够永恒轮回。轮回是文本言说的一种方式，也是课堂言说的方式，是指抓住文本中的秘妙之处，通过不断地"抛出——收回"的轮回转换，使学生在轮转中不断体验与加深对文本的理解，进而形成依附于文本内蕴却又各具特色的个人感悟。《冬阳·童年·骆驼队》以一串驼铃声串联起整篇文章的气韵，驼铃声在文本的开头、中间、结尾屡次响起，而我的教学在课堂的行进中围绕着驼铃声主动去依附轮回，形成一种鲜明的节奏感。

起课伴随着驼铃声声入课：

师：同学们，请看大屏幕，台湾著名音乐人小轩曾经写过一首歌，歌名叫《梦驼铃》，听过吗？

生：听过。

师：听过。歌中有这样一句歌词（大屏幕出示），谁来读一读？

生："攀登高峰望故乡，黄沙万里长，何处传来驼铃声，声声敲心坎。"

师：由于是歌词，你读得一顿一顿的，你是否想唱？（笑）好的，读得不错。歌词中有一个词儿，叫"心坎"，是人体的哪个部位？摸一摸，就是心窝、心头，是什么在敲打着人的心坎？

生：驼铃声。

师：还有一首歌，名叫《月牙泉》，词作者杨海潮先生这样写道（大屏

一堂好课，在教学过程展开后，课堂节奏便迅速拉起，并且很快建立一种「模型」。这种模型在变化中有规律，在流动中有伸展，却又常回旋到课的出发点时的律动频率。

幕出示）——谁来读？

生："每当太阳落向西边的山，天边映出月牙泉；每当驼铃声声掠过耳边，仿佛又回月牙泉。"

师：是的，耳边响起的依然是什么声儿？

生：驼铃声！

师：听着，听着，仿佛又回——

生：月牙泉。

师：月牙泉是歌者的心灵故乡吧！我想，应该是。我们再来看，台湾著名作家林海音女士写过这样一段文字（大屏幕出示），谁来读？好，你来！

生："我默默地想，慢慢地写，又看见冬阳下的骆驼队走过来，又听见缓缓悦耳的驼铃声。童年重临于我的心头。"

从歌词导入后，在未揭示课题和学生初读课文之前，先提出课文中的那一句"我默默地想，慢慢地写，又看见冬阳下的骆驼队走过来，又听见缓缓悦耳的驼铃声。童年重临于我的心头。"可谓先声夺人，为全文的导读起到了定向、定调的重要作用。想起高尔基曾经说过的一句话："最难的是开始，就是第一句话。如同在音乐上一样，全曲的声调，都是它给予的，平常得好久去寻找它。"

在课堂结束前，我又让这串驼铃声轮回了：

师：这种感觉太妙了，如此的悠然，如此的自在，如此的陶醉，要不是时间的关系，我真想跟大家一起再到谈驼铃、看驼绒、问行踪的三个镜头中去体味一番……是呀，英子和骆驼在冬阳底下的往事就这样缓缓地流淌着，还有那"铛、铛、铛"的驼铃声。我们再回到一开始那两段歌词和英子的那段话上。

（大屏幕出示：起课时的两句歌词和林海音那段话）

师：看看都是在什么时候响起驼铃声？

生：远离家乡，远离童年的时候。

师：驼铃声为什么总是在远离故乡、远离童年时响起？

……

师：就让我们在林海音自己的真情倾诉中，让我们的思绪稍稍地停歇片刻吧……（李叔同《送别》音乐响起，林海音自述画外音：不思量，自难忘，半个多世纪过去了，我是多么想念住在北京城南的那些景色和人物啊！而今或许已物异人非了，可是随着岁月的荡涤，在我，一个远方游子的心头，却日渐清晰起来。我所经历的大事也不算少了，可都被时间磨蚀了，然而这些童年的琐事，无论是酸的、甜的、苦的、辣的，却永久，永久地刻印在我的心头。每个人的童年不都是这样的余霭而神圣吗？）

这样，在起课和结课的两个节点上，驼铃声成了言说的主人，她的反复出现唤醒了学生的言语生命冲动和表达欲求。每个学生与生俱来都具有这种冲动和欲求，作为教者，应该在充满激情和欢欣的言语活动中，引导学生体会到自己诗意的言语生命。感谢林海音和她的《冬阳·童年·骆驼队》，她关于童年的言说，是生命的歌吟，是从心底里流淌出来的，这种"缓缓的"的言语表现，是她生命的本然。当我在驼铃声的轮回伴奏下，不自觉地唱起了心中的骊歌——"长亭外，古道边，芳草碧连天。问君此去几时来，来时莫徘徊。天之涯，地之角，知交半零落。人生难得是欢聚，唯有别离多。"

一三轮回，是诗画语文对言语节奏的自觉皈依，当作如是观。

《冬阳·童年·骆驼队》教学实录

起：驼铃声声入课来

师：同学们，请看大屏幕，台湾著名音乐人小轩曾经写过一首歌，歌名叫《梦驼铃》，听过吗？

生：听过。

师：歌中有这样一句歌词（大屏幕出示），谁来读一读？

生："攀登高峰望故乡，黄沙万里长，何处传来驼铃声，声声敲心坎。"

师：由于是歌词，你读得一顿一顿的，你是否想唱？（笑）好的，读得不错。歌词中有一个词儿，叫"心坎"，是人体的哪个部位？摸一摸，就是心窝、心头，是什么在敲打着人的心坎？

生：驼铃声。

师：还有一首歌，名叫《月牙泉》，词作者杨海潮先生这样写道（大屏幕出示）——谁来读？

生："每当太阳落向西边的山，天边映出月牙泉；每当驼铃声声掠过耳边，仿佛又回月牙泉。"

师：是的，耳边响起的依然是什么声儿？

生：驼铃声！

师：听着，听着，仿佛又回——

生：月牙泉。

师：月牙泉是歌者的心灵故乡吧！我想，应该是。我们再来看，台湾著名作家林海音女士写过这样一段文字（大屏幕出示），谁来读？好，你来！

生："我默默地想，慢慢地写，又看见冬阳下的骆驼队走过来，又听见缓缓悦耳的驼铃声。童年重临于我的心头。"

师：读得真好，耳边响起的还是什么声？

生：驼铃声！

师：（板书：驼铃声）当中有一个词儿叫"悦耳"，注意"悦"字的偏旁，什么偏旁？

生：竖心旁。

师：铃声响在耳边，其实也响在——

生：心里。

师：预习过的同学已经知道，其实这段文字就出自我们今天要学的一篇课文，题目叫——

生：《冬阳·童年·骆驼队》。

师：注意文字中间的那两个小圆点，多像两颗珍珠串联起暖暖的冬阳，纯纯的童年，还有那长长的骆驼队。就那种感觉，我们把课题再读一遍。

生：《冬阳·童年·骆驼队》。

师：作者是台湾著名作家——林海音，小名英子，（板书：英子）叫起来很亲切，来，我们一起来叫一声——英子。

生：英子！

师：好听，特别好听。英子的童年和青年时代在老北京的城南度过，后来她们举家搬去了台湾，这篇文章是英子离开故乡五十多年后，在台湾写就的一部怀旧小说——《城南旧事》（大屏幕出示主题图）的出版序言，印在这本书的扉页之中，可见英子对这篇文章的喜爱之深。

承：驼铃声声入味来

师：在暖暖的冬阳下，"我默默地想，慢慢地写，又看见冬阳下的骆驼队走过来，又听见缓缓悦耳的驼铃声"。让我们循着驼铃声走进英子的童年。来，请同学们拿出课文，放开声音，自由地朗读课文，边读边思考：伴随着驼铃声，英子回味了童年冬阳底下和骆驼的哪些往事？好，按自己的节奏，开始读课文，边读边思考。

生：自由读课文。

师：好，同学们都读完了，有的同学已经在读第二遍了。看得出随着你们读完课文的最后一个字儿时，你们的心也肯定跟随着英子一同去了一趟老北京，看见从城墙跺边缓缓走来的骆驼队了吗？

生：看见了！

师：好，循着驼铃声，英子回味了童年冬阳底下和骆驼的哪些往事？我们一件一件地理一理，谁来说？

生：学骆驼咀嚼。

师：嗯，学咀嚼，第一件。（板书：学咀嚼）这个 "嚼" 是多音字，还可以读成——

生："jiáo"。

师：比如下文中 "慢慢地嚼，总会吃饱的"。 这个字笔画很多，比较难写，来，我们一起来写一个，左边是一口，要往上靠，嘴巴是长在身体的上方的，右边的笔画较多，我们一笔一画地交代清楚，骆驼 "慢慢地嚼，总会吃饱的"，我们 "慢慢地写，总会写好的"。

生：学写 "嚼"。

师：这是一件事。还有吗？

生：关于铃铛的遐想。

师：是的，她跟她的爸爸在谈铃铛的用途。（板书：谈驼铃）还有吗？

生：看骆驼掉皮毛。

师：看骆驼掉皮毛，她想用剪刀去给骆驼剪一剪，是吗？看骆驼垂下来的驼绒，好的。（板书：看驼绒）最后请你说。

生：最后一件事是怀念骆驼队。

师：她在问她妈妈什么事儿？

生：骆驼到哪里去了？

师：是的，问骆驼夏天的行踪。（板书：问行踪）

师：在 "铛、铛、铛" 的驼铃声中，英子傻傻地学骆驼咀嚼，轻轻地谈驼铃，愣愣地看驼绒，连连地问行踪，好像她的童年跟骆驼有着千丝万缕的关系。在预习的时候，你数过整篇文章 "骆驼" 一词一共出现几次吗？

生：没数过。

师：没数过没关系。我已经数过了，单 "骆驼" 一词，共出现19次，还有8次用 "它们" 一词代替 "骆驼"，加在一起一共27次，多吗？

生：多！

师：英子的童年注定跟骆驼有着千丝万缕的关系。所以在文章的结尾，远离故乡的英子动情地写道——

（指大屏幕）——我们一起来读一读。

生："我默默地想，慢慢地写，又看见冬阳下的骆驼队走过来，又听见缓缓悦耳的驼铃声。童年重临于我的心头。"

师：听老师读这一段话。同学们把感觉聚焦到这段话的节奏上。听，这段文字在节奏上带给你最大的感受是什么？（范读）什么感觉？节奏上？

生：缓慢。

生：舒缓。

师：欸，林海音写驼铃声的文字节奏是这样缓缓的，再来看看写驼铃声的那两段歌词，你们听我唱一唱。听，在节奏上有什么感觉？（教师现场演唱《月牙泉》中的歌词）

生：很慢很舒缓。

生：各种哀伤的感觉。

师：有一点淡淡的忧愁。再听。（教师现场演唱《梦驼铃》中的歌词）什么感觉？

生：悠扬的。

生：缓慢的。

师：就这种感觉，我们再来读读文章结尾的这段话。

生：（缓缓齐读）"我默默地想，慢慢地写，又看见冬阳下的骆驼队走过来，又听见缓缓悦耳的驼铃声。童年重临于我的心头。"

转：驼铃声声入言来

师：其实，在《冬阳·童年·骆驼队》这篇文章中，又岂止在文章的结尾处呈现出"缓缓的"语言节奏呢？比如，打头的第一句，你听我读——"骆驼队来了，停在我家门前。"哪一个字儿，一下子映入了你的眼帘？

生：“停”。

师：“停”，正因为“停”下来，英子才可以慢慢跟我们讲——

生：学咀嚼、谈驼铃、看驼绒、问行踪……

师：（接）等等，关于她和骆驼的点点滴滴往事，对于这四个特写镜头，我不知道同学们对哪个镜头特别感兴趣？我来做个调查。对“学咀嚼”特别感兴趣的，（学生纷纷举手）这么多啊！“谈驼铃”，稍微少一点；“看驼绒”，也有；“问行踪”，有。

师：看来，大家都对英子“学咀嚼”特别感兴趣。那好，我们来读读英子“学咀嚼”的这段文字，你觉得哪个地方的细节描写最有趣儿，你就细细地体味体味，咀嚼咀嚼文字的味道。

（学生自读体味）

师：你觉得英子哪个地方的细节描写特别有趣？读着读着就想笑。

生：“我看呆了，自己的牙齿也动起来。”

生：“它们咀嚼的时候，上牙和下牙交错地磨来磨去，大鼻孔里冒着热气，白沫子沾在胡须上。”

师：哪个地方特别有趣？

生：我觉得“大鼻孔里冒着热气”和“交错地磨来磨去”特别有趣。

师：欸，那小烟囱似的大鼻孔冒着热气，特别有趣，是吧？好的，我们一句一句地来体味，千万不要轻易地放过。

　　［课件出示——“我站在骆驼的面前，看它们咀（jǔ）嚼（jué）的样子：那样丑的脸，那样长的牙，那样安静的态度。它们咀嚼的时候，上牙和下牙交错地磨来磨去，大鼻孔里冒着热气，白沫子沾在胡须上。我看呆了，自己的牙齿也动起来。”］

师：冒号以后，有三句话，先看第一句。“那样丑的脸，那样长的牙，那样……”这句话很特别，特别在哪里？

生：特别在用了三个“那样”。

师：如果就用一个"那样"，你们听我读一下。"那样丑的脸，长的牙，安静的态度。"感觉一样吗？节奏一样吗？

生：不一样。

师：记得电影中的慢镜头吗？哪句话带给你慢镜头的感觉？

生：书上的三个"那样"那句。

师：欸，就是三个"那样"，慢镜头的感觉，谁来读一下。

生："那样丑的脸，那样长的牙，那样安静的态度。"

师：读得好，这就是电影中慢镜头的感觉。

师：第二句话，刚才那位同学说了，他说"大鼻孔里冒着热气"和"磨来磨去"。注意"磨来磨去"这个词语，其实是对"交错"的解释，如果从词语的构成上去观察它，它是什么词？

生：叠词。

师：什么形式的叠词。

生：ABAC型。

师：用叠词和不用叠词感觉有什么不一样呢？你听我读读："它们咀嚼的时候，上牙和下牙交错地磨着，大鼻孔里冒着热气，白沫子沾在胡须上。"通顺吗？

生：通顺。

师：当然通顺，但是感觉一样吗？节奏一样吗？

生：不一样。

师：磨来磨去，荡秋千的感觉，谁来读一下？

生："它们咀嚼的时候，上牙和下牙交错地磨来磨去，大鼻孔里冒着热气，白沫子沾在胡须上。"

师：是啊，"磨来磨去"多有味道啊，好极了。

师：最后一句话——"我看呆了，自己的牙齿也动起来。"哪一个字，境界、味道全在其中？

生："呆"。

师：这一"呆"就真的了不得了，这一"呆"，就将我们的眼前的镜头放慢
　　了，拉长了，定格了。慢镜头就需要我们看得特别真切，看得特别生
　　动。让我们一起来看，闭上眼睛："我站在骆驼的面前，看它们咀嚼的
　　样子：那样丑的脸……"睁开眼，你看到一张怎样的骆驼的脸？

生：难看的脸。

师：你看到了骆驼脸上那高高前突的颧骨了吗？

生：看到了。

师：丑吗？

生：丑！

师：超丑！（学生笑）继续，闭上眼睛："我站在骆驼的面前，看它们咀嚼
　　的样子：那样长的牙……"睁开眼，你看到一副怎样的骆驼牙？

生：很长的牙。

师：你看到骆驼的长牙上积着一层厚厚的黄渍了吗？

生：看到了。

师：丑吗？

生：丑！

师：你看到一副怎样的骆驼牙？

生：比兔子的牙还大的板牙。

师：那当然啰，它是骆驼呀！（众笑）你看到了骆驼上牙和下牙中嵌着的草
　　根了吗？

生：看到了。

师：丑吗？

生：丑！

师：你看到骆驼这样的牙怎么想？

生：好恐怖，感觉要把人吃掉。

师：你看到了骆驼那恐怖的牙齿四周流淌着的白沫子了吗？

生：看到了。

师：丑吗？

生：丑！

师：继续下去，闭眼："我站在骆驼的面前，看它们咀嚼的样子：那样安静的态度……"睁开眼，你看到骆驼一种怎样的态度？

生：我看到骆驼盘着腿，一动不动在那里吃草的态度。

师：你看到了骆驼不紧不慢的态度了吗？

生：看到了。

师：还丑吗？

生：也不是特别丑。

师：那个男孩子，你看到骆驼一种怎样的态度？

生：我看到骆驼一副安静的样子。

师：你看到了骆驼悠悠然然的态度了吗？

生：看到了。

师：还丑吗？

生：不丑了。

师：你亲近它还来不及呢！请同学们把眼睛继续闭上，伴随着老师的描述让我们在脑海中尽情想象（音乐《禅思组曲》响起）：你瞧，骆驼队来了，停在我家门前。它们排列成一长串，沉默地站着，等候人们的安排。拉骆驼的说，他们从门头沟来，他们和骆驼，是一步一步走来的。我站在骆驼的面前，看它们咀嚼的样子……睁开眼，看大屏幕——

（课件播放《城南旧事》英子学咀嚼的片段，学生发出会心的笑声）

师：看到骆驼咀嚼了吗？看到英子学咀嚼了吗？

生：看到了。

师：有趣吗？

生：有趣。

师：电影的节奏和文字的节奏吻合吗？

生：吻合。

师：就这种感觉，如此的悠然。就这种感觉，谁再来读读这段文字？你来读，你就是小英子，你看呆了——

生：（徐徐地）读这一段文字："我站在骆驼的面前，看它们咀（jǔ）嚼（jué）的样子：那样丑的脸，那样长的牙，那样安静的态度。它们咀嚼的时候，上牙和下牙交错地磨来磨去，大鼻孔里冒着热气，白沫子沾在胡须上。我看呆了，自己的牙齿也动起来。"

师：你也是小英子，你看呆了——

生：（傻傻地）读这一段文字。

师：是的，我们都是小英子，我们都看呆了——

生：（缓缓地）齐读这一段文字。

合：驼铃声声入梦来

师：这种感觉太妙了，如此的悠然，如此的自在，如此的陶醉，要不是时间的关系，我真想跟大家一起再到谈驼铃、看驼绒、问行踪的三个镜头中去体味一番……是呀，英子和骆驼在冬阳底下的往事就这样缓缓地流淌着，还有那"铛、铛、铛"的驼铃声。我们再回到一开始那两段歌词和英子的那段话上。

（大屏幕出示：

攀登高峰望故乡，黄沙万里长，何处传来驼铃声，声声敲心坎。——小轩《梦驼铃》

每当太阳落向西边的山，天边映出月牙泉；每当驼铃声声掠过耳边，仿佛又回月牙泉。——杨海潮《月牙泉》

我默默地想，慢慢地写，又看见冬阳下的骆驼队走过来，又听见缓缓悦耳

的驼铃声。童年重临于我的心头。——林海音《冬阳·童年·骆驼队》）

师：看看都是在什么时候响起驼铃声？第一句，你说！

生：攀登高峰时。

师：他望哪里？

生：望故乡。

师：说明他在哪里？

生：他在故乡山上。（众笑）不，他在高峰上望故乡。

师：他人在故乡吗？

生：不在故乡。

师：他人长大了吗？

生：长大了。

师：他离开童年了吗？

生：离开了。

师：第二句，我说了，月牙泉是歌者的心灵故乡，什么时候响起驼铃声？

生：每当太阳落向西边的山的时候响起驼铃声。

师：说明歌者在外边——

生：在外边怀念自己的故乡。

师：是啊，月牙泉是他的心灵故乡，他远离故乡，远离童年。第三句更不用说了，是英子在——

生：英子在离开北京、远离童年的时候响起驼铃声。

师：关于驼铃声的歌曲也好，文字也好，节奏都是如此的——

生：舒缓。

师：问题就来了。现在你的脑中迸出了什么问题？

生：驼铃声在响的时候应该是非常清脆的，为什么作者在写的时候是缓慢、舒缓的？

师：为什么节奏都是那样的舒缓呢？这是节奏问题，还有呢？

生：为什么驼铃声都是代表怀念故乡和童年的？

师：也就是说，驼铃声为什么总是在远离、故乡远离童年时响起，是吗？在英子的文章末尾就能找到答案。

（大屏幕出示："夏天过去，秋天过去，冬天又来了，骆驼队又来了，童年却一去不还了。冬阳底下学骆驼咀嚼的傻事，我也不会再做了。可是，我是多么想念童年住在北京城南的那些景色和人物啊！我对自己说，把它们写下来吧。就这样，我写了一本《城南旧事》。我默默地想，慢慢地写，又看见冬阳下的骆驼队走过来，又听见缓缓悦耳的驼铃声。童年重临于我的心头。"）

师：听我读一下。"夏天过去，秋天过去，冬天又来了，骆驼队又来了，童年却一去不还了。"如果说刚才带给我们的是电影中典型的慢镜头的话，那么这句话带给我们的感觉是——

生：典型的快镜头。

师：其中哪些词语的搭配使得你有快镜头的感觉？

生：两个"过去"加"又来了"。

师：什么过去了？

生：夏天过去了，秋天过去了。

师：什么来了？

生：冬天又来了，骆驼队又来了。

师：什么一去不还了？

生：童年。

师：现在你知道了，为什么驼铃声总是在远离童年时响起？你知道吗？

生：年复一年地过去，骆驼队在冬天路过这里，每一年的冬天也就到来了，走过冬天，经过春天、夏天、秋天，所以童年就一去不还了。

生：因为童年的时候骆驼队每年都要来，代表着时间的流逝，在人长大的时候就会想到童年了。

师：是的，能够勾起英子对童年点点滴滴的怀念。那为什么这些文字的节奏都是那样的舒缓？

生：因为骆驼走在路上的时候，是非常缓慢，从不着急的，所以文字的节奏缓缓的。

师：由于骆驼的行动缓慢，驼铃的悠然缓慢，造成文字是这么的舒缓。

生：她说"我默默地想，慢慢地写"，说明她在想写的时候，回味在驼铃声当中，所以文字的节奏都是那样的舒缓。

师：她沉浸在驼铃声中，如此的舒缓，她不想拔出来。

生：我认为是她很怀念故乡，也很怀念她的童年，所以缓缓地流露她的心声。

师：她不想让她的童年远去。我非常珍惜同学们的各种不同的想法。你听，你听——

（主题音乐：邓伟标《空·无觉》响起）

师：那驼铃声逐渐清晰，竟化作了动人的旋律，敲打着英子的心，英子渐入梦乡。在梦境中她仿佛听到驼铃声在对她说："英子呀，英子，你可曾记得……英子呀，英子，你在他乡还好吗……英子呀，英子，你梦见故乡了吗……英子呀，英子，你什么时候回来呀……"驼铃会向英子倾诉些什么呢？来，拿起笔写一写。注意那种缓缓的节奏，展开你的想象，驼铃也舍不得小英子呀，她会对英子说些什么呢？默默地想，慢慢地写。

生：练笔。

师：驼铃声会对小英子说些什么呢？来，你先来吧！

生：英子啊英子，骆驼队又来了，你怎么还不来看我们呀，难道你忘了我们咀嚼时的傻样子了吗？

师：你化成了骆驼，没有变成驼铃声，也可以噢。

生：英子啊英子，什么时候你才能回来听我在山谷中悠悠回荡。

师：是啊，你什么时候能够回来听我悠悠回荡啊！

生：英子啊英子，还想驼铃声吗？有没有梦见我，有没有想起我，那就回来吧，那就回来吧！

师：那就回来吧，那就回来吧！我特别欣赏你的这句话。

生：英子啊英子，你在梦里时常想起我了吧！英子啊英子，风吹过，我会在风中等你的！

师：英子啊英子，风吹过，我会在风中等你！如果有一天，你来到北京城南，来到林海音的故居，你一定会想到那个曾经的小女孩，你一定会深情地想起这段文字，我们一起来——

生：（齐读）"夏天过去，秋天过去，冬天又来了，骆驼队又来了，童年却一去不还了。冬阳底下学骆驼咀嚼的傻事，我也不会再做了。可是，我是多么想念童年住在北京城南的那些景色和人物啊！我对自己说，把它们写下来吧。就这样，我写了一本《城南旧事》。我默默地想，慢慢地写，又看见冬阳下的骆驼队走过来，又听见缓缓悦耳的驼铃声。童年重临于我的心头。"

师：此刻，这驼铃声仅仅响在英子的耳畔吗？还响在英子的哪里？

生：心里。

师：响在英子的心中，也想在英子的梦中。是驼铃声，更是英子的——

生：心声！（板书：心声）

师：就让我们在林海音的真情倾诉中，让我们的思绪稍稍地停歇片刻吧……

（李叔同《送别》音乐响起，林海音自述画外音：不思量，自难忘，半个多世纪过去了，我是多么想念住在北京城南的那些景色和人物啊！而今或许已物异人非了，可是随着岁月的荡涤，在我，一个远方游子的心头，却日渐清晰起来。我所经历的大事也不算少了，可都被时间磨蚀了，然而这些童年的琐事，无论是酸的、甜的、苦的、辣的，却永久，永久地刻印在我的心头。每个人的童年不都是这样的余霭而神圣吗？）

师：下课！同学们再见！

生：老师再见！

推拉收放　动静自如

　　邓丽君在《小城故事》中歌唱心中的小城："看似一幅画，听像一首歌，人生境界真善美，这里已包括……"在我看来，意大利的威尼斯，就宛如一幅画，一首歌，包含了真、善、美。《威尼斯的小艇》是诗画语文2010年的课品，在这个课品中我尝试了一种"骑"在文字上的感觉，依托语词，把读课文和看电影联系起来，在镜头的推进、拉长、蒙太奇中经历把课文读薄、把课文读厚、把课文读活的奇妙的阅读之旅，读出威尼斯的小艇的独特魅力和说不完的情趣。

一、推拉——缩进展开，扫描风景

　　推拉是摄影技术中操作焦距的一种方法，摄影者为了摄取满意的图片而需要不断地调整焦距，使得画面清晰。高超的摄影师其实很值得我们语文教师学习，我以为，文字中也有一幅幅奇异的画面，作为语文教师心中要有一台相机，在课堂上和学生一起摄取一张张美好的文字画面。《威尼斯的小艇》的教学我围绕"情趣"一词，和学生一起读出威尼斯的小艇的独特魅力。

　　镜头推进，捕捉情趣：

　　师：（大屏幕出示："我们坐在船舱里，皮垫子软软的像沙发一般。小艇穿过一座座形式不同的石桥。我们打开窗帘，望望耸立在两岸的古建筑，跟来往的船只打招呼，有说不完的情趣。"）谁能很有味道地读读这段话？

　　生：（读上段）

师："情趣"这个词，在词典里有两种解释，一则释为"性情志趣"，一则释为"情调趣味"，在马克·吐温的笔下，威尼斯的小艇带给他的应该是哪一种感觉？

生：第二种。

师：是什么？

生：情调趣味。

师：是的，在马克·吐温的眼里威尼斯的小艇当然是充满"情调"和"趣味"的！

师：在马克·吐温的眼里的"情调"和"趣味"具体指威尼斯的什么呢？

……

师：同学们非常会读书，读到这里，我们已经把课文读成了一个词语。那就是……

生：（齐）情趣。

师：所以呀，也难怪马克·吐温坐在这样的船舱里，发出了如此的感慨……

生：（齐读上段文字）

镜头拉长，玩味情趣：

师：我们不妨先到这个画面去看看，在文章当中找到描写船夫驾驶技术好的片段，自个儿读一读，哪些地方的描写让你活灵活现地感受到船夫的技术确实了得，就多读几遍，感受感受。

（大屏幕出示："船夫的驾驶技术特别好。行船的速度极快，来往船只很多，他操纵自如，毫不手忙脚乱。不管怎么拥挤，他总能左拐右拐地挤过去。遇到极窄的地方，他总能平稳地穿过，而且速度非常快，还能作急转弯。"）

生：（齐读）

师：这段话非常长，你认为是哪些词语的链接，使这段文字非常有节奏？哪些词语？

生：不管……总能……总能……而且……

师：对，是这些关联词。如果我把这些关联词拿掉。你听下，感觉有什么不一样？（范读：拥挤的地方，他左拐右拐地挤进过去。遇到极窄的地方，他能平稳地穿过，速度非常快，能作急转弯）

生：有点别扭。没有加关联词，读起来不舒服。

生：我觉得这些句子就好像断开了一样，连接很不自然，坑坑洼洼的。

生：我觉得拿掉关联词句子的节奏就乱了。

师：拿掉了像船夫在驾驶小艇那种很顺溜、很舒服、很惬意的感觉还有吗？

生：没有了。

师：（音乐：舒伯特小提琴曲《乐与之时》响起）来，请根据老师的描述，我们一起合作，把船夫的高超技术读出来：

那是一个威尼斯市民大聚会的日子，河道上人山人海，但不管……（生接）"怎么拥挤，他总能左拐右拐地挤过去。"哎呀！不好了，前面两艘小艇一夹，遇到极窄的地方……（生接）"他总能平稳地穿过，而且速度非常快，还能作急转弯。"

那是一个威尼斯市市长选举的日子，人们簇拥着前去投票，河道从清晨开始便拥堵起来，但不管……（生接）"怎么拥挤，他总能左拐右拐地挤过去。"看，前面的河道被建筑物挡住了，遇到极窄的地方……（生接）"他总能平稳地穿过，而且速度非常快，还能作急转弯。"

那是一个电影院散场的深夜，人们都急着回家，河道顿时热闹了起来，但不管……（生接）"怎么拥挤，他总能左拐右拐地挤过去。"

师：过一个转弯角，遇到极窄的地方……（生接）"他总能平稳地穿过，而且速度非常快，还能作急转弯。"

师：是呀！真的有说不完的情趣，还是那个词——情趣！

在这样的镜头推进、拉长的过程中，教学的节奏就像摄影师对焦距的调节一样，围绕"情趣"一词揉捏把玩，通过师生饶有趣味的对读，学生的脑海里留下了一张张五彩斑斓的画面。当然，《威尼斯的小艇》中的镜头推拉只是其中的一个例子，但其手法和效果是值得我们去研究和丰实的，在推与拉、远与近之间，必然使学生产生一种获取渠道被压缩后的饥饿感与取得感，也会获得一种文本内容被充盈后的满足感与惬意感。这需要教师保持对文本的敏感度，在切入角度与选取方式中懂得张弛有道、取舍得当。

二、动静——动生胸臆，静诉春秋

动静，是课堂的常态存在。课堂有琅琅书声，有激烈辩论，有热闹讨论，也应该有静思默想。课堂小练笔则是教学中典型的"闹中取静"的环节，每每在这样的环节，课堂的节奏被静止下来，在静静的写作中，蕴含着无限的动意。在本课收官前，我设计了一项表达训练：

师：（音乐：小提琴《我们的方式》响起）面对着这样一位技术高超的船夫，如果此刻，你正跟随着马克·吐温先生坐在游览的小艇上，小艇穿过一座座形式不同的石桥，打开窗帘，你或许环顾两岸，或许仰望天空，或许打量小艇，又或许俯视河水，你会发现怎样的一幅幅属于自己的情趣画面呢？你会看见什么呢？发挥你的想象，拿起笔来把你看到的画面写一写。

（大屏幕出示：我们坐在船舱里，皮垫子软软的像沙发一般。小艇穿过一座座形式不同的石桥。我们打开窗帘，＿＿＿＿＿＿＿，有说不完的情趣。）

生：（在小提琴声中集体练笔）。

师：（生练笔后交流）你脑中看到怎样的画面，那是属于你自己的情趣的画面，把你写的带到这段话中去。

生：我们坐在船舱里，皮垫子软软的像沙发一般。小艇穿过一座座形式不同的石桥。我们打开窗帘，望着湛蓝湛蓝的天，望着碧绿碧绿的水，鸟儿成群结队，鱼儿自由自在地游着……有说不完的情趣。

师：鸟儿飞翔，鱼儿游弋……那是属于你自己的威尼斯的说不完的情趣。

生：我们坐在船舱里，皮垫子软软的像沙发一般。小艇穿过一座座形式不同的石桥。我们打开窗帘，用手撩着碧绿的湖水，有时小鱼还亲热地啄食着我们的手，有说不完的情趣。

师：用手摸威尼斯的湖水，鱼儿还啄食你的小手，这真是别有一番情趣在心头。

生：我们坐在船舱里，皮垫子软软的像沙发一般。小艇穿过一座座形式不同的石桥。我们打开窗帘，看看清澈见底的湖水，看看蔚蓝的天空，还有来来往往的行人，树上有叽叽喳喳的歌唱家小鸟，有说不完的情趣。

师：是呀！连小鸟也来加入你这个充满情趣的画面中来了。乘坐在威尼斯的小艇里面，有蓝天、碧水、鸟儿做伴，有鱼儿相拥……也难怪马克·吐温坐在船舱里会发出这样的感叹……

生：（齐读）"我们坐在船舱里，皮垫子软软的像沙发一般。小艇穿过一座座形式不同的石桥。我们打开窗帘，望望耸立在两岸的古建筑，跟来往的船只打招呼，有说不完的情趣。"

师：是呀！真的有说不完的情趣，还是那个词——情趣！

这一读写训练，无疑是学生初读课文之后的自然延伸，情动于中而发于文字。在短短几分钟的静思默想的写作中，竟然迸发出如此的妙语佳句，学生的创意无限。课堂的读写结合，就像大坝开闸放水，若要求得学生在静思默想中的宣泄，需要的是前期的尽情蓄水，即做足文本的情感内涵。当学生在教师和文本的共同作用下有了文本的共性解读和个性解读之后，给予合适的释放途径，则必然如奔腾之势汹涌澎湃。更美妙的是，在这动——静——动的环节中，文本助推感悟，感悟助推思维，思维再助推文本，动静的走向与学生感悟文本的走向相得益彰。

推拉、动静，是诗画语文对言语节奏的自觉皈依，当作如是观。

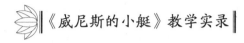

《威尼斯的小艇》教学实录

看山是山，看水是水：镜头推进，捕捉情趣

推进，于画面展开中寻情趣

师：一提到意大利的威尼斯，你们马上会想到它有什么特色？

生：（齐）小艇。

师：我们今天就要学这篇《威尼斯的小艇》。看老师板书课题。（板书：威尼斯的小艇）（边板书边解说）威尼斯是世界上著名的水上城市，河道纵横交叉，小艇成了主要的交通工具，等于大街上的汽车。作者是美国著名作家——马克·吐温（板书：马克·吐温）。咱们一起来读课题。

生：（齐）威尼斯的小艇。

师：请一位同学来读一下。

生：威尼斯的小艇。

师：关于这个课题有两种读法，你听一下，哪一种比较合适？（范读）威尼斯的小艇（平滑而过，没有节奏和重音的强调），这是一种；威尼斯的小——艇——（节奏和重音落在"小艇"之上）。哪一个比较适合？

生：我认为第二个比较适合。

师：怎么说？

生：因为像第一种这样读，我就没有坐在威尼斯小艇的感觉。而第二种我就觉得自己就坐在威尼斯的小艇上。

师：把"小艇"强调一下，马克·吐温的笔墨当然是集中在"小艇"之上，所以这个课题这样读比较好。咱们一起再来读。

生：（齐）威尼斯的小艇。

推拉收放　动静自如

师：你来把作者的名字读一下。

生：马克·吐温。

师：读外国人名的时候，要注意节奏和轻声的处理。听老师怎么读的——（范读）马克·吐温。

生：马克·吐温。

师：这样读更加好了，真有味道。谁再来读一下？

生：马克·吐温。

师：好听，有感觉。

师：课文预习过了吗？读了几遍？

生：预习了！三遍、四遍……

师：好，三遍、四遍都有。现在请同学们把课文打开，请大家在课堂上把课文再读一遍。这篇课文生字新词比较多，而且还有几个词儿，平翘舌音难处理，力争把它们读正确，读通顺。边读还要边思考，围绕着小艇，马克·吐温描写了威尼斯的哪些画面？好，按照自己的节奏，放开声音读课文。（生自由朗读课文）

师：好的，大家读课文读得很带劲，老师还看到一位男生读着读着还用手比画了起来。看来，你们被马克·吐温的文字给吸引住了，自个儿好像就是驾驶小艇船夫似的。好，先来检查一下大家生字新词学得怎样。请看屏幕——（大屏幕出示两组词语，左边一组：又窄又深、船艄翘起、船舱软软、轻快灵活；右边一组：操纵自如、左拐右拐、高声谈笑、哗笑告别）

师：左边一组，右边一组。大家自己先读一读。

师：请一位同学来读一下第一组词语。

生：又窄又深、船艄翘起、船舱软软、轻快灵活。

师：读得非常正确。我们来看这组词语，先看第二个词语和第三个词语，"船艄"的"艄"，"船舱"的"舱"，还有"小艇"的"艇"，这仨字，都是用独木舟的"舟"做偏旁，是吗？

生：是。

师：船艄的"艄"，"舟"加一"肖"，"末梢"的"梢"是"木"加一"肖"，"船艄"是小艇的哪个部位？

生：船尾。

师：拿起笔来，我们一起来写一个"船舱"的"舱"。（教师范写，边写讲解）左边是个"舟"字旁，横要向上提，右边的"仓"的下面，要给它留一个小空隙，要不然人钻不进去。写好了吗？

生：（齐）写好了。

师：威尼斯的小艇，船艄是……

生：（接）船艄翘起。

师：威尼斯的小艇，船舱是……

生：（接）船舱软软。

师：屁股翘起、肚皮儿软软的小艇一眼看上去是……

生：（接）又窄又深。

师：行动起来却是……

生：（接）轻快灵活。

师：来，我们一起把第一组词语连起来读一下。

生：（齐）又窄又深、船艄翘起、船舱软软、轻快灵活。

师：读了这四个词你对威尼斯的小艇有了一个怎么样的初步印象？

生：我觉得，威尼斯的小艇比别的船要稍微窄一点，是非常灵活的。

师：是的，很窄很灵活，这是你对威尼斯小艇的初步印象。你对威尼斯小艇的初步印象？

生：我觉得威尼斯的小艇很有特点，尾部是有点翘的，船舱是有点软的。

师：软软的感觉。

师：好，我们再来看右边的四个词。"操纵自如"和"左拐右拐"是形容船

推拉收放　动静自如

夫的驾驶技术……

生：（接）好！

师：注意"操纵自如"，"操纵"这两个字都是平舌音，跟我读"操纵自如"。

生：（齐）操纵自如。

师：后面两个词，是用来形容乘客坐上小艇的感受，注意"哗笑"的"哗"是多音字，还可读成什么音？

生：哗（huā）。

师：是的，这里读"哗（huá）"，跟我读，"哗笑告别"。

生：（齐）哗笑告别。

师：我们来读第二组的四个词。

生：（齐）操纵自如、左拐右拐、高声谈笑、哗笑告别。

师：读了这四个词语，你对驾驶威尼斯小艇的船夫和乘坐小艇的游客有了一个怎样的初步印象？

生：我觉得船夫的操作很厉害，操纵自如。

师：这是你的初步印象。还有呢？

生：我觉得乘客很高兴，因为坐上小艇很舒服。

师：软软的皮垫子上，有他们的谈笑风生。

师：看来，同学们词语学得不错，现在请你用上这两组词语当中的一个或几个，联系课文内容说说，围绕着小艇，马克·吐温回忆了威尼斯的哪些画面？

生：围绕着小艇，马克·吐温回忆了在威尼斯，船夫的驾驶技术很好，船的速度很快。来往的船只很多，他还能操纵自如，能左拐右拐挤过去。

师：这是马克·吐温回忆了船夫驾驶技术好的画面。马克·吐温还回忆了……

生：围绕小艇，马克·吐温回忆了他们坐在船舱里，穿过一座座古建筑，和一座座形式不同的石桥的画面。

师：他回忆了沿街的威尼斯的风情画面，还有……

生：围绕小艇，马克·吐温回忆了威尼斯的小艇，又窄又深，船艄翘起，船舱软软的，漂亮极了。

师：是呀，你们知道威尼斯的小艇到底多长吗？课文中说小艇有二三十英尺长，换算过来就是6~9米，如果有个大力士把它竖起来，知道有多高吗？足足有三层楼房那么高呢！

师：同学们很不错呀，读着读着，就把长长的一篇课文读成了几个画面：我们看到了两头翘起、又窄又深的小艇的画面；看到了船夫驾驶小艇的画面；看到了小艇上的乘客谈笑风生的画面……真好！我们应该感谢这两组词语，是它们给我们引的路，让我们把这两组词语连起来再来读一遍，一组一组地读，注意，吐字清晰、富有节奏，有滋有味地。

生：（齐）又窄又深、船艄翘起、船舱软软、轻快灵活；操纵自如、左拐右拐、高声谈笑、哗笑告别。

再推进，于语词浓缩中见情趣

师：听老师读这两排词语，在你的脑中就像放电影一样，把感觉聚焦到那又窄又深的小艇上，看，那位操纵自如的船夫，你瞧，那些谈笑风生的乘客，你听……

师：（悠然范读）又窄又深、船艄翘起、船舱软软、轻快灵活；操纵自如、左拐右拐、高声谈笑、哗笑告别。

师：听着老师的朗读，你好像来到了哪里？你此刻好像坐在哪里？

生：我觉得自己就坐在威尼斯的小艇上。

师：小艇里边，你觉得背酸吗？

生：不酸。

师：坐着屁股疼吗？

生：一点也不疼。

推拉收放　动静自如

师：舒服吗？

生：舒服。

师：好的。课文中也有一段描写马克·吐温坐进小艇的感受，快速浏览，把这段文字找出来。

生："我们坐在船舱里，皮垫子软软的像沙发一般。小艇穿过一座座形式不同的石桥。我们打开窗帘，望望耸立在两岸的古建筑，跟来往的船只打招呼，有说不完的情趣。"

（大屏幕出示："我们坐在船舱里，皮垫子软软的像沙发一般。小艇穿过一座座形式不同的石桥。我们打开窗帘，望望耸立在两岸的古建筑，跟来往的船只打招呼，有说不完的情趣。"）

师：谁能有味道地读读这段话？

生：（读上段）

师：好一个"说不完的情趣"，（板书：情趣）"情趣"这个词，在词典里有两种解释，一则释为"性情志趣"，一则释为"情调趣味"，在马克·吐温的笔下，威尼斯的小艇带给他的应该是哪一种感觉？

生：第二种。

师：是什么？

生：情调趣味。

师：是的，在马克·吐温的眼里威尼斯的小艇当然是充满"情调"和"趣味"的！

师：同学们，现在我们再来看看这两组词语。在马克·吐温的眼里的"情调"和"趣味"具体指威尼斯的什么呢？

生：具体指威尼斯的小艇是又窄又长、轻快灵活的。

师：看上去像……

生：（接）看上去像田沟里的水蛇，又像天空里的新月。

师：在马克·吐温的眼里，小艇似新月，肯定是别有一番情趣在心头。（板

书：小艇似新月）

师：“情调”和“趣味”，在马克·吐温的眼里还指什么呢？

生：船夫的驾驶技术。

师：当然是的，船夫驾驶技术好！（板书：船夫技术好）当然是充满“情调”和“趣味”的，还指什么？

生：乘客坐船的心情和谈笑风生。

师：乘客坐在船上，高声地谈笑。当然也是“情调”和“趣味”（板书：乘客谈笑欢），还有呢？

生：我觉得是指入夜后威尼斯美丽的景象。

师：是的，人们忙碌了一天，威尼斯最后又沉沉地……

生：入睡了！

师：这何尝不是另一种“情调”和“趣味”呢！（板书：沉沉入睡了）

师：同学们非常会读书，读到这里，我们已经把课文读成了一个词语。那就是……

生：（齐）情趣。

师：所以呀，也难怪马克·吐温坐在这样的船舱里，发出了如此的感慨……

生：（齐读）“我们坐在船舱里，皮垫子软软的像沙发一般。小艇穿过一座座形式不同的石桥。我们打开窗帘，望望耸立在两岸的古建筑，跟来往的船只打招呼，有说不完的情趣。”

师：请一位同学来读一下，如果你此刻正坐在船舱里，你心情怎样？

生：我很快乐。

师：带着你的快乐，来读这段话。

生：（读）

师：如果你此刻正坐在船舱里，你心情怎样？

生：如果我坐在船舱里，我会是很悠闲的。

师：很悠闲的，带着悠闲的感觉，你来读这段文字。

推拉收放　动静自如

生：（读）

师：如果你此刻正坐在船舱里，你心情怎样？

生：我会很惬意、自由自在的。

师：自由自在地读吧！

生：（读）

师：是的，坐在这样的小艇里，就是那种开心、悠闲、自由自在的感觉。我们一起再来读读这段充满情趣的文字。

生：（齐读）

看山不是山，看水不是水：镜头拉长，玩味情趣

拉长，于船夫驾驶中品情趣

师：在马克·吐温的眼里，小艇似新月，船夫技术好，乘客谈笑欢，沉沉入睡了……都是威尼斯带给他的情调和趣味。那么，在这些画面中，恐怕有一个画面是马克·吐温最难忘怀的，他回国后逢人就夸的画面。你猜猜是哪个画面？

生：我觉得是最后一个画面，沉沉入睡了，很有诗意的。

师：好的，这是你猜的，其他同学再猜。

生：我觉得是乘客谈笑欢的画面，很热闹，有回味的感觉。

师：这也有可能。我们再猜。

生：船夫技术好，因为只有是在威尼斯，才有那样身手敏捷的船夫，他会逢人便夸的。

师：这个肯定得夸。你觉得是哪个画面？

生：有可能是小艇似新月的画面，那是威尼斯的象征。

师：这也肯定得夸！还有同学想猜，你来。

生：我觉得，如果说是作者回国后逢人便夸的，最有可能的还是船夫技术好！

师：那当然，肯定会夸。我们不妨先到这个画面去看看，在文章当中找到描写船夫驾驶技术好的片段，自个儿读一读，哪个地方的描写让你活灵活现地感受到船夫的技术确实了得，就多读几遍，感受感受。

（大屏幕出示："船夫的驾驶技术特别好。行船的速度极快，来往船只很多，他操纵自如，毫不手忙脚乱。不管怎么拥挤，他总能左拐右拐地挤过去。遇到极窄的地方，他总能平稳地穿过，而且速度非常快，还能作急转弯。两边的建筑飞一般地往后倒退，我们的眼睛忙极了，不知看哪一处好。"）

生：（齐读）

师：哪个地方活灵活现地让你感受到船夫驾驶技术了得？

生："两边的建筑飞一般地往后倒退，我们的眼睛忙极了，不知看哪一处好。"因为乘客的眼睛都已经看花了，眼花缭乱，但是船夫还可以作急转弯，而且遇到极窄的地方，他总能平稳地穿过，而且速度非常快。

师：你说的是两边的建筑物飞一般地向后倒退这一处，但这一处根本没有正面写船夫的驾驶技术好，你是怎么感受到船夫的驾驶技术高的呢？

生：因为他这里运用了一个比喻，飞一般，来形容船夫的驾驶非常快，乘客的眼睛看两边的建筑物已经看花了，但是船夫还能作急转弯。

师：我明白了，你是说两边的建筑物飞一般地往后倒退和我们的眼睛忙极了这一个比较中，看出了船夫的驾驶技术非常高。你读出这种感觉。

生：（读）

师：好的，体会得不错。还从哪里你活灵活现地感受到船夫的驾驶技术好？

生：遇到极窄的地方，他总能平稳地穿过，而且速度非常快，还能作急转弯。

师：我建议你从"不管怎么拥挤"这里读起。

生："不管怎么拥挤，他总能左拐右拐地挤过去。遇到极窄的地方，他总能平稳地穿过，而且速度非常快，还能作急转弯。"

师：说说你的体会。

生：我从这个句子感受到，在我们印象当中急转弯只有车子才能做到。小船的速度应该是比较慢的，而这里说小船的速度非常快，而且还能作急转弯，所以我从这里感受到船夫的驾驶技术非常好。

师：刚才他读的这句话很长，我们先来读一下。

生：（齐读）"不管怎么拥挤，他总能左拐右拐地挤过去。遇到极窄的地方，他总能平稳地穿过，而且速度非常快，还能作急转弯。"

师：这段话非常长，你认为是哪些词语的链接，使这段文字非常有节奏？哪些词语？

生：不管……总能……总能……而且……

师：对，是这些关联词。如果我把这些关联词拿掉。你听下，感觉有什么不一样？（范读：拥挤的地方，他左拐右拐地挤过去。遇到极窄的地方，他能平稳地穿过，速度非常快，能作急转弯）

生：有点别扭。没有加关联词语，读起来不舒服。

师：有点不舒服的感觉。你的感觉是……

生：我觉得这些句子就好像断开了一样，连接很不自然，坑坑洼洼的。

师：就好像车轮碾过之后，突然之间卡壳的感觉！加了关联词就很顺了，你读出很顺的感觉。

生："不管怎么拥挤，他总能左拐右拐地挤过去。遇到极窄的地方，他总能平稳地穿过，而且速度非常快，还能作急转弯。"

师：来，我们一起来读。

生：（齐读）"不管怎么拥挤，他总能左拐右拐地挤过去。遇到极窄的地方，他总能平稳地穿过，而且速度非常快，还能作急转弯。"

师：读句子读出顺还不够，还要读出这个句子的节奏感来，我把关联词语拿掉了，你觉得这句子的节奏怎么样？

生：我觉得句子的节奏就乱了。

师：像船夫在驾驶小艇那种很顺溜、很舒服、很惬意的感觉，还有吗？

生：没有了。

师：你来把船夫驾驶的节奏感读出来。

生："不管怎么拥挤，他总能左拐右拐地挤过去。遇到极窄的地方，他总能平稳地穿过，而且速度非常快，还能作急转弯。"

师：对！这感觉就非常顺滑了。来，我们一起来读，读出船夫驾驶的节奏感来！

生：（齐读）"不管怎么拥挤，他总能左拐右拐地挤过去。遇到极窄的地方，他总能平稳地穿过，而且速度非常快，还能作急转弯。"

师：（音乐：舒伯特小提琴曲《乐与之时》响起）来，请根据老师的描述，我们一起合作，把船夫的高超技术读出来：

师：那是一个威尼斯市民大聚会的日子，河道上人山人海，但不管……

生：（接）"怎么拥挤，他总能左拐右拐地挤过去。"

师：哎呀！不好了，前面两艘小艇一夹，遇到极窄的地方……

生：（接）"他总能平稳地穿过，而且速度非常快，还能作急转弯。"

师：那是一个威尼斯市市长选举的日子，人们簇拥着前去投票，河道从清晨开始便拥堵起来，但不管……

生：（接）"怎么拥挤，他总能左拐右拐地挤过去。"

师：看，前面的河道被建筑物挡住了，遇到极窄的地方……

生：（接）"他总能平稳地穿过，而且速度非常快，还能作急转弯。"

师：那是一个电影院散场的深夜，人们都急着回家，河道顿时热闹了起来，但不管……

生：（接）"怎么拥挤，他总能左拐右拐地挤过去。"

师：过一个转弯角，遇到极窄的地方……

生：（接）"他总能平稳地穿过，而且速度非常快，还能作急转弯。"

师：好，现在让我们连起来，读出船夫的驾驶技术高超。

生：（齐读）

师：驾驶威尼斯小艇的船夫技术是如此的高超，也难怪马克·吐温坐在船舱里会发出这样的感叹！（大屏幕出示："我们坐在船舱里，皮垫子软软的像沙发一般。小艇穿过一座座形式不同的石桥。我们打开窗帘，望望耸立在两岸的古建筑，跟来往的船只打招呼，有说不完的情趣。"）

生：（齐读）

师：是呀！真的有说不完的情趣，还是那个词——情趣，情调和趣味。

再拉长，于异国风情中写情趣

师：（音乐：小提琴《我们的方式》响起）面对着这样一位技术高超的船夫，如果此刻，你正跟随着马克·吐温先生坐在游览的小艇上，小艇穿过一座座形式不同的石桥，打开窗帘，你或许环顾两岸，或许仰望天空，或许打量小艇，又或许俯视河水，你会发现怎样的一幅幅属于自己的情趣画面呢？你会看见什么呢？发挥你的想象，拿起笔来把你看到的画面写一写。（大屏幕出示：我们坐在船舱里，皮垫子软软的像沙发一般。小艇穿过一座座形式不同的石桥。我们打开窗帘，_____，有说不完的情趣。）

生：（在小提琴声中集体练笔）

师：（生练笔后交流）你脑海中看到怎样的画面，那是属于你自己的情趣的画面，把你写的代入这段话中去。

生：我们坐在船舱里，皮垫子软软的像沙发一般。小艇穿过一座座形式不同的石桥。我们打开窗帘，望着湛蓝湛蓝的天，望着碧绿碧绿的水，鸟儿成群结队，鱼儿自由自在地游着…… 有说不完的情趣。

师：鸟儿飞翔，鱼儿游弋……那是属于你自己的威尼斯的说不完的情趣。

生：我们坐在船舱里，皮垫子软软的像沙发一般。小艇穿过一座座形式不同的石桥。我们打开窗帘，用手撩着碧绿的湖水，有时小鱼还亲热地啄食课堂节奏，因了时间之维的贯通，所有的课堂变量就不再是僵死的符号，而成了脉动的生命细胞。动与静在时间之维中舞蹈，疏与密在时间之维中歌咏，收与放在时间之维中流转，曲与直在时间之维中飞翔……

着我们的手，有说不完的情趣。

师：用手摸威尼斯的湖水，鱼儿还啄食你的小手，这真是别有一番情趣在心头。

生：我们坐在船舱里，皮垫子软软的像沙发一般。小艇穿过一座座形式不同的石桥。我们打开窗帘，看看清澈见底的湖水，看看蔚蓝的天空，还有来来往往的行人，树上有叽叽喳喳的歌唱家小鸟，有说不完的情趣。

师：是呀！连小鸟也加入你这个充满情趣的画面中来了。乘坐在威尼斯的小艇里面，有蓝天、碧水、鸟儿做伴，鱼儿相拥……也难怪马克·吐温坐在船舱里会发出这样的感叹！

（大屏幕出示："我们坐在船舱里，皮垫子软软的像沙发一般。小艇穿过一座座形式不同的石桥。我们打开窗帘，望望耸立在两岸的古建筑，跟来往的船只打招呼，有说不完的情趣。"）

生：（齐读）

师：是呀！真的有说不完的情趣，还是那个词——情趣，情调和趣味。

看山还是山，看水还是水：镜头"蒙太奇"，守望情趣

师：好了，这就是马克·吐温笔下的船夫驾驶技术好，我们细细地品味到个中的情趣和味道。我想在马克·吐温的笔下，小艇似新月，乘客谈笑欢，沉沉入睡了，肯定也充满了情趣和趣味的。如果，再把船夫驾驶技术好，小艇似新月，乘客谈笑欢，沉沉入睡这四幅主题的画面连接在一起，（在小提琴音乐声中，大屏幕出示：驾驶技术好，小艇似新月，乘客谈笑欢，沉沉入睡了这四幅主题下的多个画面连续滚动、多重层叠的镜头）你或许又会发现威尼斯的另外的一种情味和曲调，让我们下节课继续学习。

推拉收放　动静自如

猜断玩味　繁简织就

诗画语文一路逶迤前行，在2011年与老舍的《北京的春节》撞了个满怀。在中国现代文学史上，老舍是用地道的北京话从事创作的一位作家。他的绝大多数作品都富有浓郁的北京特色，犹如鲁迅的作品语言富有绍兴特色，沈从文的作品语言富有湘西特色，赵树理的作品语言富有山西特色一样。任何人读老舍的作品，都会感到语言富有北京韵味。老舍是用"北京味"言说的一位语言大师。《北京的春节》的文字大幕拉开的时候，画面在我眼前立起来：闻闻腊八的浓香，尝尝小年的麦芽糖和江米糖，听听除夕的鞭炮声，逛逛初一的庙会，看看元宵的花灯，还有正月十九的残灯末庙，好一幅北京《春节序曲》图景。我的教学定位在感受老舍笔下北京的春节的风俗美，品味老舍语言俗白美妙的独特魅力之中。当我捡起《北京的春节》作言语节奏观察时，我的耳畔响起了邓丽君的《在水一方》："绿草苍苍，白雾茫茫，有位佳人，在水一方……"

一、猜断——言语之弓，蓄势待发

猜断，包含猜测与判断的意思，即根据孩童的年龄特征，在课堂设计中更多地寻找到学生们喜闻乐见的形式，故意设计猜与断，在充分激发学生的学习热情和文本潜入兴趣后，抛出教者个人的解读与输出，与学生一起进入文本的内核所在。你猜我猜，不外乎是一种很好的言说方式。在看似电视综艺节目的环节中，师生一起经历美好的节奏快感。

（词语教学过后）

师：好的，同学们，我们初步感受到老舍这种语言的京腔京味，如果仅停留在对词语中感受这种语言的味道和韵律，那显然是不够的。所以，著名戏剧家曹禺曾经说过这样一句话，谁来读一下？（大屏幕出示：老舍作品中的语言更有特色，没有一句华丽的辞藻，但是感动人心，常常美不胜收。——曹禺）

生：（读句子）

师：哪一个词语最吸引你？

生：美不胜收。

师：我正纳闷呢！为什么"没有一句华丽的辞藻"，还"常常美不胜收"呢？咱们赶快到字里行间去感受一番。我们选一个时间点去感受吧！这么多时间点到底选哪个点？你们最喜欢老舍的哪个时间点上的描写？你喜欢哪个？

生：除夕、元宵、小年、初一……

师：都有，众口难调。你们猜猜老舍他自个儿最喜欢哪个时间点上的春节？

（学生再次猜）

师：那到底是哪个点呢？老舍自己曾经说过这样一句话，他说："除夕是热闹的，可是没有月光；元宵节呢，恰好是明月当空；初一是体面的，家家门前贴着鲜红的春联，人人都穿着新衣裳，可是它还不够美；元宵节呢，处处张灯结彩，红火与美丽。"看来，是哪个时间点？

生：（齐）元宵。

师：赶快到"元宵上市"那个片段中去感受一番……

这看似有点奢侈地占用课堂宝贵时间的安排，实则是教者精心设计的环节，教师通过具有"挑逗"的幽默，挑起话题的矛盾，一次又一次的猜想过后，是师生对言语之箭的拉弓过程，当大家一致断定是"元宵上市"那个段落的时候，言语之弓已经满弓，于是，课堂上几支言语之箭一起射向"元宵上市"，下一步的学习已经水到渠成，事半功倍。

二、繁简——疏密相间，藤萝摇曳

文本就像一棵树，树的枝叶有疏有密；课堂就像一棵树，树的枝叶亦有疏有密。高明的语文老师会巧妙地带领学生攀登文本的大树。在枝叶繁茂的枝条处停歇纳凉；在枝叶稀疏的枝条处蜻蜓点水。这本身就是一种依托文本"荡秋千"的过程，在疏密间，藤萝摇曳，其乐融融。

繁茂，体会原来"重复"是一种美：

师：（媒体出示）"有名的老铺子都要挂出几百盏灯来，各形各色，有的一律是玻璃的，有的清一色是牛角的，有的都是纱灯，有的通通彩绘全部《红楼梦》或《水浒传》故事。"请注意这句话中老舍一共用了几个"有的"？

师：（范读上句）谁发现了一个奇妙的现象？

生：我发现"一律、清一色、都是、通通、全部"这些词语的意思都相同。

师：是呀，写文章这么啰嗦还行啊？如果这样我把重复的词语全部抠掉，你听一下。

师：（范读）"有名的老铺子都要挂出几百盏灯来，各形各色，有的是玻璃的，有的是牛角的，有的是纱灯，有的彩绘《红楼梦》或《水浒传》故事。"感觉怎么样？

生：很少。

师：味道一样吗？

生：不一样？

师：有多的感觉吗？

生：没有。

师：有眼前晃晃的感觉吗？

生：没有。

师：与原句比，节奏还一样吗？

生：不一样。

师：有走马观花的感觉吗？

生：没有。

师：有看都来不及的感觉吗？

生：没有。

师：有目不暇接的感觉吗？

生：没有。

师：原来"重复"是一种美！

师：原来这就是曹禺所说的——美不胜收。

师：（民乐《步步高》响起）来，我请几位同学和老师一起，读好这一段话。

师：如果你是一位地地道道的北京小孩，元宵夜，你到前门的广场看花灯，你看见——

生：（读上句）

师：请问你这个地道的北京小孩，此刻的心情怎样？

生：很开心。

师：如果你是一位出差到北京的南方人，元宵夜，你到前门的广场看花灯，你看见——

生：（读上句）

师：请问，你这位小南方人，你现在的心情是怎样的？

生：很兴奋。

师：如果你是一位常年在北京留学的外国朋友，元宵夜，你到北海公园的夜市看花灯，你看见——

生：（读上句）

猜断玩味　繁简织就

师：请问，你这位小老外，你现在的心情怎样？（师用外国人学中国话的腔调打趣说）

生：很激动。

师：真有意思！不管是老北京人，还是南方人、外国人，你们的心情是那么激动，那么开心，我们一起来读——

生：（齐读上句）

稀疏，体会原来"简洁"是一种美：

师：你还从哪个地方的描写让你活灵活现地感受到那片红火与美丽？

生："家中也有灯：走马灯、宫灯、各形各色的纸灯，还有纱灯，里面有小铃，到时候就叮叮地响。"

师：这个句子也写"灯"。但是和上句写"灯"，很明显的区别在哪儿？

生：这个句子写得很简洁。

师：好的，很简洁。不说重复才是一种美，是吗？那么这个句子也加进重复的东西，你听一下：

师：（范读）家中也有灯：有的全是走马灯，有的清一色宫灯，各形各色的是纸灯，还有的无数的纱灯，里面有无数个小铃，到时候就叮叮叮叮地响。

师：味道好吗？

生：不好。

师：感觉好吗？

生：不好。

师：舒服吗？

生：不舒服。

师：这个真没有！是吗？

生：是。

师：原来"简洁"是一种美，原来这也是曹禺所说的美不胜收！

课堂是诗画语文节奏的伊甸园 166

师：让我们读出小孩子玩灯的快乐、天真、潇洒。我们一起读——

生：（齐读上句）

两处灯的描写，老舍先生用他那生花的妙笔为我们留出了言语的缝隙。作为教师，我们的任务就是领着学生对老舍这位语言大师的文字细细磨砂，这种文字的磨砂过程经历了一个由繁而简的过程。在语言的密林中游历，层层深入，进入语言的核心，去触摸老舍语言的内质——作为语言大师的老舍玩味语言的无限的贴切：那份不惜笔墨的重复；点到为止的简洁；引人遐思的留白。

猜断、繁简，是诗画语文对言语节奏的自觉皈依，当作如是观。

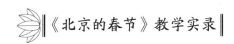

《北京的春节》教学实录

起：于节点转换中点出"京韵十足"

师：今天我们一起来学习老舍先生的一篇课文，课题叫——

生：（齐）北京的春节。

师：看老师板书课题和作者的名字。

师：（边板书边念叨）春节，一个多么温暖的节日，老北京的春节肯定充满着浓浓的北京特色！作者是我国现代著名作家老舍，老舍身在北京，长在北京，了解北京，熟悉北京，他的文字带有浓郁的北京韵味。来，咱们来齐读课题和作者的名字，预备，读——

生：（齐）北京的春节，老舍。

师：注意那个"京"，后鼻音到位。再读——

生：（齐）北京的春节，老舍。

师：关于这个课题，有这样两种朗读。你们听一下（师读：一种是平滑而过的感觉，一种是把重音和节奏落在"春节"上的感觉），哪种比较合适？

生：第二种。

师：显然老舍会把笔墨集中在对春节的描写上，所以读这个题目，那个感觉，那个味道，落在"春节"之上。来，再读这个课题，就读一个课题。预备，起。

生：（齐）北京的春节。

师：课文预习过了吗？读了几遍？

生：读了三四遍。

师：现在请大家打开课本，请同学们在课堂上再读一遍课文，这篇课文生字新词比较多，特别我刚才说了，老舍的文字带有浓郁的北京风味，有很多儿化音，有很多轻声，有些词平翘舌很难处理，要力争把它们都读准确，把课文读通顺，边读边思考：老舍写北京的春节，是抓住哪几个时间点展开的？明白吗？

生：明白。

师：好的，放开声音，按自己的节奏开始朗读课文，开始——（师生共读课文）

师：同学们刚才读课文读得非常投入，我看见有两位男生读着读着，就忍不住喳喳嘴巴，看来，你们被老舍的文字给吸引住了，好像自己正品尝着那纯正风味的北京年菜和小吃，正看着老北京的庙会呢！是吧？

生：（齐）是。

师：好的，还是那个问题：老舍先生写北京的春节，他是抓住哪几个时间点来写的？我们按照顺序一个一个来说。第一个是什么时候？

生：腊八。

师：是的。（板书：腊八）

师：第二个呢？

生：腊月二十三。

师：那是什么？

生：小年。

师：那就是过小年。（板书：小年）

师：这是第二个，第三个？那位女生你说——

生：除夕。

师：除夕，是的。（板书：除夕）

师：接下来是——

生：正月初一。

师：初一。（板书：初一）

师：最后一个男生你来说。

生：元宵。

师：（板书：元宵）

师：还有一个时间点，最后的，请短发的女生说。

生：正月十九。

师：嗯，十九。（板书：十九）

师：同学们很会读书，通过初读课文，迅速地就理清了文章的脉络。是啊，很显然，这是一种什么样的写作顺序？

生：（齐）时间。

师：老舍他骑着一头时间的毛驴儿，优哉游哉，向我们展现了一幅幅老北京过年的画面。是吗？

生：是。

承：于词段对应中摩挲"京韵十足"

师：现在请你们回味一下，你在第一次读这篇课文时，或者说你刚才在课堂上再次读完这篇《北京的春节》的时候，你觉得老舍先生写北京的春节，在语言的味道上、在内容的描述上带给你最浓的那个味是什么味？

生1：是朴素的。

师：好的。什么味？

生2：直白的。

师：直白的。什么味？

生3：朴实的。

生4：耐人寻味的。

师：什么味？到底是什么味？

生5：让人容易理解的。

师：还有吗？

生6：通俗易懂的。

师：你说，你说——

生7：老北京的。

师：老北京的那种什么味？京味，是吧？

生：嗯。

师：老北京的味是通俗易懂的，是让人很容易听懂的，那种感觉其实就是那个男生说的，那是一种——京味、京韵。（板书：京韵）

师：而且这个味道在我们感觉里那真是十足得很呐！（板书：十足）

师：好的，现在请大家再次快速浏览课文，拿出一支笔来找一找，你认为老舍先生笔下哪些描写北京春节的词语，带有浓浓的京腔京味，或写吃的，或写玩的，或写看到的，或写听到的，或写大人的，或写小孩的……哪些词语一读上去就有京腔京韵的感觉，就把这些词语画下来，开始。

（学生浏览课文，画画词语，教师巡视）

师：好，同学们画了很多，你画了哪几个？哪些词语带给你京韵十足的感觉，或者说老舍哪些京味十足的词语给你很纯正的北京味的感觉，说一说。不要说理由，就说词语。

生1：杂拌儿、零七八碎儿。

生2：熬腊八粥、泡腊八蒜。

师：还有吗？还有很多——

生：逛庙会、逛天桥、听戏。

师：逛庙会、逛天桥、听戏。那是北京味。

生：麦芽糖、江米糖。

师：麦芽糖、江米糖。腊七腊八冻死寒鸦。你看这词多有京味呐！还有吗？

生：赛骆驼。

师：赛骆驼、赛骑马，其乐无穷！

生：走马灯、宫灯、纸灯、纱灯。

师：都是灯，属于老北京的过年时候的东西。

生：骑毛驴。

师：骑毛驴、赛骆驼，还有骑白马的，最后那位同学，你站起来大声说——

生：处处张灯结彩，整条大街像是办喜事，红火而美丽。

师：我说词，你说的是一个句子。

师：好的，我发现你们关注的词语或从入口的食品中体现京味儿，或从入眼的色彩中体现京味儿，或从入耳的声响中体现京味儿，或从入鼻的气味中体现京味儿……一个词，那真是——

生：（齐）京韵十足！

师：老师还特地把大家伙儿刚才谈到的这些词语筛选了一下，排成了六排，这些都是老舍笔下描写北京春节的词语，带有浓浓的京腔京韵，为什么要这样排？横着看，一排、两排、三排……请你联系板书，两厢对照，发现什么奥秘？（课件出示六排词语：第一排，熬腊八粥、泡腊八蒜、买杂拌儿、吃零七八碎儿；第二排：天一擦黑、麦芽糖、江米糖、又甜又黏；第三排：红红对联、各色年画、灯火通宵、日夜不绝；第四排：逛逛庙会、骑骑毛驴、赛赛骆驼、娴熟技能；第五排：张灯结彩、红火美丽、有声有光、美好快乐；第六排：残灯末庙、过了灯节）

猜断玩味　繁简织就

生：都是按时间顺序。

师：大白话，地球人都知道！

生：第一排都是写腊八的，第二排是写小年的，第三排是写除夕的，第四排是写初一的，第五排是写元宵的，最后一排是写正月十九的。

师：哎，是的，一一对应，现在我请六位同学分别来读一读这六排词语。

生：熬腊八粥、泡腊八蒜、买杂拌儿、吃零七八碎儿。

师：好的，你那个"杂拌儿""零七八碎儿"的感觉很好，腊八粥也可以儿化的，（师范读：熬腊八粥儿、泡腊八蒜儿）。

生：（模仿读）熬腊八粥儿、泡腊八蒜儿。

师：腊八粥是怎样熬成的？你知道吗？

生：用各种米、各种豆、各种干果熬成的。

师：那些干果有杏仁，有核桃仁，有莲子，有荔枝肉，有葡萄干，有花生米，还有菱角米等等，所以老舍说，那不是粥，而是——

生：（齐）小型的农业展览会。

师：熬，这个字，看上去很简单，但是要写好它有点难，我们拿起笔来，在"熬"这个字旁边跟着老师一起来写一个。先写两横，第三横要往上走一点，"方"这个部件，特别是这一撇要对牢上面这一竖，一口大锅稳稳当当放在沸水之上，你就熬呗！

生：（书写一个"熬"字）

师：写好了吗？第二排谁来读一下？

生：天一擦黑、嚼麦芽糖、啃江米糖、又甜又黏。

师：那个"黏"读得真好！那个"嚼"和"啃"是老师加进去的两个动作词，加进去特别有味道。

师：（范读）嚼麦芽糖。

生：（跟读）嚼麦芽糖。

师：（范读）啃江米糖。

生：（跟读）啃江米糖。

师：（范读）又甜又黏。

生：（跟读）又甜又黏。

师：告诉大家，在有皇帝的时候，在老北京，小孩到腊月十九就放假了，放年假一个月，孩子们有时间吃这些吃零七八碎儿，甜不拉基，黏不拉基的，好吃！这是第二排。第三排谁来读？

生：红红对联、各色年画、灯火通宵、日夜不绝、

师：很显然这四个词语是属于除夕的。第四排，谁来读？

生：逛逛庙会、骑骑毛驴、赛赛骆驼、娴熟技能。

师："毛驴儿"加个儿化。

生：骑骑毛驴儿。

师：庙会，就是寺院对外开放，小贩们就在庙外门前摆摊，卖茶、食品和各种玩具。其中要数北城外的大钟寺，西城外的白云观和南城外的火神庙最为有名。第五排，那小姑娘，大声读。

生：张灯结彩、红火美丽、有声有光、美好快乐。

师：是的，这四个词，是属于哪个时间点的？

生：（齐）元宵佳节。

师：最后一排，你读一下。

生：残灯末庙、过了灯节。

师：这两个词当然属于——

生：（齐）正月十九。

师：真有意思，六排词语，京韵十足，而且跟板书中的六个时间点一一对应，让我们了解了那么多的老北京过年时的逸闻趣事，现在请你听老师读这六排词语。用心听，透过词语，你仿佛看到老北京春节哪个时间点上的一幅怎样的画面？

师：（范读六排词语）

猜断玩味　繁简织就

师：你仿佛看到老北京春节哪个时间点上的一幅怎样的画面？

生：我看到了除夕的时候，在一个地方，好多人在赛骆驼，还有的在给自己的骆驼加油呐喊。

师：同学，你看到的那不是除夕，是初一的庙会之上。好的！你看到的什么？

生：我看到的是腊八节的时候，各家人都在家里熬腊八粥、泡腊八蒜。

师：好的，你还闻到了腊八的浓香。

生：我看到了小年。所有的小朋友都在那里吃麦芽糖、江米糖。

师：嵌在牙齿缝里，又甜又黏，小孩子剔牙缝的模样你看到了。

生：我看到了在除夕的时候，到处都是红红火火，又热闹又好玩。

师：除夕的夜晚，一般人家都不出门，你这小女孩还跑到街上去看，够野的哦！

生：我在除夕的夜晚，看到家家都在做年菜。

师：那种香味，你闻到了。好的，你再讲——

生：我看到了除夕的晚上，家家户户欢乐的景象。

师：你看到了小孩子在屋里玩灯了吗？

生：看到了。

师：好的，把手放下。非常有意思。透过六排词语，我们闻到了腊八的浓香，尝到了小年夜的麦芽糖和江米糖，听到了除夕的鞭炮声，还看到了初一热闹的庙会，走马观花夜游元宵十五的花灯会，一转眼就到了残灯末庙，好一幅老北京的《春节序曲》图啊！

转：于花灯花海中品味"京韵十足"

师：好的，同学们，我们初步感受到老舍先生这种语言的京腔京味，如果仅停留在对词语中感受这种语言的味道和韵律，那显然是不够的。所以，著名戏剧家曹禺曾经说过这样一句话，谁来读一下？（大屏幕出示：老舍作品中的语言更有特色，没有一句华丽的辞藻，但是感动人心，常常

美不胜收。——曹禺）

生1：（读句子）

师：再请一位同学读，慢慢读。

生2：（读句子）

师：哪一个词语最吸引你？

生：华丽。

师：还有吗？

生：美不胜收。（板书：美不胜收）

师：我正纳闷呢！为什么"没有一句华丽的辞藻"，还"常常美不胜收"
呢？咱们赶快到字里行间去感受一番。我们选一个时间点去感吧！这
么多时间点到底选哪个点？你们最喜欢老舍先生的哪个时间点上的描
写？你喜欢哪个？

生1：除夕。

生2：元宵。

生3：元宵。

生4：小年。

生5：初一。

……

师：好的。你们猜猜老舍先生他自个儿最喜欢哪个时间点上的春节？别猜
了，你猜不到的，呵！老舍先生自己曾经说过这样一句话，他说："除
夕是热闹的，可是没有月光；元宵节呢，恰好是明月当空；初一是体面
的，家家门前贴着鲜红的春联，人人都穿着新衣裳，可是它还不够美；
元宵节呢，处处张灯结彩，红火与美丽。"看来，是哪个时间点？

生：（齐）元宵。

师：赶快到"元宵上市"那个片段中去感受一番，是哪两个自然段？

生：第11、12自然段。

猜断玩味　繁简织就

师：好的，请同学们自由读一读"元宵上市"的这一个片段，第11、12自然段，看一看哪个地方让你活灵活现地感受到这一片红火与美丽，你就把它多读几遍。自个儿读，读出声音来。（学生边读边画，教师去倾听。屏幕出示：元宵上市，春节的又一个高潮到了。正月十五，处处张灯结彩，整条大街像是办喜事，红火而美丽。有名的老铺子都要挂出几百盏灯来，各形各色，有的一律是玻璃的，有的清一色是牛角的，有的都是纱灯，有的通通彩绘全部《红楼梦》或《水浒传》故事。这在当年，也是一种广告。灯一悬起，任何人都可以进到铺中参观。晚上灯中点上烛，观者就更多。小孩子们买各种花炮燃放，即使不跑到街上去淘气，在家中照样有声有光地玩耍。家中也有灯：走马灯、宫灯、各形各色的纸灯，还有纱灯，里面有小铃，到时候就叮叮地响。这一天大家还必须吃元宵呀！这的确是美好快乐的日子）

师：哪些地方让你活灵活现地感受到那片红火与美丽，来，读给大家听一听。

原来"重复"是一种美

生：有名的老铺子都要挂出几百盏灯来，各形各色，有的一律是玻璃的，有的清一色是牛角的，有的都是纱灯，有的通通彩绘全部《红楼梦》或《水浒传》故事。

师：请注意这句话中老舍先生一共用了几个"有的"？

生：四个。

师：说明什么？

生：说明灯很多。

师：看来得及吗？眼睛会花吗？你把这四个"有的"读好，把有几百盏灯在你眼前摇晃的感觉读好。

生：有名的老铺子都要挂出几百盏灯来，各形各色，有的一律是玻璃的，有的清一色是牛角的，有的都是纱灯，有的通通彩绘全部《红楼梦》或《水浒传》故事。

师：姑娘，你到了老北京，看到这么多的灯，你会"有的——"（师模仿慢条斯理的速度）"有的——""有的——"这样的节奏吗？应该是"有的——"（师模仿急促的语调）"有的——""有的——"，来，再来！

生：有名的老铺子都要挂出几百盏灯来，各形各色，有的一律是玻璃的，有的清一色是牛角的，有的都是纱灯，有的通通彩绘全部《红楼梦》或《水浒传》故事。

师：这回有点感觉了，挺好！这个句子这样读还不够，真不够！现在听我读，请你把目光聚焦到这个句子的每一个"有的"的分句上，你会发现一个奇妙的现象，你听一下。

师：（范读）

师：谁发现了一个奇妙的现象？

生：每一个节奏都越来越快，越来越有激情。

师：节奏是读出来的，我说的是老舍先生的文字留给我们的。你发现什么？

生："一律"这些词表示全部。

师：你把这些相似的词全部找出来。有吗？

生：有。"一律、清一色、都是、通通、全部"。

师：被你发现了，而且像这个男生说的，这些都是表示"多"的词语。那这是简单的重复吗？写文章这么啰嗦还行啊？如果这样我把重复的词语全部抠掉，你听一下。

师：（范读）"有名的老铺子都要挂出几百盏灯来，各形各色，有的是玻璃的，有的是牛角的，有的是纱灯，有的彩绘《红楼梦》或《水浒传》故事。"感觉怎么样？

生：很少。

师：味道一样吗？

生：不一样？

师：有多的感觉吗？

生：没有。

师：有眼前晃晃的感觉吗？

生：没有。

师：与原句比，节奏还一样吗？

生：不一样。

师：有走马观花的感觉吗？

生：没有。

师：有看都来不及的感觉吗？

生：没有。

师：有目不暇接的感觉吗？

生：没有。

师：把这些感觉融进去，读好这个句子。"有名的老铺子"预备起——

生：（齐读）

师：原来"重复"是一种美！（板书：重复）

师：原来这就是曹禺所说的——美不胜收。

师：（民乐《步步高》响起）来，我请几个孩子和老师一起，读好这一段话。

师：如果你是一位地地道道的北京小孩，元宵夜，你到前门的广场看花灯，你看见——

生：有名的老铺子都要挂出几百盏灯来，各形各色，有的一律是玻璃的，有的清一色是牛角的，有的都是纱灯，有的通通彩绘全部《红楼梦》或《水浒传》故事。

师：请问你这个地道的北京小孩，此刻的心情怎样？

生：很开心。

师：如果你是一位出差到北京的南方人，元宵夜，你到前门的广场看花灯，你看见——

生：有名的老铺子都要挂出几百盏灯来，各形各色，有的一律是玻璃的，有的清一色是牛角的，有的都是纱灯，有的通通彩绘全部《红楼梦》或《水浒传》故事。

师：请问，你这位小南方人，你现在的心情是怎样的？

生：很兴奋。

师：如果你是一位常年在北京留学的外国朋友，元宵夜，你到北海公园的夜市看花灯，你看见——

生：有名的老铺子都要挂出几百盏灯来，各形各色，有的一律是玻璃的，有的清一色是牛角的，有的都是纱灯，有的通通彩绘全部《红楼梦》或《水浒传》故事。

师：请问，你这位小老外，你现在的心情怎样？（师用外国人学中国话的腔调打趣说）

生：很激动。

师：你的普通话比我还准呢！真有意思！不管是老北京人，还是南方人、外国人，你们的心情是那么激动，那么开心，我们一起来读——

生：（齐读）

原来"简洁"是一种美

师：你还从哪个地方的描写让你活灵活现地感受到那片红火与美丽？

生：家中也有灯：走马灯、宫灯、各形各色的纸灯，还有纱灯，里面有小铃，到时候就叮叮地响。

师：这个句子也写"灯"。但是和上句写"灯"，很明显的区别在哪儿？

生：它就是没有很多的样子。

师：最明显的特点是——

生：这个句子写得很简朴。

师：很简——

生：洁。

师：好的。很简洁。不说重复才是一种美吗？是吗？那么这个句子也加进重复的东西，你听一下：

师：（范读）家中也有灯：有的全是走马灯，有的清一色宫灯，各形各色的是纸灯，还有的无数的纱灯，里面有无数个小铃，到时候就叮叮叮叮地响。

师：味道好吗？

生：不好。

师：感觉好吗？

生：不好。

师：舒服吗？

生：不舒服。

师：这个真没有！是吗？

生：是。

师：原来"简洁"是一种美，原来这也是曹禺所说的美不胜收！（板书：简洁）

师：让我们读出小孩子玩灯的快乐、天真、潇洒。我们一起读——

生：（齐）家中也有灯：走马灯、宫灯、各形各色的纸灯，还有纱灯，里面有小铃，到时候就叮叮地响。

原来"留白"是一种美

师：那天还必须吃元宵吧。元宵什么样的？写了吗？

生：没有。

师：元宵什么馅儿的？写了吗？

生：没有。

师：元宵什么味的？写了吗？

生：没有。

师：大人吃元宵，还是小孩吃元宵，写了吗？

生：没有。

师：这又是什么写法呢？这在写作上叫什么写法呢？

生：概括。

师：有点难，没关系。都是六年级的孩子，快要上初中了，我得问问大家，看过中国画吗？

生：看过。

师：齐白石画虾你看过吗？斗大的一张宣纸上，就在右下角画两只虾，好了，其他地方全都白在那里，这是一种什么手法？在国画里，叫——

生：留白。

师：呦，你知道啊！

生：留白。

师：对，这个真叫留白。（板书：留白）

师：老舍虽然没有写，你却好像看到了什么？（教师打趣：此处省略128个字！哈哈！）

生：看到了元宵。

师：你还看到了什么？

生：人们吃元宵。

师：你还看到了什么？

生：怎么样的元宵。

师：你连做元宵都看到啦？原来"留白"又是一种美！这也是曹禺所说的——

生：美不胜收！

师：原来"留白"是一种美。

合：于铃儿叮叮中续写"京韵十足"

师：（民乐《紫竹调》响起）真好！那天，小孩子们是最快乐的，因为家中也有灯："走马灯、宫灯、各形各色的纸灯，还有纱灯，里面有小铃，

猜断玩味　繁简织就

到时候就叮叮地响。"但是，小铃啊，并不是任何时候都响的，它什么时候响呢？赶快写一写。（媒体出示：当_____的时候，当_____的时候，当_____的时候，纱灯里的小铃就叮叮地响，这的确是美好快乐的日子）

生：（练笔，耳畔响起《紫竹调》音乐）

师：什么时候响的，说一个，说两个都可以，我倒看看小铃什么时候响？

生1：当欢乐的时候，当大人们在其乐融融交流的时候，当全家人一起吃元宵的时候，纱灯里的小铃就叮叮地响，这的确是美好快乐的日子。

师：元宵甜甜，小铃叮叮。多美好！

生2：当天一擦黑，当鞭炮齐鸣的时候，当一家人吃元宵的时候，纱灯里的小铃就叮叮地响，这的确是美好快乐的日子。

师：鞭炮声声，铃儿叮叮。多么快乐！

生：当一家人在桌上其乐融融吃元宵的时候，当无数的灯飞向深蓝的天空的时候，当灯儿飘上天际的时候，在夜空中，在风儿的吹拂之下，小铃叮叮，多么美好、快乐！

师："紫竹"声声，铃儿叮叮。多么快乐！

原来你本来就很美

师：那么在老舍先生的笔下，还有一些时间点，比方说：腊八、小年、除夕、初一、十九肯定也别有一番"浓浓的京味"在笔头，下节课再欣赏吧，等你都欣赏完了，面对京韵语言，你会由衷地发出一种感叹——你真的本来就很美！

师：下课！

文质彬彬　音画同源

2012年，我读泰戈尔的《飞鸟集》："我们如海鸥之与波涛相遇似的，遇见了，走近了。海鸥飞去，波涛滚滚地流开，我们也分别了。"心头一热，因为诗画语文的新课《老人与海鸥》，在我的心中，昆明的那群海鸥与老人的相遇，一如"海鸥之与波涛的相遇"。海鸥依旧年年来，老人却如波涛流去。昆明人是诗意的，他们将老人撮嘴呼唤的形象定格在了湖畔，这样，老人与海鸥就时时刻刻缠绕在一起，老人与海鸥共飞、海鸥与雕像共飞，惺惺相惜，永不分开，成了这座城市永恒的美丽。对于昆明人来说，邓丽君的《恰似你的温柔》总能勾起过往的回忆："到如今年复一年我不能停止怀念，怀念你怀念从前，但愿那海风再起，只为那浪花的手，恰似你的温柔……"

一、文质——画意诗情，和谐统一

孔子说："质胜文则野，文胜质则史，文质彬彬，然后君子。"这里"文"与"质"的对立之统一，足以让我们浮想联翩。如果说，"文"是一种精神的提升，"质"便是一种自然的存在。引申过来看，如果诗画语文的"诗情"是一种"文"，一种充满美感的意象，那么"画意"便是一种"质"，一种生活场景的自然。在我看来，文本恰恰是"文"和"质"对立统一体。课堂上不断地将"文"和"质"进行转换，会打出漂亮的节奏张力：

师：（出示："人少的地方，是他喂海鸥的领地。老人把饼干丁很小心地放在湖边的围栏上，退开一步，撮起嘴向鸥群呼唤。立刻便有一群海鸥应声而来，几下就扫得干干净净。老人顺着栏杆边走边放，海鸥依他的节奏起起落落，排成一片翻飞的白色，飞成一篇有声有色的乐谱。"）请一位同学读一下，你听，这里的海鸥飞，是围绕谁在飞？

生：围绕着老人在飞。

师：应声而来、起起落落、排队翻飞、有声有色，海鸥们在啄食、在撒欢，如果这条波浪线（师顺势在黑板下方画上一条波浪线）代表老人的边走边放，那么，你觉得海鸥的飞，跟这条线是平行的，是交叉的，还是毫无关系的？试着画一画。（生在课文纸上迅速画线）

师：哪个同学愿意上来画？（生在师画的波浪线的上面又画了一条波浪线）

师：请你告诉我，你为什么这么画呢？

生：因为我觉得海鸥飞的路线和老人边走边放的路线是一样的，是合拍的。

师：的确，老人边走边放，海鸥起起落落，海鸥的飞，飞得合拍、飞得自在、飞得悠然，是排排成队的，是有声有色的。

……

师：（出示："一群海鸥突然飞来，围着老人的遗像翻飞盘旋，连声鸣叫，叫声和姿势与平时大不一样，像是发生了什么大事。海鸥们急速扇动翅膀，轮流飞到老人遗像前的空中，像是前来瞻仰遗容的亲属。过了一会儿，海鸥纷纷落地，竟在老人的遗像前后站成了两行。它们肃立不动，像是为老人守灵的白翼天使。海鸥们像炸了营似的朝遗像扑过来，它们大声鸣叫着，翅膀扑得那样近……"）我请一位同学来读。其他的同学仔细听，这里的海鸥飞，也是围绕着一个中心点而飞的，这个中心点在哪里？

生：（齐）老人的遗像。

师：凭直觉，你觉得这里的海鸥飞，和它们十多年来在翠湖边上飞有什么区别？

生：前面是开心地飞，现在是伤心地飞。

生：很混乱，乱成一锅粥一样。

生：杂乱无章的。

生：乱七八糟的。

生：是非常惊恐的、惊慌四散的。

师：你们也试着画一画海鸥飞翔的曲线。（学生各自画线）你觉得这里的飞翔曲线好画吗？

生：不好画！

师：其实，杂乱无章、无从下手的感觉是对的。翻飞盘旋，急速扇动，肃立不动，炸了营似的，白色漩涡……曲线杂乱无章，无从下手。

……

师：现在，请同学们把目光投到黑板上来，我们看，文字原来真的会跳舞的，你瞧，海鸥在接受老人喂食时的飞，在起起落落中，人鸥共舞，文字像水纹一样平滑而过；在海鸥送别老人时的飞，在盘旋、急速、肃立、炸雷似的漩涡中，文字呈现出跌宕起伏的波纹；同学们聚焦到那一个个特写的海鸥的飞，则好像这水纹中荡起的一朵朵涟漪，有特别的深情……原来文字可以这么形象，原来文字可以画画，可以唱歌，可以跳舞，原来文字可以这样——美丽！

（生看着黑板上文字振动的波纹兴奋不已）

以上三节教学实录是对课文中"鸥飞啄食图""鸥飞送别图"两幅画面的处理，都采用了将"文"和"质"进行互化的方式。在我看来，把文字读成线条，就是诗画语文对言语节奏的追求。应为我知道，生命之"质"，需要"文"的提升和超越；但"文"的生命意义并不是可以远离乃至背弃了生命之"质"的，文饰的生命还必需生命之质的充实。诗情来自于画意，画意中散发出诗情。于是，诗中有画，画中有诗，也就成了又一种"文"与

"质"的和谐统一。

二、音画——音符唱歌，文字伴舞

早年中央电视台有一档节目叫作《音画时尚》，我对其中的"音画"特别敏感。音，当然指音乐；画，应该是文字，音乐跟文字好像一对孪生姐妹，她们的搭配，是语文课堂的时尚元素。音乐引入课堂在改变课堂言说方式的同时也改变着课堂的节律。那么，如何根据文本的气质，寻找最佳的音乐，则是语文教师要修炼的一项功力。在《老人与海鸥》的教学中，我引入了两段音乐，较好地融入文字，跟文字的节拍悄然吻合：

（在学习完"鸥飞啄食图"后）

师：的确，老人边走边放，海鸥起起落落，海鸥的飞，飞得合拍、飞得自在、飞得悠然，是排排成队的、是有声有色的。这么一段合拍的文字，读来肯定很有味道，请根据我的提示，大家直接接读，读出海鸥起起落落的画面——（民乐《步步高》响起）

师：（深情地）当老人把饼干丁很小心地放在湖边的围栏上，撮起嘴向海鸥呼唤……

生：立刻便有一群海鸥应声而来，几下就扫得干干净净。

师：（激动地）海鸥来得多了，吃得快了，老人顺着栏杆较快地边走边放……

生：海鸥依他的节奏起起落落，排成一片翻飞的白色，飞成一篇有声有色的乐谱。

师：（快速地）海鸥来得更多了，吃得更快了，老人顺着栏杆很快地边走边放……

生：海鸥依他的节奏起起落落，排成一片翻飞的白色，飞成一篇有声有色的乐谱。

师：（慢悠悠地）海鸥吃得心满意足了，速度放慢了，老人顺着栏杆慢慢地边走边放……

生：海鸥依他的节奏起起落落，排成一片翻飞的白色，飞成一篇有声有色的乐谱。

师：（更慢地）海鸥彻底吃饱了，老人也累了，顺着栏杆走走停停……

生：海鸥依他的节奏起起落落，排成一片翻飞的白色，飞成一篇有声有色的乐谱。

师：真有意思，你瞧，文字的魅力就在这里，老人走，海鸥飞，起起落落、排排成队、有声有色，我们的眼前展现了一幅幅富有节奏的人鸥共飞的画面，让我们再次齐读这段文字——（学生齐读描写"鸥飞啄食图"的整段文字）。

（在学习完"鸥飞送别图"后）

师：对呀！如果你们就是翠湖边的那群海鸥，你们的心中肯定聚集着强烈的情感，带着这种情感，来，我请四只小海鸥，分别代表翻飞盘旋、急速扇动、肃立不动、翅膀扑近，在老师的引导下，对读这段文字：（音乐：久石让《天空之城·吟唱版》响起）

师：当人们把老人最后一次喂海鸥的照片放大，带到翠湖边。意想不到的事情发生了——

生：我们围着老人的遗像翻飞盘旋，连声鸣叫，叫声和姿势与平时大不一样，我们感觉到发生了什么大事。

师：作为海鸥的你，此刻心情怎样？

生：我觉得很悲痛，老人就这样离开了，再也见不到了。

师：人们非常惊异，急忙从老人的照片旁退开，为海鸥们让出了一片空地——

生：我们急速扇动翅膀，轮流飞到老人遗像前的空中，我们就是前来瞻仰遗容的亲属。

师：作为海鸥的你，此刻心情怎样？

生：我觉得很伤心，只能再见这最后一面了，以后再也不会有人喂我们食物了。

师：照片上的老人默默地注视着这群白色的小精灵——

生：过了一会儿，我们纷纷落地，在老人的遗像前后站成了两行。我们肃立不动，像是为老人守灵的白翼天使吗？

师：真像！作为海鸥的你，此刻心情怎样？

生：我的心情是混乱的，但又是平静的，我想静静地送老人离开。

师：当人们不得不去收起遗像的时候——

生：我们像炸了营似的朝遗像扑过来，我们大声鸣叫着，翅膀扑得那样近。

师：作为海鸥的你，此刻心情怎样？

生：我觉得非常难过，这是我们最后一次见到老人了，我非常舍不得。

师：（缓缓地）人们好不容易才从这片飞动的白色漩涡中脱出身来。（激动、快速地）海鸥们，就带着你们内心的情感，同学们，我们再一次对读这段文字。（再次引导学生们对读描写"鸥飞送别图"的整段文字）

民乐《步步高》响起，起起伏伏，清新自然，恰好印证了海鸥在老人的喂食下的心境。更重要的是，这样的音乐节奏跟文字内部的波纹振动频率极其吻合，老人边走边放，海鸥起起落落、飞得合拍、飞得自在、飞得悠然，是排排成队的、是有声有色的。久石让《天空之城·吟唱版》是一首静谧空灵的作品，正好配合海鸥们当时的心境，音乐的节律是缓慢的，诗意地改变了文字的振动频率，在慢动作中，让海鸥的翻飞盘旋、急速扇动、肃立不动、翅膀扑近通过学生的诵读呈现课堂。

文质、音画，是诗画语文对言语节奏的自觉皈依，当作如是观。

《老人与海鸥》教学实录

舞，是生命情调最直接、最实质、最强烈、最尖锐、最单纯而又最充足的表现。

——闻一多《说舞》

起：自读之舞，把课文舞成三幅画面

师：那是一个普通的冬日。我和朋友相约来到昆明翠湖时，海鸥正飞得热闹，其间有一位老人正在喂海鸥，于是，我写下了这个发生在昆明翠湖边的真实故事……今天，我们一起来学习邓启耀的散文——《老人与海鸥》，请大家把课题读一遍——

生：（齐）老人与海鸥。

师：读着课题，联系昨天的预习，此刻不经意地，你的脑海里浮现出哪几幅画面？

生：我仿佛看到了老人喂海鸥的情景，老人说海鸥的情景，海鸥看到老人遗像时送别的情景。

师：好的，通过预习，你从课文中读出了三幅画面。（课件出示：老人喂海鸥、老人谈海鸥、海鸥送老人）

师：想象画面，再读课题，轻轻地读。

生：（齐）（声音轻柔地）老人与海鸥。

师：慢慢地再读，在脑海中想象这三幅画面。

生：（齐）（轻轻慢慢地）老人与海鸥。

师：现在，请同学自由地读课文。如果你正跟随着作者在翠湖边，看见了这位老人，又目睹了这群海鸥，你会抓拍怎样的一幅幅感动你的特写照片？

（生自读课文之后，陆续举手）

师：我们来交流一下你拍摄的特写照片。我相信，好的文字背后是一幅幅栩

栩如生的画面，你们也必定是通过文字的描述寻找到拍摄的角度的，是吗？所以，就请你用课文中的语句来描述你抓拍的那幅照片？

师：来，你拍下了怎样的一幅幅特写照片？

生1：我拍下了这样一幅照片，老人顺着栏杆边走边放，海鸥依他的节奏起起落落，排成一片翻飞的白色，飞成一篇有声有色的乐谱。

师：真好，拍下了这么美丽的一张照片！很显然，你把镜头对准了海鸥，哪些描写海鸥的词语给你留下深刻印象？

生1：起起落落、边走边放、有声有色。

师：谁还拍下了不同的一幅照片？

生2：在海鸥的鸣叫声里，老人抑扬顿挫地唱着什么。侧耳细听，原来是亲昵得变了调的地方话——"独脚""灰头""红嘴""老沙""公主"……

师：很显然，你把镜头对准了老人，哪些描写老人的词语给你留下深刻印象？

生2：抑扬顿挫、亲昵。

师：继续，谁还拍下了不一样的照片？

生3：一群海鸥突然飞来，围着老人的遗像翻飞盘旋，连声鸣叫，叫声和姿势与平时大不一样，像是发生了什么大事。

师：你的镜头聚焦了海鸥，这段话中哪几个描写海鸥的词语令你难忘？

生3：翻飞盘旋、连声鸣叫。

师：真好，谁还拍下了怎样的照片？

生4：海鸥们急速扇动翅膀，轮流飞到老人遗像前的空中，像是前来瞻仰遗容的亲属……过了一会儿，海鸥纷纷落地，竟在老人遗像前后站成了两行。它们肃立不动，像是为老人守灵的白翼天使。

师：这幅照片还是对准了海鸥，哪几个词语从你的镜头中蹦了出来？

生4：急速扇动、瞻仰遗容、纷纷落地、肃立不动、白翼天使。

师：同学们很棒，抓拍了那么多特写照片，还聚焦了那么多照片背后的词语，老师还特地把大家聚焦的词语整理了一下，打在了大屏幕上——
（课件出示三列词语，第一列：撮嘴呼唤、抑扬顿挫、亲昵说话、啧啧称赞；第二列：应声而来、起起落落、排队翻飞、有声有色；第三列：翻飞盘旋、急速扇动、肃立不动、翅膀扑近）

师：第一列，谁来读一读。

生：撮嘴呼唤、抑扬顿挫、亲昵说话、啧啧称赞。

师："亲昵说话"，你亲昵地对谁说过话？

生：爸爸妈妈。

师：课文中是谁对谁亲昵地说话？

生：老人对海鸥。

师：不仅是说，还在——

生：唱。

师：唱什么？

生："独脚""灰头""红嘴""老沙""公主"。

师：老人是怎样地唱的？

生：（齐）抑扬顿挫。

师："抑扬顿挫"的"抑"比较容易写错，来，抬起手来一起写一个，首先写提手旁，手一提起来，就把右边的杨柳的枝条给折断一根（笑）。

师：现在，老师请一个同学来呼喊这些海鸥的名字，你判断一下哪个是"抑"，哪个是"扬"？

生：（抑扬顿挫地）"独脚""灰头""红嘴""老沙""公主"。（学生逐个判断"抑"和"扬"）

师：对呀，这就是抑扬顿挫的呼喊。

师：现在请同学们拿起笔来，在课文的后面的空白处端端正正地写下第一列的四个词语：撮嘴呼唤、抑扬顿挫、亲昵说话、啧啧称赞。

（生书写词语）

师：第二列，请你读。

生：应声而来、起起落落、排队翻飞、有声有色。

师：注意，"应"这个字是多音字，念第四声——应声而来。（生跟读）

师：请同学们继续在课文的后面的空白处端端正正地写下第二列的四个词语：应声而来、起起落落、排队翻飞、有声有色。

（生再次书写词语）

师：第三列，请你来读。

生：翻飞盘旋、急速扇动、肃立不动、翅膀扑近。

师：请同学注意，"翻飞盘旋"的"旋"读第二声——旋，"急速扇动"的"扇"读第一声——扇，大家跟我读。（生再次跟读）

师：同样请同学们在课文的后面的空白处端端正正地写下第三列的四个词语：翻飞盘旋、急速扇动、肃立不动、翅膀扑近。

（生第三次写词语）

师：现在，请同学们把目光投到第二列和第三列词语上，谁发现了它们的一个共同特点？

生：都是描写海鸥的。

师：是的，都写海鸥在干吗呢？

生：（齐）飞。

师：没错，都写海鸥在飞，但，飞得有什么不一样呢？

生：第二组词语的"飞"是海鸥在飞翔中吃食物（师课件出示：鸥飞啄食）；第三组词语的"飞"是海鸥送别老人的飞（师课件出示：鸥飞送别）。

师：你瞧，栩栩如生的画面背后是一组组词语，一组组词语的背后是栩栩如生的画面，让我们来齐读这三组词语，就让这些词语在你的头脑中扩散开来，再一次把你带回到课文中的一幅幅画面中去，读——（生齐读三组词语）

课堂节奏的奥秘，在合于生命节律的中道。

基于中道的课堂节奏充满了灵动性、协调性、融合性和生长性，它总是不断地依据课堂的真实情境、场面、氛围、态势等，作出合于中道的调整与重构。

承：统读之舞，把课文舞成两幅画面
"鸥飞啄食图"

师：同学们，对于海鸥的两次飞，你们对哪一次印象更深？觉得更不可思议？

生：（几乎异口同声地）鸥飞送别。

师：毋庸置疑，大家对第二次飞更感兴趣，觉得简直是不可思议。可是，你有没有想过"冰冻三尺，非一日之寒"，海鸥之所以能送别老人，那全是因为——

生：（齐）老人喂海鸥。

师：是的，老人这一喂就是多少年？

生：（齐）十多年。

师：这十多年来，一到冬天，海鸥们就在老人的周围——起起落落，课文中就有一个描写海鸥飞啄食物的特写画面，让我们把目光先聚焦到第二组词语上——（大屏幕出示，字体放大：应声而来、起起落落、排队翻飞、有声有色）这些词语就是在写海鸥啄食。找找这些词语散见在课文的哪个段落中，用波浪线把含有这些词语的段落画出来。（生动笔画线，师巡视）

师：这些词语散见在哪个段落里，你找到了哪一句？

生：立刻便有一群海鸥应声而来，几下就扫得干干净净。老人顺着栏杆边走边放，海鸥依他的节奏起起落落，排成一片翻飞的白色，飞成一篇有声有色的乐谱。

师：好的，这里的飞，是这样的一段文字——（课件出示：人少的地方，是他喂海鸥的领地。老人把饼干丁很小心地放在湖边的围栏上，退开一步，撮起嘴向鸥群呼唤。立刻便有一群海鸥应声而来，几下就扫得干干净净。老人顺着栏杆边走边放，海鸥依他的节奏起起落落，排成一片翻飞的白色，飞成一篇有声有色的乐谱。）

文质彬彬　音画同源

师：请一位同学读一下，你听，这里的海鸥飞，是围绕谁在飞？

生：围绕着老人在飞。

师：对！（板书：老人，课件中"老人"呈现红色）

师：应声而来、起起落落、排队翻飞、有声有色，海鸥们在啄食、在撒欢，如果这条波浪线（师顺势在黑板下方画上一条波浪线）代表老人的边走边放（板书：边走边放），那么，你觉得海鸥的飞，跟这条线是平行的，是交叉的，还是毫无关系的？你试着画一画。（生在课文纸上迅速画线）

师：哪个同学愿意上来画？（生举手，一女生上来画）

师：好，你来画。（生在师画的波浪线的上面又画了一条波浪线）

师：小姑娘，请你告诉我，你为什么这么画呢？

生：因为我觉得海鸥飞的路线和老人边走边放的路线是一样的，是合拍的。

师：好，这就是海鸥的起起落落。（在学生所画波浪线的旁边板书：起起落落）

师：的确，老人边走边放，海鸥起起落落，海鸥的飞，飞得合拍、飞得自在、飞得悠然，是排排成队的、是有声有色的。这么一段合拍的文字，读来肯定很有味道，请根据我的提示，大家直接接读，读出海鸥起起落落的画面——（民乐《步步高》响起）

师：（深情地）当老人把饼干丁很小心地放在湖边的围栏上，撮起嘴向鸥群呼唤……

生：立刻便有一群海鸥应声而来，几下就扫得干干净净。

师：（激动地）海鸥来得多了，吃得快了，老人顺着栏杆较快地边走边放……

生：海鸥依他的节奏起起落落，排成一片翻飞的白色，飞成一篇有声有色的乐谱。

师：（快速地）海鸥来得更多了，吃得更快了，老人顺着栏杆较快地边走边放……

生：海鸥依他的节奏起起落落，排成一片翻飞的白色，飞成一篇有声有色的乐谱。

师：（慢悠悠地）海鸥吃得心满意足了，速度放慢了，老人顺着栏杆慢慢地边走边放……

生：海鸥依他的节奏起起落落，排成一片翻飞的白色，飞成一篇有声有色的乐谱。

师：（更慢地）海鸥彻底吃饱了，老人也累了，顺着栏杆走走停停……

生：海鸥依他的节奏起起落落，排成一片翻飞的白色，飞成一篇有声有色的乐谱。

师：真有意思，你瞧，文字的魅力就在这里，老人走，海鸥飞，起起落落、排排成队、有声有色，我们的眼前展现了一幅幅富有节奏的人鸥共飞的画面，让我们再次齐读这段文字——（学生齐读整段文字）。

"鸥飞送别图"

师：（音乐停，教师深情独白）这是翠湖边的一次海鸥的飞，其实，十多年来，每到冬天，在清晨、在午后、在傍晚，海鸥们都是这样飞的，对于这样的飞，海鸥们究竟飞了多少次，究竟落了多少次，就连海鸥们自己也记不清了。可是，在翠湖边，有另一种飞，海鸥们只飞了一次，飞得刻骨铭心，哪一次？

生：（齐）海鸥送别老人。（大屏幕出示，字体放大：翻飞盘旋、急速扇动、肃立不动、翅膀扑近）

师：这些词语也是写海鸥在飞，快速浏览课文，找找这些词语散见在课文的哪些段落中，把含有这些词语的句子画出来。

（生画句子，师巡视）

师：这些词语散见在哪些段落里，你找到了哪一句？

生1：意想不到的事情发生了——一群海鸥突然飞来，围着老人的遗像翻飞盘旋，连声鸣叫，叫声和姿势与平时大不一样，像是发生了什么大事。

师：好的，谁还找到了另外的句子。

生2：海鸥们急速扇动翅膀，轮流飞到老人遗像前的空中，像是前来瞻仰遗容的亲属。

师：真好！你说。

生3：过了一会儿，海鸥纷纷落地，竟在老人的遗像前后站成了两行。它们肃立不动，像是为老人守灵的白翼天使。

生4：海鸥们像炸了营似的朝遗像扑过来，它们大声鸣叫着，翅膀扑得那样近，我们好不容易才从这片飞动的白色漩涡中脱出身来。

师：是呀，翻飞盘旋、急速扇动、肃立不动、翅膀扑近，海鸥们用特有的方式来送别老人。这些词语散见在课文的最后几个自然段里，老师把它们罗列在了一起——（大屏幕出示）

（一群海鸥突然飞来，围着老人的遗像翻飞盘旋，连声鸣叫，叫声和姿势与平时大不一样，像是发生了什么大事。海鸥们急速扇动翅膀，轮流飞到老人遗像前的空中，像是前来瞻仰遗容的亲属。过了一会儿，海鸥纷纷落地，竟在老人的遗像前后站成了两行。它们肃立不动，像是为老人守灵的白翼天使。海鸥们像炸了营似的朝遗像扑过来，它们大声鸣叫着，翅膀扑得那样近……）

师：我请一位同学来读，谁来？（指名一生读）

师：其他的同学仔细听，这里的海鸥飞，也是围绕着一个中心点而飞的，这个中心点在哪里？

生：（齐）老人的遗像。

师：（边念叨边板书：遗像，课件中四个“遗像”逐个呈现红色）如果说老人的遗像在这里（点黑板上的板书），谁来描述一下，海鸥们是怎么飞的？

生：先在遗像上空翻飞盘旋。

师：（在“遗像”一词的上方板书：翻）然后呢？

生：绕着遗像急速扇动翅膀。

师：（在"遗像"一词的右边板书：扇）突然之间——

生：在遗像的前后肃立不动，又朝着遗像扑过来。

师：（在"遗像"一词的下面板书：立，在"遗像"一词的左边板书：扑）你看，这就是海鸥飞的动作。

师：凭直觉，你觉得这里的海鸥飞，和它们十多年来在翠湖边上飞有什么区别？

生1：刚才的飞是欢快地飞，这里的飞是悲痛地飞。

生2：情感上有变化。

师：有什么变化？

生2：前面是开心地飞，现在是伤心地飞。

师：如果说刚才的飞是合拍的，那现在的飞是——

生3：很混乱，乱成一锅粥一样。

师：对，像炸营似的，毫无章法。

生4：杂乱无章的。

生5：乱七八糟的。

师：乱七八糟的，就像是发生了什么大事。

生6：是非常惊恐的、惊慌四散的。

师：真好！

生7：是和以往大不一样的。

师：对呀！如果你们就是翠湖边的那群海鸥，你们的心中肯定聚集着强烈的情感，带着这种情感，来，我请四只小海鸥，分别代表翻飞盘旋、急速扇动、肃立不动、翅膀扑近，在老师的引导下，对读这段文字：

（音乐：久石让《天空之城·吟唱版》响起）

师：当人们把老人最后一次喂海鸥的照片放大，带到翠湖边。意想不到的事情发生了——

生1：我们围着老人的遗像翻飞盘旋，连声鸣叫，叫声和姿势与平时大不一样，我们感觉到发生了什么大事。

师：作为海鸥的你，此刻心情怎样？

生1：我觉得很悲痛，老人就这样离开了，再也见不到了。

师：人们非常惊异，急忙从老人的照片旁退开，为海鸥们让出了一片空地——

生2：我们急速扇动翅膀，轮流飞到老人遗像前的空中，我们就是前来瞻仰遗容的亲属。

师：作为海鸥的你，此刻心情怎样？

生2：我觉得很伤心，只能再见这最后一面了，以后再也不会有人喂我们食物了。

师：照片上的老人默默地注视着这群白色的小精灵——

生3：过了一会儿，我们纷纷落地，在老人的遗像前后站成了两行。我们肃立不动，像是为老人守灵的白翼天使吗？

师：作为海鸥的你，此刻心情怎样？

生3：我的心情是混乱的，但又是平静的，我想静静地送老人离开。

师：当人们不得不去收起遗像的时候——

生4：我们像炸了营似的朝遗像扑过来，我们大声鸣叫着，翅膀扑得那样近。

师：作为海鸥的你，此刻心情怎样？

生4：我觉得非常难过，这是我们最后一次见到老人了，我非常舍不得。

师：（缓缓地）人们好不容易才从这片飞动的白色漩涡中脱出身来。（激动、快速地）海鸥们，就带着你们内心的情感，同学们，我们再一次对读这段文字。

（再次引导学生们对读上述文字）

师：你瞧，文字的魅力就在这里，静静的文字背后，竟然为我们展现了一幅幅海鸥平地乍起、一反常态、声声哀鸣的纷飞画面。

转：意象之舞，把课文舞成一幅画面

师：（久石让《天空之城·吟唱版》音乐继续）同学们，请闭上你的眼睛，在你的心中，再一次举起那台心爱的相机，看，在老人的遗像边，老人最心爱的几只海鸥，独脚、灰头、红嘴、老沙、公主飞来了……突然，你的闪光灯捕捉到了它们的特写镜头，睁开眼，你瞧（课件一张张出现海鸥飞翔的特写照片），"独脚"正在空中……"灰头"正在仰着头……"红嘴"正在一停一落……"老沙"在飞翔的鸥群中显得更加明显……"公主"拖着她高贵的身姿……请你把镜头聚焦到其中的一只海鸥身上，它们是怎样飞的呢？选择其中的一只，拿起笔来写一写。（课件出示：在老人遗像的上空，_____在翻飞，突然_____。）

师：（学生动笔前，教师插话）我突然觉得，在海鸥的两次飞翔当中，作者用的那些四字词语，真是太妙了，应声而来、起起落落、排队翻飞、有声有色；翻飞盘旋、急速扇动、肃立不动、白色漩涡……如果你也能用上一些四字词语，来描写你聚焦的那只海鸥，那真的是一件很有意思的事情。

（在音乐声中生练笔，师巡视）

师：（生陆续举手）在刚才的凝神闭眼中，你的镜头对准了哪只海鸥，在你的闪光灯下，它是怎样飞的？

生1：在老人遗像的上空，"老沙"扇动着那白色宽大的翅膀，在老人遗像前翻飞盘旋，它大声鸣叫着，眼睛里闪烁着悲痛的泪光。这位白发苍苍，十多年与它相依相随的老人，今天就要离开它，它怎会不心痛呢？

师：是啊，在"老沙"的眼里，白发苍苍的老人，其实早已是它的——亲人，它怎能不翻飞悲痛？你还对准了其他的哪只海鸥？

生2：在老人遗像的上空，"红嘴"在翻飞盘旋，突然，它冲向遗像，想得到老人温柔的抚摸，但它突然又明白了什么，流下两行晶莹的眼泪。

文质彬彬　音画同源

师："红嘴"在老人遗像上流下了一滴晶莹的眼泪，我相信，那滴泪，老人是懂的。

生3：在老人遗像的上空，"独角"在翻飞盘旋，突然，它向老人的怀抱冲了过去，但却撞在了相片上，它默默地注视老人的遗像，像是有什么心事。

师：是的，当它在快撞晕的一刹那，突然之间像明白了什么，它就静静地屹立在老人的遗像前。

生4：在老人遗像的上空，"公主"在翻飞盘旋，突然，它径直扑过去，朝着遗像不住地鸣叫，翅膀轻轻地敲打遗像上老人的脸，像是在叹息，在默哀，同时又像是想再听一次老人那亲昵的呼唤。

师：是的，此时此刻，其实你就是"公主"，你的眼里只有老人。你看，我们把目光聚焦到其中的一只海鸥身上，我们又见到了它们飞翔的特写镜头。

合：生命之舞，把课文舞成波纹画面

师：（音乐停）现在，请同学们把目光投到黑板上来，我们看，文字原来真的会跳舞的，你瞧，海鸥在接受老人喂食时的飞，在起起落落中，人鸥共舞，文字像水纹一样平滑而过；在海鸥送别老人时的飞，在盘旋、急速、肃立、炸雷似的漩涡中，文字呈现出跌宕起伏的波纹；同学们聚焦到那一个个特写的海鸥的飞，则好像这水纹中荡起的一朵朵涟漪，有特别的深情……原来文字可以这么形象，原来文字可以画画，可以唱歌，可以跳舞，原来文字可以这样——美丽！

（生看着黑板上文字振动的波纹兴奋不已）

师：现在，面对着黑板上海鸥两次飞翔的画面，面对着这文字的舞蹈，老师又想起了我一开始说的那句话——"冰冻三尺非一日之寒"，这其中老人与海鸥之间的深情，又有着多少的感人细节呢？下节课继续。

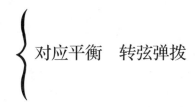

对应平衡　转弦弹拨

2013年秋，《山中访友》终于在南国的星空下破茧成蝶，飞翔在城市陌生的霓虹中。怀抱着褓褓中的她，我们相互取暖，聊以自慰。旧年，我从江南漂至岭南，整整一年，漂，连同窗棂外、星空下语文的梦，一起漂。闻着咸腥的海风，我和诗画语文一度被莫名的不安缠绕，像一个沙漏被慢慢放逐。《山中访友》款款走来，我和她对视莞尔一笑，相约看海去。嘴里自然哼起邓丽君的《南海姑娘》："椰风挑动银浪，夕阳躲云偷看，看见金色的沙滩上，独坐一位美丽的姑娘，眼睛星样灿烂，眉似新月弯弯，穿着一件红色的纱笼，红得像她嘴上的槟榔……"

一、对应——优雅滑翔，完美着陆

滂沱大雨中细读《山中访友》，一种言语对称之美悠然呈现。晨出，露水和栀子花裹着好心情；老桥，词语逐个扩散成美丽的倒影；树林，人依照树盘古似的衍变成美丽的神话；深谷，琳琅满目的风铃摇曳成五线谱般的平衡；驻足，虔诚的动作惊人相似；雷雨，就连夸张也如此工整；晚归，天与地、首与尾完美合一。

入课伊始，初识收尾呼应之美：

师：同学们，我们想象着鸟鸣声声，微风满怀，露水夹着栀子花的清新气息，有感觉地来读读这个清脆生动的开头。（生齐读课文开头）

师：想象着归鸟声声，晚风阵阵，月色夹着山峰的剪影，有感觉地读读这个诗意流连的结尾。（齐读课文结尾）

师：这样的开头和结尾有什么特色？

生：首尾呼应。

梳理文字，发现脉络对应之美：

师：读了开头和结尾，我们来读读这篇文章的中间部分。课题叫"山中访友"，浏览一下课文，按照作者的脚步所到之处，他依次在不同的地方访问了哪些朋友？用笔把这些朋友圈画出来。（生读课文，边读边圈画出朋友）

师：是呀，作者山中访友留下了一串脚印，沿着作者的脚印，你能否按照顺序把每个脚印里访问到的朋友的名字刻进去呢？请大家拿出练习纸，完成第一题。（大屏幕出示六个脚印，学生完成练习纸第一题）

师：请大家仔细观察大屏幕上的作者在山中访友的幽径上留下的一串脚印，你发现了什么？

生：第一个脚印和最后一个脚印都是1个朋友，第二个和第四个脚印是3个朋友，中间脚印是6个朋友。

师：对，中间的一个脚印朋友最多，然后两边对应开来，是的。

生：我觉得这篇文章写得主次分明。

师：你连主次分明都知道，你看，不单文章的开头和结尾是对应的，好像文章的中间也是对应的。

生：似乎是从中间往两边扩散。

师：我很欣赏你说的从中间往两边扩散的说法，就像水流一样，你真聪明。

师：（小结）原来，不只是首尾对应，就连文章的中间各部分好像也是对应的。这是一种巧合，还是李汉荣先生的匠心所在？让我们走进文章的字里行间去看看。

这样的开课和梳理文章的脉络方式用最短的时间让学生发现了《山中访友》的最大的密妙——对应。同学们发现，言语被对应成美丽的风铃，他们渐入佳境，他们显然是尝到言语的味道，露珠搅拌着栀子花的味道；他们显然是看到了言语的画面，晚风夹着山峰的剪影。诗画语文以为，言语是用来嗅的、吃的。

二、弹拨——言语风铃，悦耳动听

随着课的深入，师生进入文字的内部。我们惊奇地发现，原来《山中访友》的文字内部也有着惊人的对应之美。作者初入山中，老桥如旧，词语逐个扩散成美丽的倒影，师者当引导学生捕捉句词对应之美；随着脚步的深入，他进入了树林，人依照树盘古似的衍变成美丽的神话，师者当引导学生领悟想象对应之美；进入森林的腹地，老朋友与他热切招呼，琳琅满目的风铃摇曳成五线谱般的平衡，师者当引导学生享受排比对应之美；走累了，驻足小憩，虔诚的动作惊人相似，师者当引导学生比画动作对应之美；突然，雷雨突袭，就连夸张也如此工整，师者当引导学生感叹夸张对应之美……

就拿进入森林的腹地，老朋友与他热切招呼这段来讲：

师：这排比段，老师这样一排，给你什么感觉？（大屏幕以诗歌的形式出示：你好，清凉的山泉！你捧出一面明镜，是要我重新梳妆吗？/你好，汩汩的溪流！你吟诵着一首首小诗，是邀我与你唱和吗？/你好，飞流的瀑布！你天生的金嗓子，雄浑的男高音多么有气势。/你好，陡峭的悬崖！深深的峡谷衬托着你挺拔的身躯，你高高的额头上仿佛刻满了智慧。/你好，悠悠的白云！你洁白的身影，让天空充满宁静，变得更加湛蓝。/喂，淘气的云雀，叽

叽喳喳地在谈些什么呢？我猜你们津津乐道的，是飞行中看到的好风景）

生：很工整。

师：我再在这段话中加个符号，你觉得这段话又变成了什么？大屏幕在文字旁边出示：

生：（部分学生大呼）五线谱。

师：是的，这组文字就像五线谱上的音符，请6个同学每人读一句，读出音乐跳动的节奏。（指名6名学生）

师：好极了，这段文字原来这样有趣，现在请男生读一句，女生读一句，一起来从上往下读这段文字。（音乐：班得瑞《月光水岸》响起，学生分男女对读）

师：现在1、2两组读一句，3、4两组读一句，从下往上分别来朗读这段话，注意读出打招呼的感觉。（音乐伴奏声中，学生分小组读）

师：好听，你们你呼我应的朗读让我感觉到这段文字简直就像一首夏日小情歌。同学们，你觉得排比段带给你最大的好处是什么，你读了有怎样的感觉？

其实，排比段的最大好处就是富有节奏，富有层次，语言就像风铃，学生们一碰，就奏出悦耳动听的声音，没有比这再形象生动的言语体验了。语用就这样被诗画般地诠释了，《山中访友》的语用焦虑被课堂上师生风铃般的朗读瞬即对话而彻底突围，诗画语文的对话节奏就像武林高手的弯刀，记录了一语中的而后完美回归的课堂轨迹。诗画语文对语用的执着观照的恻隐焦虑倒逼我们不断寻求实践突围的方法，师生朗读得心境敞开、瞬间回应、反敲言语、创生语用是条路径。突围焦虑的诗画课堂，爽。

对应、弹拨，是诗画语文对言语节奏的自觉皈依，当作如是观。

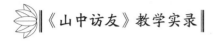

起：浅尝文字，初识文本前后呼应之美

清脆生动的开头

师：今天，我们一起来学习当代著名作家李汉荣先生的一篇散文，题目叫
　　作——

生：（接）山中访友。

师：（板书课题：山中访友）李汉荣曾经这样说："每次写作，我总是打开
　　窗子，眺望一会儿朦胧的远山，如果恰逢一声鸟叫，我的文章便有了清
　　脆生动的开头。"我们先来读读《山中访友》的开头——（大屏幕出
　　示：走出门，就与微风撞了个满怀，风中含着露水和栀子花的气息。早
　　晨，好清爽！不坐车，不邀游伴，也不带什么礼物，就带着满怀的好心
　　情，踏一条幽径，独自去访问我的朋友）

生：（齐读）"走出门，就与微风撞了个满怀，风中含着露水和栀子花的气
　　息。早晨，好清爽！不坐车，不邀游伴，也不带什么礼物，就带着满怀
　　的好心情，踏一条幽径，独自去访问我的朋友。"

师：读得好听！联系李汉荣说的这句话，读读他的《山中访友》开头，想象
　　一下，当作者写下这个开头的时候，他的耳畔是否恰逢鸟鸣声声？

生：是。

师：怎么判断？

生：他说"风中含着露水和栀子花的气息"，说明这里鸟语花香。

师：你一定想表达，开头带给你清脆的感觉，你一定听到鸟鸣声了。

生：（点头）是的。

师：孩子们见过栀子花吗？

生：（零散地）没见过。

师：没见过没关系，湖南卫视著名主持人何炅知道吗？

生：知道。

师：他有一首歌叫《栀子花开》，他是这样唱的，"栀子花开……"

生：（一生举手接唱）"so beautiful so white"，我只会唱这么一句。（生笑）

师：（师和蔼地笑）老师也就只会唱那么一句，一句就够了。

师：同学们，我们想象着鸟鸣声声，微风满怀，露水夹着栀子花的清新气息，有感觉地来读读这个清脆生动的开头。（生齐读课文开头）

诗意流连的结尾

师：晨出，带着满怀的好心情，那么晚归又带回什么呢？我们再来读读《山中访友》的结尾——（大屏幕出示：雨停了。幽谷里传出几声犬吠，云岭上掠过一群归鸟。我该回家了。我轻轻地挥手，告别山里的朋友，带回了满怀的好心情、好记忆，还带回一路月色）

生：（齐读）"雨停了。幽谷里传出几声犬吠，云岭上掠过一群归鸟。我该回家了。我轻轻地挥手，告别山里的朋友，带回了满怀的好心情、好记忆，还带回一路月色。"

师：晚归有没有伴着鸟鸣？

生1：有，有一群归鸟。

师：作者晚归的时候带回些什么？

生2：带回月色。

生3：还带回好心情，好记忆。

师：想象着归鸟声声，晚风阵阵，月色夹着山峰的剪影，有感觉地读读这个诗意流连的结尾。

（生再次齐读课文结尾）

师：这样的开头和结尾有什么特色？

生：首尾呼应。

师：从哪里看得出是首尾呼应？

师：（引）开头带着好心情，回家又——

生：带着好心情和好记忆。

师：这叫首尾呼应，也叫首尾对应。（师板书：首尾对应）

师：既然文字是对应的，那我们就对应着读读。（女生读开头，男生读结尾）

承：寻芳文字，梳理山中好友排列之美

山中有哪些好友

师：好极了！读了开头和结尾，我们来读读这篇文章的中间部分。课题叫《山中访友》，浏览一下课文，按照作者的脚步所到之处，他依次在不同的地方访问了哪些朋友？用笔把这些朋友圈画出来。（生读课文，边读边圈画出朋友）

师：是呀，作者山中访友留下了一串脚印，沿着作者的脚印，你能否按照顺序把每个脚印里访问到的朋友的名字刻进去呢？请大家拿出练习纸，完成第一题。（大屏幕出示六个脚印，学生完成练习纸第一题）

师：我们来交流一下这一串脚印中你分别填写了哪些朋友的名字，（指名一生）第一个脚印中，你填的是——

生1：（接）古桥。

师：（指名一生）随着脚步继续往前走，在第二个脚印中又访问到——

生2：树、鸟儿、露珠。

师：第三个脚印中访问到的朋友就更多了（指名一生）。

生3：山泉、溪流、瀑布、悬崖、白云、云雀。

师：一共是6个朋友，全部集中在了第三个脚印之中。

师：第四个脚印呢？

生4：我觉得是落花、落叶和石头。

师：是的，又有3个朋友被你找到了。

师：最后的脚印中，还有一个朋友，你一定找到了。

生5：是雷雨。

师：是的，同学们都写对了吗？没有写对的，请你修改正确。

脚步映衬出对应美

师：请大家仔细观察大屏幕上的作者在山中访友的幽径上留下的一串脚印，你发现了什么？

生1：这些朋友都是大自然中的朋友。

师：是的，作者拜访的朋友不是某个人或者某些人，而是大自然中的事物，真有趣！

生2：第一个脚印和最后一个脚印都是1个朋友，第二个和第四个脚印是3个朋友，中间是6个朋友。

师：对，中间的一个脚印朋友最多，然后两边对应开来，是的。

生3：我觉得这篇文章写得主次分明。

师：你连主次分明都知道，你看，不单文章的开头和结尾是对应的，好像文章的中间也是对应的。

生：似乎是从中间往两边扩散。

师：我很欣赏你说的从中间往两边扩散的说法，就像水流一样，你真聪明。

师：（小结）原来，不只是首尾对应，就连文章的中间各部分好像也是对应的。这是一种巧合，还是李汉荣先生的匠心所在？让我们走进文章的字里行间去看看。

转：溶解文字，探寻文本内部对应之美

热切招呼，享受排比对应之美

师：五个脚印，我们先一起沿着作者的步伐走进其中的一个脚印，凭直觉，你认为哪个脚印里的景色最绚丽呢？

生：（齐）第三个，因为它的朋友最多。

师：是的，显然，第三个脚印由于访问的朋友之多肯定呈现出奇异的景色，来让我们先去看看——（大屏幕出示：这山中的一切，哪个不是我的朋友？我热切地跟他们打招呼：你好，清凉的山泉！你捧出一面明镜，是要我重新梳妆吗？你好，汩汩的溪流！你吟诵着一首首小诗，是邀我与你唱和吗？你好，飞流的瀑布！你天生的金嗓子，雄浑的男高音多有气势。你好，陡峭的悬崖！深深的峡谷衬托着你挺拔的身躯，你高高的额头上仿佛刻满了智慧。你好，悠悠的白云！你洁白的身影，让天空充满宁静，变得更加湛蓝。喂，淘气的云雀，叽叽喳喳地在谈些什么呢？我猜你们津津乐道的，是飞行中看到的好风景）

师：请同学们自由地读读这段话，你的眼前一定会出现一个又一个五彩斑斓的画面，你把你喜欢的画面多读几遍。（生自由读第5自然段）

师：我们一起来读这段话，读的时候迅速捕捉你最喜欢的一个画面，读——（生齐读第5自然段）

师：好的，咱们来交流你脑海中掠过的印象最深的一幅画面。

生1：我脑海中掠过的是飞流的瀑布，他有天生的金嗓子，因为我在电视上看到过飞流的瀑布，声音真的很像作者所描述的那样。

师：你不单看到了飞流的瀑布，你还听到了瀑布的声音，很自然地你就联想到一首唐诗——

生1：（笑接）飞流直下三千尺，疑是银河落九天。

师：好极了，这是你看到的画面。还有其他孩子看到另外的画面了吗？

生2：我看到了蓝天和白云。

师：你从哪个地方看到的？

生2：是从"悠悠的白云"中看到的。

师："悠悠"这个词就让你浮想联翩了，你看到白云在——

生2：（接）在悠闲地飘。

师：好极了，这是你看到的画面。（指向另一生）你还看到了怎样的画面？

生3：我还看到了"悠悠的峡谷衬托着你挺拔的身躯"，我看到了陡峭的悬崖的样子。

师：你抬头看，你看到了陡峭的悬崖——

生3：（接）很挺拔，很陡峭。

师：（笑）或许还有一丝心里发凉的感觉，这是你看到的一幅画面。

生4：我看到了云雀的画面，我感觉她们在扭啊扭，叽叽喳喳唱个不停。

师：你从哪个词知道她们在叽叽喳喳不停呢？

生4：从"在谈些什么呢"。

师：而且是在淘气地谈。因此，你看到了云雀——

生4：（接）在前方飞舞，在唱她们自己的歌。

师：这是第四幅画面。谁还看到了另外的画面？

生5：我看到的是汩汩的溪流，因为作者写得很好，作者说溪流"吟诵着一首首小诗"，我就觉得作者写得很生动，让我觉得作者特别喜欢溪流。

师：我特别欣赏你对于作者写作时心情的判断，你刚才除了看到汩汩的溪流，其实你还能从哪个词中听到溪流的声音——

生5：（接）汩汩。

师：这是个什么词？

生：（杂乱地）形容词、动词。

师：这叫象声词，或者叫拟声词，汩汩就是形容流水的声音，一起来读——

生：汩汩。

师：还有很多的象声词，比如——

生：（此起彼伏地）叮叮咚咚、叽叽喳喳、呼噜呼噜……

师：是的，有泉水的声音，还有打呼噜的声音，这就是象声词。

师：这是你所看到的画面，还有人看到了什么画面？

生6：我看到了清凉的山泉，从"你捧出一面明镜"中，我感觉到山泉很
　　　清澈。

师：从"清凉"这个词让你感受到——

生6：（接）身上很凉爽。

师：恰似水沫溅到身上，浑身凉爽，真好。

师：你看，我们看到了那么多的画面，而且描绘得如此美丽。请同学们再次
　　　拿出练习纸，把刚才看到的画面听写下来。如果这个词你一时半会还不
　　　会写，你就偷偷看一下大屏幕，老师就权当看不见（学生笑），其实我
　　　看得见（笑）。

师：（报词语）清凉山泉、汩汩溪流、飞流瀑布、陡峭悬崖、悠悠白云、淘
　　　气云雀。

　　　（学生听写上述词语，而后校对听写正误）

师：把这些词语用到段落中去，你发现这段话在结构上有什么特点？

生：排比。

师：你从哪里看出这是排比段？

生：因为这里有很多的景色，还有很多的"你好"。

师：点一点，一共有几个"你好"？

生：6个。

师：6个"你好"，最后还有一个"喂"，影响不影响这段话成为排比段？

生：不影响。

师：这排比段，老师这样一排，给你什么感觉？（大屏幕以诗歌的形式出
　　　示：你好，清凉的山泉！你捧出一面明镜，是要我重新梳妆吗？/你好，

对应平衡　转弦弹拨

汩汩的溪流！你吟诵着一首首小诗，是邀我与你唱和吗？/你好，飞流的瀑布！你天生的金嗓子，雄浑的男高音多么有气势。/你好，陡峭的悬崖！深深的峡谷衬托着你挺拔的身躯，你高高的额头上仿佛刻满了智慧。/你好，悠悠的白云！你洁白的身影，让天空充满宁静，变得更加湛蓝。/喂，淘气的云雀，叽叽喳喳地在谈些什么呢？我猜你们津津乐道的，是飞行中看到的好风景）

生：很工整。

师：请你看着这段工整的文字来读一读好吗？

生：好（读这段话）。

师：读得不错，但有一个地方，"唱和"的"和"应该读"hè"。刚才这位同学一口气从高读到了低，我感觉很工整。

师：我再在这段话中加两个符号，你觉得这段话又变成了什么？大屏幕在文字旁边出示：

♪♫

生：（部分学生大呼）五线谱。

师：是的，这组文字就像五线谱上的音符，请6个同学每人读一句，读出音乐跳动的节奏。（指名6个学生）

生1：你好，清凉的山泉！你捧出一面明镜，是要我重新梳妆吗？

师：你好，你看你穿过森林的时候，你的黑发当中有小树枝，我当然是想你梳妆干净喽。

生2：你好，汩汩的溪流！你吟诵着一首首小诗，是邀我与你唱和吗？

师：是的，你还记得去年的今日，我们坐在金黄的草地上，吟诵着一首首小诗吗？

生3：你好，飞流的瀑布！你天生的金嗓子，雄浑的男高音多么有气势。

师：哦，你这样夸我，我真想为你高歌一曲，你把我当成帕瓦蒂了是吗？

生4：你好，陡峭的悬崖！深深的峡谷衬托着你挺拔的身躯，你高高的额头上仿佛刻满了智慧。

师：谢谢你的夸奖，我的额头其实证明我已经老了。

生5：你好，悠悠的白云！你洁白的身影，让天空充满宁静，变得更加湛蓝。

师：其实我的任务就是为了让天空更加美丽，谢谢你的夸奖。

生6：喂，淘气的云雀⋯⋯

师：（迅速接）我淘气吗？

生6：（笑）很淘气，淘气的云雀，叽叽喳喳地在谈些什么呢？

师：（笑）我在说你的坏话。

生6：我猜你们津津乐道的，是飞行中看到的好风景。

师：是的，你看你又来了，你就是我眼中的一抹风景。明月装饰了窗子，你装饰了我的梦。

师：好极了，这段文字原来这样有趣，现在请男生读一句，女生读一句，一起来从上往下读这段文字。（音乐：班得瑞《月光水岸》响起，学生分男女对读）

师：现在1、2两组读一句，3、4两组读一句，从下往上分别来读这段话，注意读出打招呼的感觉。（音乐伴奏声中，学生分小组读）

师：好听，你们你呼我应的朗读让我感觉到这段文字简直就像一首夏日小情歌。同学们，你觉得排比段带给你最大的好处是什么，你读了有怎样的感觉？

生：我觉得读上去句子更加清晰。

师：更加清晰是因为更有层次感，层次感是因为它一句对应着一句。

生：是的。

师：其实排比段也是一种——

生：（接）对应。

师：你能给它取个名字吗？叫什么对应？

生：排比对应。

对应平衡　转弦弹拨

师：好的，就用这个名字，老师就喜欢用你们的命名。（板书：排比对应）

师：正因为有了这样的对应，刚才的朗读才显得这样有趣，那么如果你现在就是作者，在山中访友的脚步中，你看到的肯定不止这几个朋友，你还会看到其他的朋友，你会怎样地形容他，你又会怎样地和他们打招呼，拿出练习纸，写一写。（大屏幕出示：你好，_____！你_____；你好，_____！你_____；你好，_____！你_____；你好，_____！你_____。）

（学生写话，师巡视）

师：好，你看到了哪位好朋友？

生1：你好，美丽的天鹅！你在水中游动，婀娜的舞姿多么引人入胜。

师：（笑着）你看我像美丽的天鹅吗？哦，你不是说我，我还以为你在说我。

生2：你好，美丽的蝴蝶！你又在空中跳着绚烂的舞蹈吗？

师：哦正是跳着快乐的舞蹈来迎接老朋友的到来。

生3：你好，可爱的小松鼠！你那灵巧的身子好像一个影子在树林里穿梭。

师：是的，我的身手是多么敏捷。

生4：你好，五颜六色的蝴蝶！你在那树林中翩翩起舞，是邀我与你一起跳舞吗？

师：我是想你与我一起共舞。

生5：你好，美丽的百合！你小而艳丽，摇摇摆摆，是想与我合影吗？

师：（笑）我虽小，但我要告诉你，我的老朋友，野百合也有春天哩！

生6：你好，挺拔的松树！你挺立在那陡峭的悬崖之上，那一定有不错的风景吧。

师：是的，我挺拔在悬崖之处，恰恰体会到高处不胜寒，还好你每年都会来看我，我感到一丝欣慰。

生7：你好，可爱的松鼠！你在松枝间跳来跳去，是要和我比赛吗？你好，美丽的蝴蝶！你在空中跳着舞，是多么美丽。

师：哦，谢谢你的夸奖。

生8：你好，坚硬的岩石！你宁愿河水敲打在身上，但却无怨无悔。

师：真不错，当场能写成这样，让肖老师非常惊喜！

驻足小憩，比画动作对应之美

师：这第三个脚印中的景色的确美丽，那么还有四个脚印中的景色又如何呢？请大家再任意挑选一个脚印，读读里面的文字，感受其中的美丽画面。（生自读其他四个脚印中的文字）

师：（指名一生）你喜欢哪一个脚印？

生：我喜欢第四个。（生读：捡起一朵落花，捧在手中，我嗅到了大自然的芬芳清香；拾一片落叶，细数精致的纹理，我看到了它蕴含的生命的奥秘，在它们走向泥土的途中，我加入了这短暂而别有深意的仪式；捧起一块石头，轻轻敲击，我听见远古火山爆发的声浪，听见时间隆隆的回声）

师：我非常喜欢你读这段话时的感觉，虽然读错了两个字，但无伤大雅。

师：你为什么喜欢这个脚印？

生：因为这一段同样也是排比段，我喜欢排比段的简洁，非常舒服。

师：你跟排比段有个美丽的约会。好，我们来默读这段话，你把视线从排比段中移开，聚焦到句子中的动作，把这些动词圈出来。（生默读，圈动词）

师：（指名一生）好的，非常快，请你回答。

生：捡、捧、嗅、拾、数、看、捧、敲、听。

师：你一下子就找全了。仔细看，这些动词有什么样的关系？

师：（继续引导）这些动词能否全部打乱？

生：不可以。

师：请你把这些动词按顺序填在九宫格中。（生在练习纸的九宫格上填写这些动词的位置）

对应平衡　转弦弹拨

师：（指名一生）请你来说，你怎么填的？

生：捡—捧—嗅

　　拾—数—看

　　捧—敲—听

　　（根据学生答案，大屏幕逐个出示这些动词）

师：填对了，你为什么要这样填呢？

生：我是按着它的顺序填的。

师：这些动作能否随意调换？

生：不能。

师：原来，动作隐含着对应的关系，这叫什么对应？

生：动作对应。

师：（板书：动作对应）来，请三个同学，读出三组动作之间的对称之美，
　　另外的同学可以跟着做做动作。（三生分组读，教师随机指导朗读，注
　　意"隆隆"的变调）

师：咱们一起来读读这一段话。（生齐读）

雷雨突袭，感叹夸张对应之美

师：你还喜欢哪个脚印？

生：我喜欢雷雨。

师：请你读。（生激动地读：忽然，雷阵雨来了，像有一千个侠客在天上吼
　　叫，又像有一千个醉酒的诗人在云头吟咏）

师：在你读的时候，我对你有个地方的朗读特别感兴趣，那就是"像有一千
　　个侠客在天上吼叫，又像有一千个醉酒的诗人在云头吟咏"，能否读出
　　气势来？（生齐读）

师：很显然，这是个什么句——

生：（接）比喻句。

师：它还是——

生：夸张句。

师：既然是夸张的，那我把这个句子改一下："忽然，雷阵雨来了，像有一千个侠客在天上吼叫，又像有一万个醉酒的诗人在云头吟咏。"好不好？既然是夸张，用"一千个"和用"一万个"都可以呀？（有学生说好，有学生说不好，指名一生）

生1：不好，太夸张了。如果夸张适当是好的，太夸张了反而对描写起到反作用，不具体。

师：模模糊糊不是一种美吗？

生2：我举个例子，"我的房间太小了，一群蚂蚁到里面都觉得拥挤"和"我的房间太小了，一只蚂蚁到里面都觉得拥挤"，我觉得过于夸张反而觉得不现实。

师：哦，你的意思是一千还可以接受，一万就不现实了。

生3：我觉得一千和一万觉得差距太大了。

师：哦，你觉得一千和后面的一千应该是——

生3：对应的。

师：这是什么对应？

生3：夸张对应。

师：原来这还是一种对应，就连夸张也讲究对应，作者真的是有心了。（板书：夸张对应）我们来读好两个"一千"，读出气势。

（生齐读）

老桥如旧，捕捉句词对应之美

师：这是雷雨的脚印，还有两个脚印，你喜欢哪一个？

生1：我喜欢古桥。（生读：啊，老桥，你如一位德高望重的老人，在这涧水上站了几百年了吧？你把多少人马渡过对岸，滚滚河水流向远方，你弓着腰，俯身凝望着那水中的人影、鱼影、月影。岁月悠悠，波光明灭，泡沫聚散，唯有你依然如旧）

师：你为什么喜欢这个脚印？

生1：作者把老桥比作德高望重的老人，我觉得很形象。

师：你还看到一座怎样的老桥？

生2：我看到了一座虽然很老却依然宏伟的桥。

师："宏伟"似乎有些欠妥当，"宏伟"一般形容的是南京长江大桥、珠江大桥。你看到的是一座怎样的老桥？

生3：为人民服务的老桥。

生4：不怕风吹雨打、历经风霜的老桥。

生5：默默伫立近郊的老桥。

生6：历经磨砺的老桥。

师：这段话最后一句话连续出现了几个很好的四字词语，用笔画下来，读一读。拿出练习纸，我们来听写这四个词语。（依次听写：岁月悠悠、波光明灭、泡沫聚散、依然如旧）

（校对正误）

师：我们再返回到这段话中去，你去找一找，哪里在写岁月悠悠？哪里在写波光明灭、泡沫聚散？哪里在写依然如旧？（生画句子）

生1："啊，老桥，你如一位德高望重的老人，在这涧水上站了几百年了吧。"这句话说的是"岁月悠悠"。

师：几百年的春夏秋冬、年复一年、冬去春来，那就是岁月悠悠。

生2："你把多少人马渡过对岸，滚滚河水流向远方。"这里说的是波光明灭。

师：你看，滚滚河水流向远方的时候，肯定是波光明灭的，激起的泡沫是聚散两分的，还有个地方也是泡沫聚散——

生3：你弓着腰，俯身凝望着那水中的人影、鱼影、月影。

师：人影、鱼影、月影随着波光忽明忽暗，随着泡沫忽聚忽散，那就是泡沫聚散。哪个地方在写依然如旧？

生4：弓着腰，俯身凝望。

师：是的，这就是依然如旧，让我们用朗读走进老桥的春夏秋冬——（音乐：久石让《母亲》起）

师：（引）春暖花开，杨柳依依，伴着鸟语花香，我踏上幽径，独自去访问我的朋友。那座古桥，是我要拜访的第一个老朋友——（生接读本段）

师：（引）炎炎夏日，暑气蒸腾，听着知了叫声，我踏上幽径，独自去访问我的朋友。那座古桥，是我要拜访的第一个老朋友——（生接读本段）

师：秋高气爽，落叶飘零，闻着桂花香气，我踏上幽径，独自去访问我的朋友。那座古桥，是我要拜访的第一个老朋友——（生接读本段）

师：三九严寒，涧水冰封，迎着凛冽寒风，我踏上幽径，独自去访问我的朋友。那座古桥，注定是我要拜访的第一个老朋友——（生接读本段）

师：很有意思，在一段话中，前面的文字用来解释后面的词语，后面的词语用来总结前面的句子，并且一一对应，这又是一种对应，我们把它叫作什么对应呢？

生：句词对应。（师板书：句词对应）

人树嬗变，领悟想象对应之美

师：正因为对应，我们刚才的朗读才走过了老桥的春夏秋冬、岁月悠悠，还有一个脚印，（指名一生）好，请你来说。

生："走进这片树林，鸟儿呼唤我的名字，露珠与我交换眼神。每一棵树都是我的知己，它们迎面送来无边的青翠，每一棵树都在望着我。我靠在一棵树上，静静地，仿佛自己也是一棵树。我脚下长出的根须，深深扎进泥土和岩层；头发长成树冠，胳膊变成树枝，血液变成树的汁液，在年轮里旋转、流淌。"

师：读得非常流利，有一句话，我非常感兴趣。我们一起来读一下，我们似乎会因为这句话而想起三年级时学过的一个神话故事。我脚下长出的根须，读——

对应平衡　转弦弹拨

生：（接读）我脚下长出的根须，深深扎进泥土和岩层；头发长成树冠，胳膊变成树枝，血液变成树的汁液，在年轮里旋转、流淌。

师：你想到了我们曾经学过的哪个神话故事？

生：（齐）盘古开天地。

师：这段话文字很特别，把树和人——

生：对应在一起了。

师：把头发和树冠对应，把胳膊和树枝对应，把血液和汁液对应，这又是什么对应？

生：物我对应。

合：回揉文字，品味回归自然纯真之美

师：就这样，沿着作者的脚印，我们结识了一个个山中的朋友，领略了一幅幅山中的画面，让我们连起来，用朗读把每个脚印里的景色串联起来：
（音乐：班得瑞《清晨》响起）鸟鸣声声，微风满怀，露水搅拌着纯洁的栀子花香。我带着满怀的好心情，踏上幽径，独自去访问我的朋友。那座古桥，是我要拜访的第一个老朋友——

生：啊，老桥，你如一位德高望重的老人，在这涧水上站了几百年了吧？你把多少人马渡过对岸，滚滚河水流向远方，你弓着腰，俯身凝望着那水中的人影、鱼影、月影。岁月悠悠，波光明灭，泡沫聚散，唯有你依然如旧。

师：走进树林，我靠在一棵树上，静静地，仿佛自己也是一棵树了——

生：我脚下长出的根须，深深扎进泥土和岩层；头发长成树冠，胳膊变成树枝，血液变成树的汁液，在年轮里旋转、流淌。

师：继续往森林深处走，这林中的一切，哪个不是我的朋友？我热切地跟它们打招呼——

生：你好，清凉的山泉！你捧出一面明镜，是要我重新梳妆吗？你好，汩汩

的溪流！你吟诵着一首首小诗，是邀我与你唱和吗？你好，飞流的瀑布！你天生的金嗓子，雄浑的男高音多么有气势。你好，陡峭的悬崖！深深的峡谷衬托着你挺拔的身躯，你高高的额头上仿佛刻满了智慧。你好，悠悠的白云！你洁白的身影，让天空充满宁静，变得更加湛蓝。喂，淘气的云雀，叽叽喳喳地在谈些什么呢？我猜你们津津乐道的，是飞行中看到的好风景。

师：走累了，我停下脚步——

生：捡起一朵落花，捧在手中，我嗅到了大自然的芬芳清香；拾一片落叶，细数精致的纹理，我看到了它蕴含着生命的奥秘，在它们走向泥土的途中，我加入了这短暂而别有深意的仪式；捧起一块石头，轻轻敲击，我听见远古火山爆发的声浪，听见时间隆隆的回声。

师：忽然，雷阵雨来了——

生：像有一个个侠客在天上吼叫，又像有一千个醉酒的诗人在云头吟咏。

师：是的，天黑了，归鸟声声，晚风阵阵，我该回家了，轻轻地我走了，正如我轻轻地来，我挥一挥衣袖，带回满怀的好心情、好记忆，还带回一路月色。同学们请看黑板上的板书，现在在你已经有了一个重大的发现，出现在你眼前的就是《山中访友》这篇文章最大的特色——

生：对应。

师：晨出，露水栀子花裹着好心情；晚归，带回好心情、好记忆和一路月色，这叫——

生：首尾对应。

师：老桥，词语扩散成美丽的倒影，这叫——

生：句词对应。

师：树林，人依照盘古似的衍变成美丽的神话，这叫——

生：物我对应。

师：山谷，琳琅满目的朋友摇曳成五线谱搬的平衡，这叫——

221　对应平衡　转弦弹拨

生：排比对应。

师：停歇，虔诚的动作惊人相似，这叫——

生：动作对应。

师：雷雨，就连夸张也如此工整，这叫——

生：夸张对应。

师：一篇文章，从头至尾、从内到外、从词到句、从段落到篇章、从想象到夸张都一一对应，我不禁还是要问：这是一种巧合，还是李汉荣先生的匠心所在？

生：匠心所在。

生：也可能是巧合吧，不知他其他的文章会不会也是这样呢？

师：让我们走进他2013年最新创作的一篇散文中去看看……（大屏幕出示：菜地里的葱一行一行的，排列得很整齐很好看。到了夜晚，它们就把月光排列成一行一行；到了早晨，它们就把露珠排列成一行一行；到了冬天，它们就把雪排列成一行一行。被那些爱写田园诗的作家们看见了，就学着葱的做法，把文字排列成一行一行。后来，我那种地的父亲看见书上一行一行的字，问我：这写的是什么？为啥不连在一起写呢？多浪费纸啊？我说：这是诗，诗就是一行一行的。我父亲说：原来，你们在纸上学我种葱哩，一行一行的。——节选自李汉荣2013年的散文《远去的乡村》）

师：自由读读这个片段，找一找里面有没有对应？

生：几乎全是对应：反复出现了"一行一行"，夜晚对应月光，早晨对应露珠，冬天对应雪，作家对应诗歌，等等。

师：这篇散文中还有一段话……（大屏幕出示：屋梁上那对燕子，是我的第一任数学老师、音乐老师和常识老师。我忘不了它们。我至今怀念它们。它们一遍遍教我识数：1234567；它们一遍遍教我识谱：1234567；它们一遍遍告诉我，一星期是七天：1234567。——节选自李汉荣2013

散文《远去的乡村》）

师：有没有对应？

生：有。1234567是对应，数学老师对识数，音乐老师对识谱，常识老师对七天。

师：你们喜欢这样的文字吗？

生：喜欢。

师：是呀，在李汉荣的笔下，老桥、树、鸟儿、露珠、山泉、溪流、瀑布、悬崖、白云、云雀、落花、落叶、石头、雷雨、葱、月光、雪、燕子等都一一对应，如诗如画，他好像跟对应有一个春天的约会。有人问李汉荣，您写文章的灵感从何而来？想听听李汉荣的回答吗？

生：想。

师：李汉荣微微一笑说：（大屏幕出示："说起灵感，每次写作，如果在夜晚，我就走出屋，在空旷宁静的地方，仰望头顶璀璨的星空，聆听银河无声的波涛，想象宇宙无穷的黑暗……我静静地呼吸着大自然的气息，我就会有一种回归于自然与纯真的幸福洋溢。然后，我开始诉说，我便有了意想不到的灵感。"）

师：你想说什么？你认为李汉荣能写出这么好的文章，灵感来自于哪里？

生1：喜爱大自然。

生2：回归星空的灵感。

生3：是大自然赐予了他写作的灵感。

师：是的，来自于自然，原来大自然和作者也应该是——

生：（接）融和的。

师：融和也是一种对应，这叫——

生：人与自然的对应。（板书：人与自然对应）

对应平衡　转弦弹拨

画里有画　画外有画

2014年10月19日至12月18日，我有幸跟随深圳市福田区教育局第五期海培（英国）班前往大不列颠及北爱尔兰联合王国，进行为期两个月的学习。从东半球飞跃万里来到西半球，在大西洋沿岸的这座美丽的岛国驻足学习，一切是那么新鲜，一切是那么诗意，一切是那么流连。我是边走边写的，写自己在英伦的所见所思，也写我日日怀念的江南。我是边写边唱的，我唱起邓丽君的《漫步人生路》："在你身边路虽远未疲倦，伴你漫行一段接一段，越过高峰另一峰却又见，目标推远让理想永远在前面……"

我的写作是恣意的，我下笔时并不是为了要给什么人看，只是为了心有所感，自然要倾诉。我把自己旅英的文字结集为《荡舟英伦》。后来，我以文集中的景物描写为教学资源，执教了《用文字拍照》一课。这是诗画习作的扬帆之旅，就像一泓清泉缓缓流至师生心间，为学生带来诗情画意的慰藉。景里有景、画里有画；景外有景、画外有画。每一处风景不能边走边忘，每一处风景都值得用文字拍照，记录最真实的心情。诗画习作渴望在习作的路上有感而发，不为技巧，只为心情，只为用真情的文字来为沿途的风景美美地拍照。

一、画里——景里有景，画里有画

为了教会学生领悟"画里画"的写作技法，教师出示了一段范文：

"清晨的伦敦市郊，雨点在滴答，冬季的风越过森林，红叶丛中掀起阵阵浪的微涛，涟漪向更远处漫溯，风浪在晨曦中折射出连绵的节奏，那

动静、起伏、错落、收放、疏密、留白、回旋、
明暗、突降、突转、层进、回环、轮回、婉言、
取舍、顺递、详略、点面、内外、立破、张弛、
曲直、合分、荡漾、往今、通感、停走、迂回、
一三、三一、梦实、首尾、你我、聚散、和谐……

节奏不温不火，汨汨流动。森林中有一摊碧水，就那样镶嵌在无边的绿毯中央，一些不知名的水草和野花在初冬时节依然绽放着，那紫茵茵的花蕾在露珠的装扮下，显出使人怜爱的样子。几只水鸟在水洼的那头梳理羽毛，它们优雅的身姿在一片白色小花的掩映下，顶起一头攒动的精灵。草坪沿着湖边蔓延，轻轻地踩着，发出簌簌的声音，那声音软绵绵的，偶尔传来林中的鸟鸣，和着脚底的簌簌声，恍若来到另一个世界。初阳升起，在一片绿色的屏障中，野生的苹果树显得很特别，它们的枝头结满了小小的果实，果实呈现出橙色的笑容，倔强地扎在空中，像孩子不愿离开母亲的怀抱。信步漫游于林间，在苹果树下斜倚，听鸟儿晨语，看远方绿浪，闻果实香甜，任冬风拂面，让晨曦满怀。"

师：请用简单的词语概括每句话中你看到的照片。

生：……

师：苹果树、鸟儿、绿浪、果实、冬风、晨曦……没想到短短的一段话中尽然隐藏着这么多张照片，我自己想想也是醉了！把这些照片按照文字的结构摆放一下，摆成一座文字的"小房子"，你就会有一个用文字拍照技法的重大发现，你发现了什么？

（课件出示排列后的文字"小房子"）

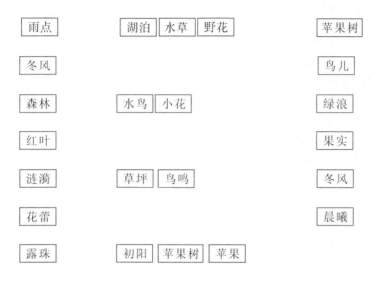

师：谁发现了这里面有一个最大的拍摄技巧？

生：我发现这些图片都是有关系的，它们都可以串在一起，它们串在一起就可以构成一幅幅动画，就像在看动画片一样。

师：太聪明了！是呀，就像用真实的相机拍照一样，随着镜头的推拉收放、忽远忽近、层层推进，咔、咔、咔，一张照片连着一张照片，大照片里套着中照片，中照片里套着小照片，小照片里套着……

生：小小照片。

师：那叫迷你照片，一张张地呈现出来。用文字拍照也一样，景中有景、画中有画，是一种很好用的技法。

教师以虔诚的心将自己的文字打碎成盖房子的砖块，盖起一座文字的"小房子"，让学生观察，原来盖文字的房子需要如此多的砖块。不难发现，习作指导课的话语情景是执教者精心设计的一个大大的暗喻。不言自明，"用文字拍照"是一个"喻体"，它的本体就是"景物描写"。那么，所谓"景中有景、画中有画"的"文字拍照法"，其本体又该对应怎样的

"景物描写的方法"？执教者没有言明。从课堂内容分析看，它应该是指多种景物联合组成一个和谐的画面，它强调构思中的整体与部分的关系，强调铺陈的细节，也关注写作的顺序，所谓"移步换景"。在移步换景中，诗画作文的课堂呈现出"柳暗花明又一村"般的节奏快感。

二、画外——景外有景、画外有画

为了教会学生领悟"画外画"的写作技法，教师出示了一段范文：

"伦敦塔桥横跨在泰晤士河两岸，高高的塔梁牵引着长长的锁链，锁链牢牢地牵引着下方的桥身，阳光从塔桥的桥顶斜射进桥身里面。阳光像长了脚似的，满桥里跑着，从桥身里射进去然后从桥踩口里再次逃出来，整座桥像一只充了气的气垫船，在泰晤士河上漂着。行走在塔桥上，隐隐地感觉到桥身随着你的脚步在微微起伏，瞬间产生一种幻觉，这应该是在一条船上，不是在一座桥上。此时的泰晤士河已经脱掉她黯蓝色的天丝内衣，裸露出天蓝色的肌肤，一浪一浪地朝桥墩这边涌过来。河水亲吻桥墩的声音并不热烈，站在桥面上，你听，那声音是轻轻柔柔的，窸窸窣窣的，间间或或的，宛若松针滴落草丛，犹如繁星坠落银河，好似冬雪簌落大地。阳光从塔桥的一角透过云层的夹缝射进桥身，此时的太阳像一个漏斗任凭霞光从缝隙中流出。光亮被云层折射成无数条射线从圆心向四周射出来，投射到塔桥幽深的桥身上，那些光亮的线直插桥身，好像塔桥被利剑射中，在河面上摇摇欲坠了。此时的天空，让人无限惊讶的是，在几乎与太阳平行的天幕上，就在塔桥的另一侧的天空上，竟挂着一轮圆月，她借着从太阳身上借取的那一点光芒，温柔地凝望着塔桥，还有塔桥下面的千年长河。"

师：为了让这段文字的纹理更加清晰地展现在大家面前，我同样愿意把它们一句话一句话的打开，同样请用简单的词语概括每句话中你看到的照片。

师：文字就是一座"小房子"，只是搭建的方式不同而已。比如，这样搭，你同样会有一个用文字拍照技法的重大发现，你发现了什么？（课件出示排列后的文字"小房子"）

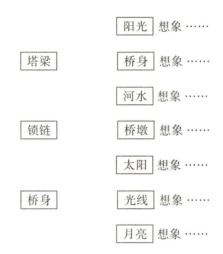

	阳光 想象……
塔梁	桥身 想象……
	河水 想象……
锁链	桥墩 想象……
	太阳 想象……
桥身	光线 想象……
	月亮 想象……

　　师：这些照片后面都拖着一个飘逸的尾巴，那都是想象的景象，你认为这是一种什么技法？

　　生：如果说《清晨》的技法是景中有景、画中有画的话，那么《搭桥》这个技法应该叫作——景外有景、画外有画。

　　师：这一招，厉害！真实的相机远远做不到，凭借想象，文字还能拍摄到画外之画、景外之景，超管用的！

　　"景外有景、画外有画"，很容易看出，这是指写作中的联想与想象，是艺术里的虚实相生。令人想到中国传统美学的"言外之意""味外之旨"。景物描写中，我们在此时此地所见之景是实的，由眼前所见实景生发联想、想象而得的彼时彼地之景是虚景。它是艺术手法中的亮点，依赖于阅读和写作实践，是妙手偶得，也是艺术修养的积淀。至此，带着诗意与哲思，执教者带着学生，完成了所有关于景物描写技法的构建。

　　画里、画外，是诗画语文对言语节奏的自觉皈依，当作如是观。

人生就像一场旅行

师：有这么一句广告词，挺有意思的，我们一起来读一读。（大屏幕出示：人生就像一场旅行，不必在乎目的地，在乎的，是沿途的风景，以及看风景的心情）

生：（齐读）人生就像一场旅行，不必在乎目的地，在乎的，是沿途的风景，以及看风景的心情。

师：联系你的每次旅行，读读这句话，你觉得味道在哪里？

生：我觉得这句广告词的味道在第一个分句，人生就像旅行一样，不管遭遇困难还是得到奖励，这都是人生。

师：一个人踏上了一场旅行，当车辆慢慢行驶，车窗外不一样的风景映入眼帘，那就是人生。不错，还有其他想法吗？

生：人生就像一场旅行，在乎的不是结果，而是经过以及心情。

师：自己经过的风景化为自己的一种心情、一种情感。很不错，还有吗？

生：人生就像一场旅行，还可以像一场比赛。在乎的不是结果，而是在这个过程中你是否快乐。

师：快乐是我们人生当中的一种心情，一种状态。带着体会到的心情，再读这句话。

生：（齐读）人生就像一场旅行，不必在乎目的地，在乎的，是沿途的风景，以及看风景的心情。

师：同学们，在旅行中，最直接的能够记下沿途风景的方法是什么？

生：（齐答）拍照。

师：其实，记录风景的方式有多种，就像摄影家选择用相机拍照一样，画家则会选择用画笔拍照，作家自然会选择——

生：（齐答）用文字拍照。（板书：用文字拍照）

师：是的，有人说，世界上最好的相机就是作家的文字，因为用文字拍照，既能记下风景又能记下看风景时的心情。

透过开满鲜花的文字

师：去年，老师去了英国旅行，我写了一本书叫作《荡舟英伦》，在《荡舟英伦》的书稿里，我首次尝试用文字拍照，历经了一次奇妙的写作之旅。今天，我怀着激动的心情，特意为大家带来了我旅英的文字照片，一共十组，分别是：清晨、冬雨、郊外、天空、河流、田园、乡村、城堡、塔桥、海滩……（大屏幕依次出示十组文字照片）

师：现在请大家分成十个学习小组，每一个同学拿到的是肖老师的同一个文字照片。这些文字照片拍得咋样呢？我愿意为大家随机朗读一组，大家先来感受一下，譬如第一组——清晨：

（大屏幕出示，教师配乐朗读）

清晨的伦敦市郊，雨点在滴答，冬季的风越过森林，红叶丛中掀起阵阵浪的微涛，涟漪向更远处漫溯，风浪在晨曦中折射出连绵的节奏，那节奏不温不火，汩汩流动。森林中有一摊碧水，就那样镶嵌在无边的绿毯中央，一些不知名的水草和野花在初冬时节依然绽放着，那紫茵茵的花蕾在露珠的装扮下，显出使人怜爱的样子。几只水鸟在水洼的那头梳理羽毛，它们优雅的身姿在一片白色小花的掩映下，顶起一头攒动的精灵。草坪沿着湖边蔓延，轻轻地踩着，发出簌簌的声音，那声音软绵绵的，偶尔传来林中的鸟鸣，和着脚底的簌簌声，恍若来到另一个世界。初阳升起，在一片绿色的屏障中，野生的苹果树显得很特别，它们的枝头结满了小小的果实，果实呈现出橙色的笑容，倔强地扎在空中，像孩子不愿离开母亲的怀抱。信步漫游于林间，在苹果树下斜倚，听鸟儿晨语，看远方绿浪，闻果实香甜，任冬风拂面，让晨曦满怀。

师：这就是伦敦的清晨，这就是我拍的文字照片，还有冬雨、郊外、天空等等。你听完之后有什么感受，随便说一说。

生：我听完之后觉得伦敦的清晨非常宁静，而且还很美。

师：带给你的是一种非常宁静的状态，很好。

生：我的感觉也是，听起来特别的宁静，心里也特别宁静。而这种状态是心灵的最高境界。

师：真厉害，你认为这种宁静的状态，是"我"在写作这篇文章时最高的状态。现在，请大家拿出你手中的文字照片，自己读一遍，再互相读一遍给小组内的同学听，一边读一边透过文字去想象背后的照片，并揣摩"我"当时的心情，然后把你透过文字看到的照片在小组内交流一下。

（学生小组内学习、交流，教师参与其中）

师：文字照片一共有十组，每一组又由若干照片组成，其内存不亚于一部专业数码相机。我看到大家读得很认真，讨论得也很热烈。我相信，大家透过文字看见了一幅又一幅的照片，我们一起来交流一下：透过文字，你看到了怎样的照片？猜猜"我"当时有怎样的心情？

生：我看到了伦敦的河流，河道不宽，河水发蓝，蓝得发黑，像墨一样被倒在成排的枫的夹缝中，走近一看，那墨却又是极其清澈而又明亮的。我看到了伦敦的水是非常蓝的。

师：你猜想一下，当肖老师看到如此蓝得像墨一样的水，就倾泻在伦敦市郊的时候，"我"当时的心情会是怎样？

生：应该是十分开心吧。

师：是的，很开心，我现在能通过你的猜测回想起当时的心情，还有其他的吗？

生：我读了《田园》的第2自然段，青色的地面点缀着点点的白，那是飞鸟的身影……我就仿佛看到了青色的地面上，以及飞过的飞鸟给清一色的草地绣上了秀丽的图案。

画里有画 画外有画

师：你试想一下，当肖老师脚踩像地毯一样青色的大地时，突然之间，头顶上白色的飞鸟的倒影浸在青色的草地当中，那一点白的时候，我的心情会是怎样的？

生：应该是非常开心的。

师：是的，我除了开心也只能开心了（全班大笑），还有吗？

生：我还看到了这样的画面，在伦敦，一排排哥特式的建筑群就那样若隐若现地在你眼前，感觉非常神秘。

师：对呀，当一排排哥特式的城堡，通过初阳折射出影子，出现在我的眼前的时候，我的心情又是怎样的？

生：你会有点好奇。

师：我有点神秘，我有点好奇。点点的记忆，在你的猜测当中逐渐清晰，还有吗？

生：在伦敦还下了软绵绵的冬雨，在这斜织的雨丝中，你无须遮伞，你任凭雨丝笼罩，在落叶铺满的小径上信步，能洗却满身的疲惫和漂泊。因为在冬天的时候下的雨肯定是软绵绵的，不会像是在夏天的时候，下的雨是那么大，还会打雷。

师：当伦敦软绵绵的冬雨，透过我不太厚的夹克，扫在我脸颊上的时候，你认为我当时的心情会是怎样的？

生：会觉得非常惬意。

师：很惬意的感觉。那是在异国他乡、异国他乡的雨、异国他乡的风，我此刻能够回味我当时的心情。好，同学们，我们先把手放下，如果这样说，说一节课也说不完，看来，旅行中用文字拍照既能记下风景又能保存看风景时的心情，真好！而且不管什么时候，我们一起来读、一起来回味，都能回味起当时看风景的心情。

把文字放在显微镜下

师：那么同学们，你们想不想尝试一下，用文字拍照？

生：（齐）想。

师：那必须先揣摩揣摩用文字拍照的小窍门，是以老师提供的这十组文字照片为样稿，在小组内，各自先默读静思：老师是怎样用文字拍照的？有哪些窍门？静思默想，边想边批注，把你体会到的方法批注在文字的旁边。

（学生批注）

师：小组内把你的发现说给同学听听，看看同学之间有没有相同的发现，那叫英雄所见略同；最重要的是倾听别人的发现，请相信三人行必有我师焉。小组内充分交流，然后确定一条大家认为最重要的发现，等会儿代表你们组在全班交流。

（学生交流）

师：现在，我们来进行全班交流，凭借你们小组手中的那组文字照片，经过小组内的充分讨论交流，用文字拍照的窍门，你们小组最重要的一条发现是什么？

生：我手中的是《冬雨》，我觉得首先是心情好，没有烦心事可以让您体验得更好一些，从而写得更高一些。

师：她直接就从整幅照片中看出，要用文字拍照，首先要心情好，才能拍得出来这么好的文字。说得不错，但能不能再仔细一点、细致一点说说具体我拍这个文字照片用到了什么办法？

生：我觉得您写作的时候，用到了很多比喻和拟人的句子。

师：哦，你手中的是？

生：《城堡》。

师：你看到了很多比喻、拟人的句子，这个可能是用文字拍照一个比较通用的办法。非常好，这是她发现的。你发现了什么？

生：我的是《塔桥》，在《塔桥》第5自然段中，形象地描写出河水拍打桥墩的声音，老师就是用了排比的方法和其他词语，生动、形象地描写出它的特点。

师：我用了排比的方法及大量词语描写河水拍打桥面的声音，从而产生一种堆砌感，让文字产生声音，这恐怕也是用文字拍照的一种非常好的办法，还有吗？继续。

生：我觉得用文字拍照法，比较重要的方法应该是想象。

师：那你手中是哪一幅照片？

生：我手上的是《郊外》。

师：你能把那个句子找出来读一读吗？

生：枫树的背后是一望无垠的草坪，那种成片的绿，油油地泼洒，伴着清晨露珠的点缀，使人遐想在这一片绿海下，是否隐藏着另外一个世界。

师：是呀，肖老师在拍摄这组照片时，我尽力地在想象。恐怕想象也是文字拍照的又一个好办法。非常棒，老师非常喜欢你们，因为你们思考问题渐入佳境了。

生：我手上的是《河流》，我发现在这里有一个，肖老师是运用了对偶。

师：（惊奇状）哪里？

生：时而在湖面上翻滚，时而落在湖水中游弋。我觉得这句，肖老师生动、形象地展现了它们的顽皮。

师：是呀，我用了"时而……时而……"，并且海鸥飞翔起来的波纹给人的感觉和河水涌动起来的波纹融合在一起。恐怕这种方式，也是用文字拍照的一个比较好的方法。

生：我手上的也是《河流》，老师用了由远及近的方法写的。河道不宽，河水发蓝，蓝得发黑，像墨一样被倒在成排的枫的夹缝中，走近一看，那墨却又是极其清澈而又明亮的。这里就是先写了远处看到的河水是黑色的，走近一看墨却又是极其清澈而又明亮的，写出了河水很清澈。

师：真好，原来用文字拍照还要讲究拍照的先后顺序。就像我写河流一样，远看像墨一样，走近一看，又是那么的清澈。一步一换景，是用文字拍照的又一个很好的办法。

生：我特别喜欢肖老师写的《乡村》的第2自然段，溪水是冰凉的清澈，卵石是随意的沉积，落叶是顺流的奔跑，溪鱼是诡秘的背影，老树是斜倚的守望……这可以读出一种画面感，能让人内心平静，从而体会到用文字拍照的乐趣。

师：原来用文字拍照，还要让人感觉到一种乐趣所在，比如：溪水是……卵石是……落叶是……溪鱼是……老树是……，就产生了一种节奏的荡漾感。她虽然没有说到肖老师的这个层面，但是我知道她读出了身心的快感。确实是，好的文字会带给人一种身心的快感。

生：我的是《清晨》，在第2自然段中，一些不知名的水草和野花在初冬时节依然绽放着，那紫茵茵的花蕾在露珠的装扮下，显出使人怜爱的样子。在这里肖老师使用了突出重点的方法，而不是左写一下，右写一下。

师：我重点写了什么？

生：重点写了水草和野花，在初冬的时候还是在开放。

师：原来用文字拍照，你还要突出重点。这就像我们用真实的相机拍照一样，要把自己要突出的景物放大。用文字拍照也一样，如果我们能把重点突出，就能留下美好的画面。非常棒，同学们你们都是一个个小鉴赏家呀，你们说的这些小窍门，其实我在写的时候根本没有想到，经过你们这么一分析，我还真觉得是那么回事儿，你们给了我信心，我可不可以把它称为——肖氏文字拍照法？

生：（齐）同意！

把文字搭成一座小房子

师：谢谢你们！为了让"肖氏文字拍照法"更加清晰地浮出水面，我们不妨随机抽取两组照片，把文字放大，看看里面的纹理。

画里有画　画外有画

清晨——景里有景、画里有画

师：比如，还是《清晨》这个片段：（大屏幕出示）

①清晨的伦敦市郊，雨点在滴答，冬季的风越过森林，红叶丛中掀起阵阵浪的微涛，涟漪向更远处漫溯，风浪在晨曦中折射出连绵的节奏，那节奏不温不火，汩汩流动。

②森林中有一摊碧水，就那样镶嵌在无边的绿毯中央，一些不知名的水草和野花在初冬时节依然绽放着，那紫茵茵的花蕾在露珠的装扮下，显出使人怜爱的样子。

③几只水鸟在水洼的那头梳理羽毛，它们优雅的身姿在一片白色小花的掩映下，顶起一头攒动的精灵。

④草坪沿着湖边蔓延，轻轻地踩着，发出簌簌的声音，那声音软绵绵的，偶尔传来林中的鸟鸣，和着脚底的簌簌声，恍若来到另一个世界。

⑤初阳升起，在一片绿色的屏障中，野生的苹果树显得很特别，它们的枝头结满了小小的果实，果实呈现出橙色的笑容，倔强地扎在空中，像孩子不愿离开母亲的怀抱。

⑥信步漫游于林间，在苹果树下斜倚，听鸟儿晨语，看远方绿浪，闻果实香甜，任冬风拂面，让晨曦满怀。

师：为了让这段文字的纹理更加清晰地展现在大家面前，我愿意把它们一句话一句话的打开，请用简单的词语概括每句话中你看到的照片。

师：第一句话，你看到了哪几幅画面？

生：我看到了伦敦的森林。

师：森林。还看到了什么？

生：我看到了滴答的雨点。

师：好，你看到雨点。还看到了什么？

生：我看到了伦敦的风拂过草地。

师：你看到了伦敦的风拂过草坪。还看到了什么？

生：我看到清晨的鸟儿在梳理羽毛。

师：你看到了鸟儿经过了一个晚上的休息，早上透过初阳在梳理羽毛。还看到了什么？

生：我还看到了镶嵌在绿毯中央的碧水。

师：原来第一句话中有：雨点、冬风、森林、红叶、涟漪。那么，第二句话，你看到了什么？

生：我看到了很多不知名的水草和野花，在初冬的时候，还是在绽放。

师：你看到了水草和野花。还看到了什么？

生：我还看到那含着露水的紫茵茵的花蕾。

师：紫茵茵的花蕾，原来第二句话中有：湖泊、水草、野花、花蕾、露珠。第三句话，还有哪些？

生：白色的小花和几只水鸟。

师：还看到有哪些？

生：我还看到了一只精灵。

师：（好奇）什么精灵？

生：攒动的精灵。

师：攒动的精灵，其实那是一只鸟。第三句话，其实有：水鸟、小花。第四句话呢？

生：我看到了初阳升起。

师：你看到了初阳升起的画面。你还看到了什么？

生：我还听到了鸟鸣声。

师：鸟鸣声，定格的画面？你还看到了什么？

生：我听到了脚跟地面摩擦的簌簌声。

师：他还听到了簌簌声。原来第四句话中有：草坪、鸟鸣。第五句话呢？

生：我还看到了苹果树。

师：苹果树当然是看到了。你看到了什么？

生：我看到了初阳升起的画面。

师：有初阳，有苹果树，以及结出的苹果。最后一句话，有哪些？

生：鸟儿的鸣叫。

生：我还闻到了果实的香味。

师：苹果树、鸟儿、绿浪、果实、冬风、晨曦……没想到短短的一段话中竟然隐藏着这么多张照片，我自己想想也是醉了！（全班大笑）把这些照片按照文字的结构摆放一下，摆成一座文字的"小房子"，你就会有一个用文字拍照技法的重大发现，你发现了什么？

（课件出示排列后的文字"小房子"）

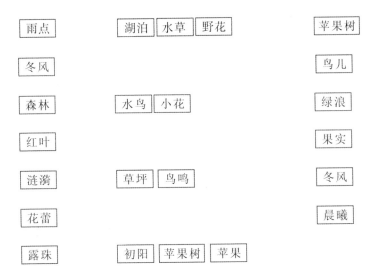

师：谁发现了这里面有一个最大的拍摄技巧？

生：我发现这些文字无论怎么组合都像有很多幅画面在我眼前晃动。

师：文字能折射出画面，太神奇了！

生：我发现这些景物是一个连着一个的，很有动感。

师：是的，动感，多好呀！

生：我发现这些图片都是有关系的，它们都可以串在一起，它们串在一起就可以构成一幅幅动画，就像在看动画片一样。

师：太聪明了！是呀，就像用真实的相机拍照一样，随着镜头的推拉收放、忽远忽近、层层推进，咔、咔、咔，一张照片连着一张照片，大照片里套着中照片，中照片里套着小照片，小照片里套着……

生：小小照片。

师：那叫咪咪照片（全班大笑），一张张地呈现出来。用文字拍照也一样，景中有景、画中有画，是一种很好用的技法。（板书：景中有景　画中有画）

塔桥——景外有景、画外有画

师：我们再来看一幅，譬如——《塔桥》：（大屏幕出示）

①伦敦塔桥横跨在泰晤士河两岸，高高的塔梁牵引着长长的锁链，锁链牢牢地牵引着下方的桥身，阳光从塔桥的桥顶斜射进桥身里面。

②阳光像长了脚似的，满桥里跑着，从桥身里射进去然后从桥跺口里再次逃出来，整座桥像一只充了气的气垫船，在泰晤士河上漂着。

③行走在塔桥上，隐隐地感觉到桥身随着你的脚步在微微起伏，瞬间产生一种幻觉，这应该是在一条船上，不是在一座桥上。

④此时的泰晤士河已经脱掉她黯蓝色的天丝内衣，裸露出天蓝色的肌肤，一浪一浪地朝桥墩这边涌过来。

⑤河水亲吻桥墩的声音并不热烈，站在桥面上，你听，那声音是轻轻柔柔的，窸窸窣窣的，间间或或的，宛若松针滴落草丛，犹如繁星坠落银河，好似冬雪簌落大地。

⑥阳光从塔桥的一角透过云层的夹缝射进桥身，此时的太阳像一个漏斗任凭霞光从缝隙中流出。

⑦光亮被云层折射成无数条射线从圆心向四周射出来，投射到塔桥幽深的桥身上，那些光亮的线直插桥身，好像塔桥被利剑射中，在河面上摇摇欲

　画里有画　画外有画

坠了。

　　⑧此时的天空，让人无限惊讶的是，在几乎与太阳平行的天幕上，就在塔桥的另一侧的天空上，竟挂着一轮圆月，她借着从太阳身上借取的那一点光芒，温柔地凝望着塔桥，还有塔桥下面的千年长河。

师：为了让这段文字的纹理更加清晰地展现在大家面前，我同样愿意把它们一句话一句话地打开，同样请用简单的词语概括每句话中你看到的照片。第一句话，你看到了哪些照片？

生：阳光。

师：阳光。你说？

生：桥身。

师：哦，塔梁、锁链、桥身，这是第一句话。那么第二句话中，你还看到了什么？

生：阳光。你看到了什么？

生：河流。

师：你呢？

生：古老的塔桥？

师：那第四句呢？

生：浪花。

师：第五句呢？

生：河水撞击桥墩。

师：对，是桥墩。第六句话呢？

生：太阳光。

师：好的。第七句话呢？

生：河面当中的光亮。

师：文字就是一座"小房子"，只是搭建的方式不同而已。比如，这样搭，你同样会有一个用文字拍照技法的重大发现，你发现了什么？（课件出示排列后的文字"小房子"）

	阳光	想象……
塔梁	桥身	想象……
	河水	想象……
锁链	桥墩	想象……
	太阳	想象……
桥身	光线	想象……
	月亮	想象……

师：这些照片后面都拖着一个飘逸的尾巴，那都是想象的景象，你认为这是一种什么技法？

生：如果说《清晨》的技法是景中有景、画中有画的话，那么《搭桥》这个技法应该叫作——景外有景、画外有画。（板书：景外有景　画外有画）

师：这一招，厉害！真实的相机远远做不到，凭借想象，文字还能拍摄到画外之画、景外之景，超管用的！

你站在桥上看风景

师：由于时间关系，还有几组我的文字照片，我们就不一一放大了。现在属于你们的时间到来了，回忆自己记忆深处珍藏的一处景致，或许是你曾经的一次旅行中遗漏的画面；或许是你童年五彩缤纷的一个画面；或许是你每天遇见只是你从来没有留意的画面……来，拿起你心中的照相机，融入自己当时守候画面时的心情，用文字拍下这些照片。

（学生准备动笔写作）

师：为你给大家用文字拍照创造点氛围，我想为你读一首诗（配乐）：感谢收听Be My Guest为你读诗。今天，我为你读的是，著名诗人卞之琳的《断章》——你站在桥上看风景，看风景的人在楼上看你。明月装饰了你的窗子，你装饰了别人的梦。你可以尝试"景中有景、画中有画""景外有景、画外有画"的技法，让你的风景装饰我们的梦。

（学生动笔写作10分钟）

看风景的人在楼上看你

师：来吧，让你的风景装饰我们的梦吧，把你拍到的风景展示出来。小组内互相展示文字照片，读给同组的同学听，让同学说说他透过你的文字看见的照片，并互相交流一下各自拍文字照片的技法。每组推荐一个同学，等会儿在全班展示照片。（学生小组交流）

师：你拍了怎样一组照片，把它们展示出来吧，同学们认真听，透过他的文字你看见了哪几张照片？你学到的拍摄技法是什么？

生：走进西湖，浮在眼前的是一片片荷花丛，每一朵荷花都绽放出可爱的笑脸，空气中还弥漫着淡淡的清香，蜻蜓在荷花上飞舞着，让我不禁想起了一句诗："小荷才露尖尖角，早有蜻蜓立上头。"鱼儿在水中唱着动听的歌曲，好像在给跳舞的蜻蜓伴奏呢！这真是一首既和谐又美妙的乐曲呀！微风拂面，湖面上散起了一道又一道的涟漪，迎面吹来的风使我们神清气爽。微风过后，湖面依然是那么的水平如镜。一群鸟儿从树顶掠过，在空中自由自在地翱翔。一眼望去，西湖真像一个七彩圣地啊！西湖的风景看也看不尽，说也说不完，就等你来细细游赏。

师：拍的是西湖，拍的是我家乡的景色。透过他的文字你看见了哪几张照片？

生：我看见了荷叶连连、蜻蜓嬉戏、鸟儿飞翔的照片。

师：你学到的拍摄技法是什么？

生：画外有画——蜻蜓在荷花上飞舞着，让我不禁想起了一句诗："小荷才露尖尖角，早有蜻蜓立上头。"鱼儿在水中唱着动听的歌曲，好像在给跳舞的蜻蜓伴奏呢！这真是一首既和谐又美妙的乐曲呀！

师：真好！

生：晴朗的夜空里，星光闪烁，我被这密密麻麻的繁星深深地陶醉了。深蓝色的夜空，一望无际，星罗棋布的星星向我调皮地眨着眼睛。也许星星不比太阳光芒万丈，也不比月亮明亮，它只是那萤火虫发出的一闪闪的光芒。但星星是可爱的，它时不时向你眨眨眼，好似在跟你对话呢。巨大的黑幕上，别着一颗颗星星，正因为有了它们，天空才会变得生趣，充满了无穷的遐想与神秘。星星犹如大海面上无数的航明灯，照亮了前进时的迷茫；星星犹如颗颗珍珠，洒在广阔的天幕上；又好似一张渔网，收获了儿童的喜爱；星星好似一个清澈的眸子，偷偷地窥视雪白的大地……黑色的幕布下，星星散发着它那独有的光芒，展现着它那扑朔迷离、若隐若现的情态，是那样的唯美，那样的神秘，让我为之震撼，为之陶醉……

师：啊，这是浩渺的星空，美，透过他的文字你看见了哪几张照片？

生：密密麻麻的星星、眨眼的星星、若隐若现的星星……

师：这是一架神奇的相机，竟然能拍下夜晚如此美丽的星空，你学到的拍摄技法是什么？

生：她的最大技法就是景外有景——犹如……犹如……犹如……

师：所以我说这是一架神奇的相机。

生：一朵朵的白云，好似棉花一般搭在蔚蓝的天空上面，触到天边的富士山犹如盖在一层白色的棉被下面。山顶仍有积雪，就好像戴着一层雪白的面纱，让人猜不出它的真实面貌。她披着黑色的衣裳，戴着雪白色的面纱，触摸着蔚蓝的天空，但她似乎还在沉睡。蔚蓝的天空，好像是平静的湖水，虽然看起来远在天边，但又好像近在眼前。富士山犹如一个沉睡中的巨人，好像随时都有可能醒来。富士山上的阳光撒在路上，给道路披上一层金色的衣裳。此时的富士山，有一种说不出来的美。

师：这如梦如幻的富士山呦，你在拍下这些文字照片的时候心情怎样？

生：激动而惊奇的。

师：你用的拍摄技法是什么？

生：我主要用的是移步换景的方法，也就是"肖氏文字拍照法"中的景中有景、画中有画，白云、天空、积雪、阳光、道路、湖水……

师：大家能透过文字看见她拍的照片吗？

生：（齐）能！

生：白云悠悠，白帆点点，潮来潮去间，翡翠蓝色的大海环抱着珍珠白般的沙滩，那里每一颗沙子宛若人鱼公主的眼泪。纯净得像清泉一样；柔软得像羽绒一样；细腻得像皮肤一样。跟它绝配的无疑就是青蓝色的大海，那大海犹如一颗无瑕的蓝宝石，冰蓝的、半透明的，太阳使它折射出了耀眼的光芒，把天空映衬得格外的湛蓝。海滩上的人影、海洋里珊瑚礁的影子，仿佛都是用来点缀的饰品。小鱼的世界是丰富多彩的，各种各样的，有些鱼像船帆一样披着三角形的衣服；有些鱼又像蝴蝶一样在海中舞蹈；有些鱼就像是一根利箭要把东西刺穿似的。小鱼的泳姿也是多姿多彩、各有不同的，有的就像是裁缝手中的绣针在一块蓝色的布上穿梭；有的又像是水中的漂浮物，活像一个个小精灵。原来海底还有那么一个多姿多彩的世界！

师：这是哪里的海滩？

生：香港。

师：多么神奇的海滩呀，透过他的文字你看见了哪几张照片？

生：太多了！白云、白帆、沙子、海面、人影、珊瑚礁、小鱼……

师：他拍照的技法有哪些？

生：他把"肖氏文字拍照法"的两个绝密武器都用了，纯净得像清泉一样；柔软得像羽绒一样；细腻得像皮肤一样……有些鱼像船帆一样披着三角形的衣服；有些鱼又像蝴蝶一样在海中舞蹈；有些鱼就像是一根利箭要把东西刺穿似的……这是景外有景；白云、白帆、沙子、海面、人影、珊瑚礁、小鱼……那多多照片串联在一起，这又是景中有景了。

一切景语皆情语

师：感谢你们装饰了我们的梦，大家借助我的文字照片揣摩出一些技法，并把这些技法尝试运用到自己的文字拍照中去，于是，就诞生了那么多张生动、多彩的照片，大家也是蛮拼的！现在，想想我当时创作的这些文字照片，还是觉得蛮有意义的。

师：可是，有一个问题我一直纳闷，就是一开始我提到的，我在写这些文字的时候，压根儿就没有考虑过什么技法呀，什么方法呀，纯粹是有感而发，纯粹是被景致打动了，所以我不得不写，我不得不记，我当时根本没有考虑什么写作技法。你写作时有过同样的体验吗？

生：（七嘴八舌）有！

师：有人问巴金，您写作的最大技巧是什么？你们知道巴金怎么回答吗？

生：（疑惑）不知道。

师：巴金说，我最大的技巧就是——没有技巧！对于巴老的回答，你想说什么？

生：我觉得巴金说得很有道理，我曾经看过一部动画片，主人公经过千辛万苦找到宝葫芦里藏着的武功秘诀竟然是一张白纸，也许跟巴金说的一样，真正好的东西在心里，不是外在的。

师：哇，太厉害了！

师：那么，我想问，用文字拍照，最重要的到底是什么呢？（大屏幕再次出示：人生就像一场旅行，不必在乎目的地，在乎的，是沿途的风景，以

画里有画 画外有画

及看风景的心情）

生：是心情，是心境，是情感，是情绪。

师：我们一起再读这句广告词——

生：（齐读）人生就像一场旅行，不必在乎目的地，在乎的，是沿途的风
景，以及看风景的心情。

师：同学们，用文字拍照，最重要的是心情，是情感，是情思，所谓一切景
语皆情语（板书：一切景语皆情语），一旦融入了自己的心情和情感，
你眼中的景色就活了，景色装饰了你心灵的窗子，你的文字照片自然也
就装饰了别人的梦……

写意挥洒　工笔细描

2015年，诗画习作推出《用文字画画》。当诗画作文与中国画相遇后，课堂呈现出水墨画般的美感。诗画作文的母语血缘来自王维的"诗中有画，画中有诗"，由王维的诗作入手启动诗画作文的课堂大幕，课堂的文化脐带带有鲜明的诗画特征。小语教材中有多篇涉及文字和画面的题材，师者惊奇地发现，这些作品中，谈及的作画技法是如此的相似：浓墨涂抹、工笔细描；绿色渲染、轻笔细描；挥笔速写、墨线勾勒……这些中国画作画技法的词语引起了诗画作文的极大兴趣，原来，这就是中国画技法中的两大门派——写意和工笔。其实，写作也罢，画画也罢，无非就是将写意和工笔调节到最佳的点，或写意，或工笔，或既写意又工笔。诗画作文与中国画，再配上邓丽君的《诗意》："一个女孩名叫诗意，心中有无数秘密。因为世上难逢知己，她必须寻寻觅觅，她以为她脸上没有露出痕迹，在她的脸上早已经写着孤寂……"诗情画意，其乐融融。

一、写意——写意之法，挥洒人生

任何一项言语技能（技巧）在一开始的时候都需要反复的修炼，诗画作文当然需要技巧、技法，而这种技法恰恰来自于学生们的语文学习本身。语文教材的通篇整合能力是诗画作文师者的基本要求，师者要有宏观的视角和跳出教材看教材的能力。人教版小语教材中有多篇涉及文字和画面的题材：《画家与牧童》《鱼游到了纸上》《草原》《一幅名扬中外的画》等等，师者惊奇地发现，这些作品中，谈及的作画技法是如此的相似：浓墨涂抹、工笔细描；绿色渲染、轻笔细描；挥笔速写、墨线勾勒……这些中国画作画技法的词语引起了诗画作文的极大兴趣，哦，原来，这就是中国画技法中的两大门派——写意和工笔。

师：若用写意、工笔的名义去观察老舍的文字画作——草原：（大屏幕出示：在天底下，一碧千里，而并不茫茫。四面都有小丘，平地是绿的，小丘也是绿的。羊群一会儿上了小丘，一会儿又下来，走在哪里都像给无边的绿毯绣上了白色的大花。那些小丘的线条是那么柔美，就像只用绿色渲染，不用墨线勾勒的中国画那样，到处翠色欲流，轻轻流入云际。——人教版小学语文五年级下册《草原》节选）是写意，还是工笔？

生：写意。

师：哪里看出来是写意？

生：……

师：是呀，你看，从小丘到平地到羊群，一下子又到天空了。同学们，你看，远远的，我们跟随着老舍来到了草原，在很远很远的地方看到了小丘，看到平地突然之间出现了羊群，羊群一下子上来，一下子又下去，这时镜头再次拉远，他看到了小丘的线条，他又看到了天空中的云也被草地染绿了。这是一幅多么美、多么大气的写意之画。

师：看来用写意的方法作画，我们要不要追求精致、技巧？

生：不要。

师：用写意之法作画，一般会把镜头拉成远焦，要让景物一大片一大片地进入你的画面当中来，让这幅画显得非常大气，这就是写意文字作画的技巧。同学们，其实每位同学都是天生的写意文字的画家，你相信吗？

生：（基本上都举手）

师：请拿起笔来，请你运用写意的手法，不用精细，只用潇洒大气的手法涂抹景物的轮廓，描绘一幅储存在你的记忆中的画面，现在请你花几分钟时间用文字把它写意地画下来。

其实，写作也罢，画画也罢，无非就是将写意和工笔调节到最佳的点，或写意，或工笔，或既写意又工笔。譬如，写意，就如用相机拍照，采用远焦的视角，扫描景物的轮廓，记录景物的起伏，就像中国画中的泼墨、涂抹、点缀。这些技法，无论是摄影的，还是作画的，说到底，也是写作的。于是，诗画作文让孩子们运用写意的手法描写画面，激起了他们大脑芯片中贮存的记忆，恰好在对的时候找到了对的手法，于是，一幅幅写意文字画作流泻纸上，透过文字则是一幅幅活灵活现的写意中国画。

二、工笔——工笔之技，陶冶性情

大气过后必将细腻，诗画作文极好地把握着课堂节奏。在诗画作文课堂上，师者使出浑身解数，想方设法地打通文字与画面的通道。我们让学生拿着心中的照相机，透过文字的肌理，去拍摄背后的一幅又一幅画面，而后又从一幅又一幅画面中返回到文字的中间地带，细细地咀嚼，静静地品尝……于是，在诗画作文课堂上，少的是外在的形式，多的是文字与画面的亲密互现。在这样的往返穿行之中，诗画作文呈现出鲜明的节奏感。

师：尝试了写意之法，那么与之对应的就是工笔之道了。我们三年级时学过一篇文章叫《一幅名扬中外的画》，里面有这样一段：（大屏幕出示：张择端画这幅画的时候，下了很大功夫。光是画上的人物，就有五百多个：有从乡下来的农民，有撑船的船工，有做各种买卖的生意人，有留着长胡子的道士，有走江湖的医生，有摆小摊的摊贩，有官吏和读书人……三百六十行，哪一行的人都在这上面了。走在街上的，是来来往往、形态各异的人：有的骑着马，有的挑着担，有的赶着毛驴，有的推着独轮车，有的悠闲地在街上溜达。画面上的这些人，有的不到一寸，有的甚至只有黄豆那么大。别看画上的人小，每个人在干什么，都能看得清清楚楚。最有意思的是桥北头的情景：一个人骑着马，正往桥下走。因为人太多，眼看就要碰上对面来的一乘轿子。就在这个紧急时刻，那个骑马人一下子拽住了马笼头，这才没碰上那乘轿子。不过，这么一来，倒把马右边的两头小毛驴吓得又踢又跳。站在桥栏杆边欣赏风景的人，被小毛驴惊扰了，连忙回过头来赶小毛驴……你看，张择端画的画，是多么传神啊！——人教版小学语文三年级上册《一幅名扬中外的画》节选）

师：这是作家把张择端的《清明上河图》的局部用文字画下来。如果说中国画有花鸟、有山水、有人物，这是一幅什么画？

生：人物画。

师：是写意，还是工笔？

生：工笔。

师：哪里看出来是工笔？

生：……

师：我们都玩过智能手机，我们要看清楚手机中的一幅画，可以用手指把画面不断地拉大，画面就清晰了。这段文字，就好似弹开看手机中的画面，我们先看见画面中人物有三百六十行，好热闹；为了看清这些行当的人在干什么，作者拉近焦距，我们看见了形态各异的人；这些人到底各自在干什么呢？作者再次拉近焦距，于是我们看见一个骑马的人即将撞上一乘轿子，吓坏了一头小毛驴……活灵活现呀，北宋到现在那么多年过去了，这篇文字让我们好像生活在当时的汴梁城，在那里游玩，仿佛你就在小毛驴的旁边，还差一点就被小毛驴踢了一脚。

生：（学生笑）

师：这就是典型的文字工笔，追求细致，追求精致，层层剥笋。同学们，其实每位同学都是天生的工笔文字的画家，你相信吗？

生：（全体举手）

师：请拿起笔来，运用工笔的手法，以精致、细腻的笔法描绘一幅储存在你的记忆中的画面。

以上教学环节以工笔之法观之，是极细腻和入微的。就如张择端画《清明上河图》，当以显微镜观察其纹理。写作当然需要细腻，而关键是怎样细腻？于是描写《清明上河图》的一段文字画作给了学生们样板，照着作者那样去画，像玩智能手机一样，把画面一点点地拉大，里面的肌理就呈现了出来。这样的指导，极具形象而又历历在目，学生们喜闻乐道。

写意、工笔，是诗画语文对言语节奏的自觉皈依，当作如是观。

❧《用文字画画》教学实录

诗中有画　画中有诗

师：唐朝有一位大诗人、大画家，名叫王维，字摩诘。宋朝的苏东坡非常仰慕王维，他曾经写诗表达自己品味王维诗画之后的感想，诗句是这样的，我们一起来读一读：（大屏幕出示：味摩诘之诗，诗中有画；观摩诘之画，画中有诗。——苏东坡评王维《蓝田烟雨图》）

生：（齐读）味摩诘之诗，诗中有画；观摩诘之画，画中有诗。

师：摩诘，是王维的字号，《蓝田烟雨图》是王维的一幅画，画上配了他亲笔题写的诗，苏东坡看了，发出了这样的感慨——（再读）

生：（齐读）味摩诘之诗，诗中有画；观摩诘之画，画中有诗。

师：什么意思，知道吗？

生：品味摩诘的诗，诗里面有画；观赏摩诘的画，画中有诗。

师：根据字面理解，确实讲了这样的意思。你来说一下。

生：品尝、咀嚼摩诘的诗句，可以想象得出当中美丽的画面；细腻地揣摩摩诘的画，可以从画中体会到诗的意境。

师：我非常喜欢品尝、咀嚼的用词，你现在品尝到的不是美食而是诗、是文字，用词很好。

师：王维的诗真的可以作画吗？你相信吗？我们不妨来吟诵几首王维的诗句。

写意挥洒　工笔细描

（大屏幕出示：明月松间照，清泉石上流。——王维《山居秋暝》）

生：（齐诵）明月松间照，清泉石上流。

师：眼前看见了怎样的画面？

生：我看到了明月映照着夜空下的松树，泉水在青石上轻轻地流着。

师：明月夜，短松冈，疏影婆娑，几处卵石，一泓清泉，叮咚叮咚。这是这句诗带给我们的画面。

师：我们接着往下看，一起来吟诵他的第二首诗。

（大屏幕出示：月出惊山鸟，时鸣春涧中。——王维《鸟鸣涧》）

生：（齐读）月出惊山鸟，时鸣春涧中。

师：你眼前又看见了怎样的画面？

生：我看到皎洁的月亮出来以后，山里的鸟儿看到了以后感觉非常惊讶，时不时地在春涧上鸣叫。

师：静夜春山，万籁俱寂，皎月升起，涧水东流，鸟儿纷飞，唧啾唧啾。这是这句诗带给我们的画面。

师：我们再看他的第三首诗。

（大屏幕出示：大漠孤烟直，长河落日圆。——王维《使至塞上》）

生：（齐读）大漠孤烟直，长河落日圆。

师：又看到了怎样的画面？

生：我看到了在大漠之中有一缕孤烟直上而去；在长河边上远远的太阳落下来。

生：我看到在辽阔的沙漠上有一缕炊烟直入青天，在远处的河岸边，太阳和它水中的倒影在慢慢地落下。最终，天空中的太阳和水中的倒影重合慢慢地落下、消失，茫茫大漠变成了茫茫的黑暗。

师：茫茫大漠，一线狼烟，迢迢长河，落日浑圆，孤雁落单，呜咽呜咽。这是王维这句诗带给我们的画面。

师：原来，文字真的可以画画，王维真的可以用文字来画画。是的，就像摄影家选择用相机画画，画家选择用画笔画画，作家则会选择——

生：（齐）用文字画画。（板书：用文字画画）

师：是的，有人说，世界上最好的画笔就是作家手中的文字，因为用文字画画，既方便又可以长久保存。你知道王维的诗距离现在有多少年了吗？

生：一千多年吧。

师：唐代距离现在一千三百年左右。王维也会画画，可是非常遗憾，他现存于世的画作一幅也没有。但是王维的这些诗作将永远地保存下去，这就是用文字画画的魅力。

每个人都是天生的文字画者

师：同学们，其实肖老师也是一名文字画者，只不过是没有王维画得那么精彩。我是一位流浪者，我的家乡在江南的小河旁，现在却漂泊在岭南的大海边。有时候，我会思念家乡。当这种思念达到极致的时候，我就开始画画，用文字画画。在我的腾讯微博里保存了我用文字画的一幅又一幅思乡之画。今天，我特意为大家带来了其中的一幅画作——夜：（大屏幕出示：江南的夜浸润着冬的别致。运河两岸的楼阁轻巧地安身于雾气深处，窗棂里投射出黯淡的灯火。河心的石板桥斜斜地躺着，任凭三两个行人悠然地行走。远处夜行的船只发出幽怨的机鸣声，船板上偶尔的狗吠惊动了夜空上的星星。踱步，引一身诗意于怀，零落的冬雨奇妙的味道沁入心脾，身心是难以承受的生命流连。——夜·节选自肖绍国的腾讯微博）我想为大家朗诵一下，可以吗？

师：（朗读）江南的夜浸润着冬的别致。运河两岸的楼阁轻巧地安身于雾气深处，窗棂里投射出黯淡的灯火。河心的石板桥斜斜地躺着，任凭三两个行人悠然地行走。远处夜行的船只发出幽怨的机鸣声，船板上偶尔的狗吠惊动了夜空上的星星。踱步，引一身诗意于怀，零落的冬雨奇妙的味道沁入心脾，身心是难以承受的生命流连。

写意挥洒　工笔细描

生：（不约而同鼓掌）

师：当掌声自然响起的时候其实就是对文字画者最大的鼓舞，你们觉得我画得怎么样？

生：很好！

生：好极了！

生：妙极了！

师：好极了、妙极了，这其中的滋味只有你自己知道，你佩服肖老师吗？

生：佩服！

师：你羡慕肖老师吗？

生：羡慕！

师：你崇拜肖老师吗？

生：崇拜！

师：（笑着说）你不用佩服老师，不用羡慕老师，更不用崇拜老师，其实每个人都是天生的文字画者。从你开始写作的那天起，你早已在用文字画画了。只是没有人告诉你，你是一名文字画者。今天，肖老师就告诉你，你就是一名文字画者，你相信吗？相信的同学举一下手。

生：（半信半疑）相信、不相信。

师：不信？让我们现场来验证一下。请拿起笔来，我们来进行第一次练笔。给大家两三分钟的时间，用你潜在的用文字作画的本领，描绘出一幅你自己印象深刻的画面。要求必须是自然界中真实的画面，现在请用寥寥数笔把它勾勒出来。

（学生第一次动笔写作）

师：现在我们来交流一下，凭借你潜在的文字作画的本领，在这么短的时间当中，你画出了一幅怎样的文字画作？

生：记得老家的那条清澈的小溪。每次走在小溪中的石头上时，隐约可以看到几条小鱼聚在一起嬉戏玩耍。看到有小鱼我就非常兴奋，我会随手捧起一汪清泉，有时候运气好，里面还有几条惊慌失措的小鱼，随着我手一松，看着它们迅速地消失在溪水里。

师：你画得不错，你是一位画家。

师：你还画了什么？

生：我画的是公园里的桂花。

师：好，开始。

生：漫步在公园里的鹅卵石上，一缕花香扑面而来，带给我的是味觉上的极致体验。哦。原来那是公园里的桂花开了，那芳香的味道萦绕在我的心头，使我久久不能忘怀。

师：你的这幅画非常奇妙，你这幅画恐怕王维都画不出来，因为你画的是味道。你们知道吗？味道是只能文字画出来的，你还不是一名画家吗？

生：（全班鼓掌）

师：你是天生的文字画家，你相信吗？

生：相信。

师：我们再来交流一位。

生：我写的是家乡的油菜花。

师：你的家乡在哪里？

生：江西。

师：江西婺源吗？

生：江西新余。

师：好，开始吧！

生：家乡的油菜花盛开的时候，到处都是金黄色的，犹如一片片金色的海洋，吸引了许许多多的游客来到这里嬉戏玩耍。漫步金黄的海洋中，让蜜蜂引路，凭花香寻觅，使人有李清照笔下误入"藕花深处"的感觉。

师：是呀，大片的金色的海洋，光这句话就能激起我们每个人脑海中的画面和想象。你的文字让我想到了我们四年级学过的一篇课文，琦君的《桂花雨》，还记得吗？你的文字风格和她的文字如出一辙，所以你也是一名文字画家。

师：好，所以，同学们，你们都是天生的文字画者，现在相信的举手。

生：（部分学生举手）

师：举手的人多了，但是还有一些孩子不相信自己是天生的文字画者，没事，等等你肯定觉得你是文字画家。

中国画创作的两大技法

师：同学们，虽然我们每个人可能与生俱来都具有用文字画画的潜能，但是天赋对于每个人是不一样的。像王维成为"诗佛"，那他的天赋当然高。我们如果想要成为比较优秀的文字画者，我们还需要修炼什么？就像练武一样，我们还需要修炼什么？

生：技法、套路、技巧。

师：是的，我们要想成为一名比较优秀的文字画家，就要修炼笔上的功夫，修炼用文字作画的技巧。有时候，我们初学一样东西，永远绕不过"技巧"这两个字。

师：其实，在小语教材早就给出了用文字画画的技巧，我们来看一下：

（大屏幕出示：传说有一次戴嵩的好朋友请他作画。画什么呢？戴嵩沉思片刻，决定画一幅《斗牛图》。他一会儿浓墨涂抹，一会儿轻笔细描，很快就画成了。围观的人看了，纷纷夸赞。——人教版小学语文二年级下册《画家和牧童》节选）这是我们二年级学习的一篇文章，大家还记得吗？

生：记得。

师：我们一起来读一读。

生：（齐读）传说有一次戴嵩的好朋友请他作画。画什么呢？戴嵩沉思片刻，决定画一幅《斗牛图》。他一会儿浓墨涂抹，一会儿轻笔细描，很快就画成了。围观的人看了，纷纷夸赞。

诗画语文就是节奏语文。「诗画」二字已非语文教学内容或者风格的某种标举，「诗画」二字之所以相通相融，完全是因为「诗」与「画」的灵魂就是「节奏」。

师：好的，这里面有两个词是指作画技巧的，请把它找出来。

生：浓墨涂抹、轻笔细描。

师：（板书：浓墨涂抹　轻笔细描）

师：这两种画法，它们的主要区别在哪里？

生：浓墨涂抹就是很粗犷，轻笔细描是描写得非常细腻，一个小细节都会描写到。

师：是的，细致的极点就是粗犷，粗犷的极点就得细致，事物总是在不断发展变化中的。

师：我们继续看，在小语教材中还有一课也告诉了我们作画的技巧：

　　（大屏幕出示：我挤过去一看，原来是那位青年在静静地画画。他有时工笔细描，把金鱼的每个部位一丝不苟地画下来，像姑娘绣花那样细致；有时又挥笔速写，很快地画出金鱼的动态，仿佛金鱼在纸上游动。——人教版小学语文四年级下册《鱼游到了纸上》节选）

　　这是我们四年级时学过的一篇课文《鱼游到了纸上》，里面有一段话，我们来读一下。

生：（齐读）我挤过去一看，原来是那位青年在静静地画画。他有时工笔细描，把金鱼的每个部位一丝不苟地画下来，像姑娘绣花那样细致；有时又挥笔速写，很快地画出金鱼的动态，仿佛金鱼在纸上游动。

师：这里面也有两个词是描写画画技法的，找出来。

生：工笔细描、挥笔速写。

师：（板书：工笔细描　挥笔速写）

师：这两种画法有何区别？

生：一个是画得很快，一个是画得很慢。

师：哪个是画得慢？

生：工笔细描。

师：哪一个画得快？

　写意挥洒　工笔细描

生：挥笔速写。

师：哪一个潇洒？

生：挥笔速写。

师：哪一个细致？

生：工笔细描。

师：我们继续看大屏幕：

（大屏幕出示：在天底下，一碧千里，而并不茫茫。四面都有小丘，平地是绿的，小丘也是绿的。羊群一会儿上了小丘，一会儿又下来，走在哪里都像给无边的绿毯绣上了白色的大花。那些小丘的线条是那么柔美，就像只用绿色渲染，不用墨线勾勒的中国画那样，到处翠色欲流，轻轻流入云际。——人教版小学语文五年级下册《草原》节选）

这是我们五年级时学过的一篇课文《草原》，里面有一段话，我们一起来读一下。

生：（齐读）在天底下，一碧千里，而并不茫茫。四面都有小丘，平地是绿的，小丘也是绿的。羊群一会儿上了小丘，一会儿又下来，走在哪里都像给无边的绿毯绣上了白色的大花。那些小丘的线条是那么柔美，就像只用绿色渲染，不用墨线勾勒的中国画那样，到处翠色欲流，轻轻流入云际。

师：这段话同样有两个描写画画技法的词语，找出来。

生：绿色渲染、墨线勾勒。

师：（板书：绿色渲染　墨线勾勒）

师：这两种画法有何区别？

生：绿色渲染就是直接涂上颜色，而墨线勾勒是先勾勒再涂上颜色。

生：绿色渲染是大块大块地涂抹，很潇洒的；而墨线勾勒是先勾轮廓然后再上色，非常的细致。

师：现在，请看黑板，在这些画画技法中，哪些技法是相近的？用线连接起来。（师生共同在黑板上连线）

浓墨涂抹　　╳　　工笔细描　　╳　　绿色渲染
轻笔细描　　　　　挥笔速写　　　　墨线勾勒

师：其实，这就是中国画的两大技法——写意和工笔。（板书：写意　工笔）
（大屏幕出示：写意，中国画的一种画法，不求工细形似，只求以大气之笔涂抹景物的神态轮廓，抒发作者的情趣。工笔，中国画的一种画法，讲究以精致细腻的笔法细描景物，抒发作者的情趣）我们来一起读一下。

生：（齐读）写意，中国画的一种画法，不求工细形似，只求以大气之笔涂抹景物的神态轮廓，抒发作者的情趣。工笔，中国画的一种画法，讲究以精致细腻的笔法细描景物，抒发作者的情趣。

师：（指着课件上图片）你们看，同样是画荷花，右上角的这幅是写意，大块浓墨涂抹，大块的颜色快速地浸染；而左下角那幅就是工笔细描，先仔细勾勒轮廓，再上色，小心翼翼地描摹每一个细节，工序复杂，这就是中国画两种主要的画法。

写意之法挥洒人生

师：其实，用文字画画用到的也主要是这两种技法。若用写意、工笔的名义去观察老舍的文字画作——草原：（大屏幕出示：在天底下，一碧千里，而并不茫茫。四面都有小丘，平地是绿的，小丘也是绿的。羊群一会儿上了小丘，一会儿又下来，走在哪里都像给无边的绿毯绣上了白色的大花。那些小丘的线条是那么柔美，就像只用绿色渲染，不用墨线勾勒的中国画那样，到处翠色欲流，轻轻流入云际。——人教版小学语文五年级下册《草原》节选）是写意，还是工笔？

生：写意。

师：哪里看出来是写意？

生：老舍写到绿色渲染这个词，我感觉是写意。

师：你注意到他这个词，写意是不求工细形似，只求以大气之笔涂抹景物的神态轮廓，他涂抹了哪些轮廓？

生：他涂抹了草原的轮廓。

师：这个范围太大了，他涂抹了草原上的哪些景物？

生：小丘。

师：是的，四面的小丘是很远很远的，继续。

生：平地。

师：还有平地，从小丘一下子就到了平地，是不是很大气，继续。

生：羊群。

师：哦，平地当中又有羊群，一大朵一大朵羊群。是的，还有吗？谁再来补充，他还描写了哪些景物？

生：天空。

师：是呀，你看，从小丘到平地到羊群，一下子又到天空了。同学们，你看，远远的，我们跟随着老舍来到了草原，在很远很远的地方看到了小丘，看到平地突然之间出现了羊群，羊群一下子上来，一下子又下去，这时镜头再次拉远，他看到了小丘的线条，他又看到了天空中的云也被草地染绿了。这是一幅多么美、多么大气的写意之画。

师：看来用写意的方法作画，我们要不要追求精致、技巧？

生：不要。

师：用写意之法作画，一般会把镜头拉成远焦，要让景物一大片一大片地进入你的画面当中来，让这幅画显得非常大气，这就是写意文字作画的技巧。同学们，其实每位同学都是天生的写意文字的画家，你相信吗？现在相信的人请举手。

生：（基本上都举手）

师：不管信不信，请拿起笔来，我们来进行第二次练笔。请你运用写意的手法，不用精细，只用潇洒大气的手法涂抹景物的轮廓，描绘一幅储存在你的记忆中的画面，现在请你花几分钟时间用文字把它写意地画下来。

（学生第二次动笔写作）

师：现在请你来展示你创作的写意文字画面，请其他同学认真听，我要求从写意的技法的角度去观察他这幅画，他的哪些技法使你欣赏。

生：从悬崖上望去，成排的大树把山谷铺满了；湛蓝的天空中，几朵白云悠闲地盘旋，让人心旷神怡；突然一群大雁扑面而来，给辽阔无垠的天空增添了几分色彩；低头看，映入眼帘的是成群的山羊，它们怡然自得地在低头吃草。羊群随着起伏的山峦，一会儿上去了，一会儿又下来了……

师：谁来从写意技法的这个角度评价一下他这幅画作？仔细观察，你觉得他画得最妙的地方在哪里？

生：我觉得他画得最妙的地方就是山谷、天空、白云、大雁、羊群等画面组合在一起，很大气，跟老舍的《草原》有得一比。

师：是呀，在他的笔下，山谷倒映着天空，天空映照着大地，白云悠悠、羊群自得，好美的一幅写意画卷呀。

师：现在，我们请创造这幅画的同学再次朗读他的作品，我们一句一句的来欣赏。

生：从悬崖上望去，成排的大树把山谷铺满了……

师：这个时候作者站在哪里？

生：他站在悬崖之上。

师：他也许是一名攀岩者，他来到悬崖之上，他这时是俯瞰还是仰望？

生：俯瞰。

师：他看到了什么？他看到成片的大树把山谷一根一根地插满了，这个时候他是在悬崖之上，这个时候他是俯瞰的气势，居高临下，很大气。继续读。

生：湛蓝的天空中，几朵白云悠闲地盘旋，让人心旷神怡；突然……

师：突然之间，他的视角又投到哪里？

生：湛蓝的天空之中去了。

师：几朵白云悠闲地盘旋，"盘旋"一词能否换一下？

生：晚风依恋着窗棂，白云守候着蓝天，我觉得把"盘旋"一词改成"飘荡"比较好。盘旋，一般来说这是暴风雨来临的预兆；而飘荡，则显得悠然自得。

师：真好！白云飘浮在天空上就像是墨滴在宣纸上的感觉，这是纯粹的写意手法，继续。

生：一群大雁扑面而来，给辽阔无垠的天空增添了几分色彩……

师：在白云悠悠的静止画面中，突然，一群大雁打破了这种幽静的感觉，整幅画面好像动了起来，在天空中画出了一个"人"字形线条。你真会画，继续画。

生：低头看，映入眼帘的是成群的山羊，它们怡然自得地在低头吃草。羊群随着起伏的山峦，一会儿上去了，一会儿又下来了……

师：这个时候视角又回到了地面上，羊群点缀着山坡，起起伏伏，像一幅泼墨山水画卷。

生：（鼓掌）

师：你是不是天生的写意画家？

生：是的。

师：好的，我们再交流一幅作品，你来。

生：墨绿的海面，波澜排着整齐的队伍向远方涌动。在洋流扯起的地方墨绿被切割成暗白，像一条巨大的河流镶嵌在海的中央。天空中的阴云从头顶一直向远方于海天交接处拉成一条直线。远远地，从海平面下面鼓起一股巨大的力量，慢慢地，海面像被三棱镜反射一样，海浪和乌云搅拌着诡异曲线在大海上翻滚。

师：这么神奇的一幅画，我建议我们把它摊开到大屏幕上，远远地来欣赏。

（大屏幕实物投影出示学生作品：墨绿的海面，波澜排着整齐的队伍向远方涌动。在洋流扯起的地方墨绿被切割成暗白，像一条巨大的河流镶嵌在海的中央。天空中的阴云从头顶一直向远方于海天交接处拉成一条直线。远

远地，从海平面下面鼓起一股巨大的力量，慢慢地，海面像被三棱镜反射一样，海浪和乌云搅拌着诡异曲线在大海上翻滚）

师：这幅画面，是近焦还是远焦？

生：远焦，很大气的！

师：我想请问作者，你画这幅画用到的主要技法是什么？

生：我主要用的是写意的画法。从大处着手，把镜头推得很远很远，凭直觉把海与天交界处的画面画下来。

师：好一个"凭直觉"！同学们欣赏这幅画作中的哪些"直觉"？

生：我欣赏他的一些用词。比如，涌动、切割、镶嵌、三棱镜、搅拌……这些词语把海面上的波涛汹涌和暗潮涌动很形象地写出来了。

生：我欣赏他的变化。比如，作者先是平视远方看见远方的波浪，巨大的河流；然后抬头描写天空乌云；突然海平面又与乌云交叉在一起……动感十足，变化多端的画面很吸引我。

师：你觉得他是写意画家吗？

生：是。（一起鼓掌）

师：的确，每个人都是天生的写意文字画者。假如，人生是一场旅行，那么，有了写意文字这支画笔，我们就可以潇洒地，边走，边画，边欣赏。

工笔之法陶冶性情

师：尝试了写意之法，那么与之对应的就是工笔之道了。我们三年级时学过一篇文章叫《一幅名扬中外的画》，里面有这样一段：

（大屏幕出示：张择端画这幅画的时候，下了很大功夫。光是画上的人物，就有五百多个：有从乡下来的农民，有撑船的船工，有做各种买卖的生意人，有留着长胡子的道士，有走江湖的医生，有摆小摊的摊贩，有官吏和读书人……三百六十行，哪一行的人都在这上面了。走在街上的，是来来往往、形态各异的人：有的骑着马，有的挑着担，有的赶着毛驴，有的推着独轮车,有的悠闲地在街上溜达。画面上的这些人,有的不到一寸,有的甚至只有黄豆那么大。别看画上的人小,每个人在干什么,都能看得清清楚楚。最有意思的是桥北头的情景:一个人骑着马,正往桥下走。因为人太多,眼看就要碰上对面来的一乘轿子。就在这个紧急时刻,那个骑马人一下子拽住了马笼头,这才没碰上那乘轿子。不过,这么一来,倒把马右边的两头小毛驴吓得又踢又跳。站在桥栏杆边欣赏风景的人,被小毛驴惊扰了,连忙回过头来赶小毛驴……你看,张择端画的画,是多么传神啊!——人教版小学语文三年级上册《一幅名扬中外的画》节选)

师:这是作家把张择端的《清明上河图》的局部用文字画下来。如果说中国画有花鸟、有山水、有人物,这是一幅什么画?

生:人物画。

师:是写意,还是工笔?

生:工笔。

师:哪里看出来是工笔?

生:刻画人物很细致,入微。

师:我们来看看这段文字的细致。这段文字总体上写人物,为了把人物写细致,他是在怎样一步步展开的?

生:先写人物的行当,再写人物的形态,最后写其中一个人,还有一头小毛驴。

师:我们都玩过智能手机,我们要看清楚手机中的一幅画,我们可以用手指把画面不断地拉大,画面就清晰了。这段文字,就好似弹开看手机中的画面,我们先看见画面中人物有三百六十行,好热闹;为了看清这些行当的人在干什么,作者拉近焦距,我们看见了形态各异的人;这些人到底各自在干什么呢?作者再次拉近焦距,于是我们看见一个骑马的人即将撞上一乘轿子,吓坏了一头小毛驴……活灵活现呀,北宋到现在那么多年过去了,这篇文字让我们好像生活在当时的汴梁城,在那里游玩,仿佛你就在小毛驴的旁边,还差一点就被小毛驴踢了一脚。

生：（学生笑）

师：这就是典型的文字工笔，追求细致，追求精致，层层剥笋。同学们，其实每位同学都是天生的工笔文字的画家，你相信吗？现在相信的人请举手。

生：（全体举手）

师：你想不想尝试一下这种作画的方式？请拿起笔来，我们来进行第三次练笔。运用工笔的手法，以精致、细腻的笔法描绘一幅储存在你的记忆中的画面。

（学生第三次动笔写作）

师：现在我们来交流一下你手中的工笔画作。

生：学校体育节出场仪式最有特色的班级当属四年（5）班了，他们代表的是苗族。只见他们排着整齐的队伍，个个面带微笑，领队的老师戴着一顶牛角似的帽子，她的衣服是红色的，衣角红白相间，同学们戴着和老师不同的银帽。男生上身穿花布短袖褂子，下身穿蓬松的长裤，身板笔直，每个人都是那么清爽、帅气；女生穿着火红的花裙，上面有着数不清的银饰，腰间还有一个个小袋子，上面的颜色就如彩虹一般，火红的衣服配上闪亮的银饰，跳起舞来哗啦哗啦地响。

师：这是学校运动会出场仪式的一幕。这是典型的工笔作画，细致入微而又清晰明了。我们一起来欣赏一下，与《一幅名扬中外的画》节选部分比较，有哪些相同的画法？

生：我感觉他的镜头感跟《一幅名扬中外的画》很像：先画一列队伍，再画队伍中的教师、男生、女生。层层剥笋的感觉。

生：我觉得最细致的描写是写女生的文字，从上到下地写，特别是腰间的小袋子，很吸引我，这部分跟《一幅名扬中外的画》写小毛驴很像，很逼真。

生：火红的衣服配上闪亮的银饰，跳起舞来哗啦哗啦地响。这里的画面还有声音，让人身临其境。

师：哦，你听到了哗啦哗啦的声音，马上就会有一个苗族集会画面出现在脑海里。漂亮的帽子，特色的衣服，挂着很多银饰，他们一起跳舞，跳的时候，那声音哗啦啦地在响，这画得多好呀，很细，很巧，真的是活灵活现！

师：你天生就是工笔文字画家（指着作者），你相信吗？

生：相信。

师：再请一位。

生：冬日的海滩，潮汐已经褪去，裸露的海床用柔密的沙子装扮她的床垫。在晨光的投射下，海床和沙床很难分辨，只是水面上停泊着一艘艘白帆，才让你辨别出哪里是水哪里是沙。冬季的风从入海口无声无息地吹进来，海水像是被谁用一把神奇的梳子梳过一样，呈现出一排排整齐细密的光亮发丝，一层层地朝岸边吻过来。

师：这是冬日的海滩，你自认为这幅画，你用到的最大技法是什么？

生：工笔。

师：你能给大家描述一下你的作画过程吗？

生：我这幅画主要写了两个画面，一个是海床，另一个是沙床。在海床和沙床的分割线上画了一艘艘白帆。我重点刻画了海床上风景，把它比喻成用梳子梳过一样。

师：你太会画了！太会比喻了！谁能有那么大一把梳子呀！好形象，好有画面感！

生：我特别欣赏她的最后一句话：一层层地朝岸边吻过来。这个"吻"用得好，感觉海浪和岸边好似一对恋人似的。

师：（大家情不自禁地鼓掌）

师：她是典型的工笔文字画家，她画了一个细腻的海滩，一张温柔的海床，一席软软的沙床，还有那神奇的比喻。毋庸置疑，每个人都是天生的工笔文字画者。其实，人生就是一场旅行，有了工笔文字这支画笔，我们就可以精致地，边走，边画，边欣赏。同学们你们现在相信你是文字画家了吗？相信的孩子举手。

生：（全部举起小手）

渔舟唱晚　诗画交辉

师：（音乐：《山野幽居》响起）原来，艺术都是相通的，中国画的两种技法竟然可以在写作中加以运用，写出的文字居然有如此美妙的画面感，也难怪宋朝的苏东坡欣赏了王维的诗画后发出这样的感慨——（大屏幕出示："味摩诘之诗，诗中有画；观摩诘之画，画中有诗。"——苏东坡评王维《蓝田烟雨图》）我们再来齐读这句话。

生：（齐读）"味摩诘之诗，诗中有画；观摩诘之画，画中有诗。"

师：现在，再来体会这句话，你对这句话有了怎样的新的理解？

生：细细地品味王维的诗，观察他的文字，你的脑海中会浮现出一幅画，看着这幅画又会联想起他的文字。

师：是呀，这一来一去，这一去一来，原来是那么的有趣。那么，诗和画，到底是怎样的关系呢？

生：说不清，道不明。

生：我认为它们的关系是诗中有画，画中有诗。

师：我国现代著名美学家宗白华关于诗与画的关系有一种观点——（大屏幕出示：诗中有画，而不全是画；画中有诗，不全是诗。——宗白华《美学散步》）我们来一起读一下。

生：（齐读）"诗中有画，而不全是画；画中有诗，不全是诗。"

师：关于诗中有画、画中有诗（板书：诗中有画　画中有诗）也许需要我们每个人用一辈子来细细品尝，就像我们读《红楼梦》，我们少年的时候读、青年的时候读、中年的时候读、老年的时候读，所体悟到的都是不一样的。那就让我们在人生的旅途中，慢慢走，慢慢欣赏吧！

师：再读这句话。

生：（齐读）"诗中有画，画中有诗。"

师：下课！

写意挥洒　工笔细描

旋律击节　和声渲染

　　2016年，诗画习作推出《用文字演奏》。诗画作文与音乐相遇了，这注定是一场浪漫的文字与音乐之约。然究其本源，乃是文字、画面、音乐三者的约会。从古诗中发现的用文字演奏入课，到教师文字中的用文字演奏，再到教材中的用文字演奏，继而派生出学生笔下的用文字演奏，最后回归到我们心中的用文字演奏，文字与音乐、画面一路逶迤前行，师生们惊奇地发现，原来音乐的节奏、旋律、和声蕴藏在文字的画面之中，原来艺术都是相同的，音乐的技法跟写作的技法是一样的。"送你送到小村外，有句话儿要交代，虽然已经是百花儿开，路边的野花你不要采"，邓丽君的《路边的野花不要采》，真是音中有画，画中有音。

　　一、旋律——基调骨架，起承转合

　　一首曲子最核心的要素是什么？有人说是旋律，有人说是节奏。旋律让音乐成型，节奏让音乐流动。其实，写文章也是一样的。读者接触到一篇好的文字往往沉浸在这种基调中，这是文字的旋律在拉着我们走。文字的形成同样需要节奏，快与慢、巨与细、曲与直、抑与扬、张与弛、疏与密、巧与拙、艳与朴、松与紧、轻与重、擒与纵……起承转合，抑扬顿挫，文章才能成就华彩。诗画作文利用音乐进行"功利"性的写作训练，正是对文字旋律和节奏的诗性训练，让学生们在自己的文字里形成"气"，让自己的文字奔跑和呐喊。

　　小语教材其实早就给我们安排好了范例：

人教版五年级上册有篇选学课文叫《木笛》，其中有一段描写笛子的文字演奏：笛声悲凉凄切，犹如脉管滴血。寒冷凝冻着这声音，火焰温暖着这声音。坠落的雪片纷纷扬起，托着笛声在天地间翩然回旋。孩子们在静静地倾听，他们似乎听懂了这如泣如诉的笛声。

这是典型以旋律引人入胜的文字，悲凉凄切、脉管滴血、如泣如诉等字眼很好地把握了音乐的旋律，文字和音乐天衣无缝。

苏教版五年级下册有篇课文叫《二泉映月》，其中有一段描写二胡的文字演奏：起初，琴声委婉连绵，有如山泉从幽谷中蜿蜒而来，缓缓流淌。这似乎是阿炳在赞叹惠山二泉的优美景色，在怀念对他恩重如山的师傅，在思索自己走过的人生道路。随着旋律的升腾跌宕，步步高昂，乐曲进入了高潮。它以势不可当的力量，表达出对命运的抗争，抒发了对美好未来的无限向往。月光照水，水波映月，乐曲久久地在二泉池畔回响，舒缓而又起伏，恬静而又激荡。

这是典型的以节奏引人入胜的文字，起初、随着、高潮、久久地……随着词语，我们仿佛跟随着音乐在无锡惠山的花园里游历了一番。

诗画作文必须将写作的秘妙告诉学生，于是在课堂上就有了这样的一来一去：

旋律来了：

师：因为我们是用文字演奏，所以肯定绕不开音乐的三要素。我们来看看，语文教材中那些用文字演奏的片段是怎样体现音乐这三大要素的。（配乐《江河水》范读）笛声悲凉凄切，犹如脉管滴血。寒冷凝冻着这声音，火焰温暖着这声音。坠落的雪片纷纷扬起，托着笛声在天地间翩然回旋。孩子们在静静地倾听，他们似乎听懂了这如泣如诉的笛声。

师：请同学们关注音乐的第一大要素：旋律，透过音乐，扫描文字，看看在文字中散落了哪些对音乐旋律的描写？

生：悲凉凄切。

旋律击节　和声渲染

生：如泣如诉，说明非常悲伤，心情非常低落。

师：看来，用文字演奏，首先要把握音乐的什么？

生：旋律。

师：音乐带给你第一感觉是什么，在用文字演奏的时候，你要把它描绘下来。

节奏去了：

师：我们继续看音乐的第二大要素：（配乐《二泉映月》范读）起初，琴声委婉连绵，有如山泉从幽谷中蜿蜒而来，缓缓流淌。这似乎是阿炳在赞叹惠山二泉的优美景色，在怀念对他恩重如山的师傅，在思索自己走过的人生道路。随着旋律的升腾跌宕，步步高昂，乐曲进入了高潮。它以势不可当的力量，表达出对命运的抗争，抒发了对美好未来的无限向往。月光照水，水波映月，乐曲久久地在二泉池畔回响，舒缓而又起伏，恬静而又激荡。

师：请同学们关注音乐的第二大要素：节奏，透过音乐，扫描文字，看看文字是怎样体现音乐的起承转合的？

生：我发现，起初、随着、高潮、久久地……这些词语清晰地记录了《二泉映月》这首音乐的节奏变换。

生：我觉得整首音乐的高潮出现在"它以势不可当的力量，表达出对命运的抗争，抒发了对美好未来的无限向往"。这里应该是音乐最响亮的地方。

师：真好！看来，用文字演奏，其次要把握音乐的什么？

生：节奏。

正因为有这样的一来一去，学生在后来的练笔中呈现真实的旋律和明快的节奏，让文字超乎音乐之美。

二、和声——渲染补充，饱满丰润

在旋律和节奏之外，音乐还有第三大要素，那就是和声。和声就像缤纷的落英让音乐的主旋律更加饱满和厚重。我们看一个弦乐团在演奏，小提琴奏出主旋律，但同时，中提琴、大提琴、贝斯、钢琴等乐器天衣无缝地融合，才使得乐曲得以完整地现出来。其实，写文章又何尝不是这样的。

小语教材其实早就给我们安排好了范例：

人教版六年级上册有篇课文叫《月光曲》，其中有一段描写钢琴的文字演奏：皮鞋匠静静地听着。他好像面对着大海，月亮正从水天相接的地方升起来。微波粼粼的海面上，霎时间洒满了银光。月亮越升越高，穿过一缕一缕轻纱似的微云。忽然，海面上刮起了大风，卷起了巨浪。被月光照得雪亮的浪花，一个连一个朝着岸边涌过来。

这是典型的以和声引人入胜的文字，《月光曲》的主画面被作者定格在月光上，这当然是符合音乐的境界和内容的。在表现月光的同时，微云、大风、巨浪、浪花等的加入，让画面立体和丰满，这就好像乐队里和声的加入，让音乐层次多样，变化不断。

师：同样还是《月光曲》，请同学们关注音乐的第三大要素：和声，透过音乐，扫描文字，看看文字是怎样体现音乐的和声的。（配乐《月光曲》范读）皮鞋匠静静地听着。他好像面对着大海，月亮正从水天相接的地方升起来。微波粼粼的海面上，霎时间洒满了银光。月亮越升越高，穿过一缕一缕轻纱似的微云。忽然，海面上刮起了大风，卷起了巨浪。被月光照得雪亮的浪花，一个连一个朝着岸边涌过来。

师：《月光曲》音乐带给作者的主画面是什么？

生：月光。

师：那么，和声在哪里呢？为了让主画面更加丰满、饱满，加入了很多小的画面，请你快速找一下。

生：被月亮照的浪花，这就是和声。

生：忽然，海面上刮起了大风，卷起了巨浪。大风、巨浪也是和声。

生：穿过一缕一缕轻纱似的微云，这里微云也是伴奏。

师：所以，用文字演奏，最后要把握音乐的什么？

师：（主题音乐《琵琶语》再次响起）现在，让我们再次提笔，再次浸润到《琵琶语》这首音乐声中，你眼前出现了一幅又一幅的画面，请你用画面来展现音乐，更请你描绘音乐的三要素：旋律，音乐带给你的第一感觉是什么？节奏，音乐的画面是怎样起承转合的，渐起、行进、爬坡、高潮、回落……要把人带入"山阴道"中，给人"山重水复疑无路，柳暗花明又一村"的感觉；和声，为了给画面增加渲染，你可以在主画面中加入一些衬托的画面，让画面和音乐天衣无缝。

每一堂诗画作文都是一场言语的约会，与课文中的言语相遇，与言语中的节奏相遇，与孩童和师者的生命相遇。在课堂上，教师和学生玩味着言语，享受着言语节奏带来的快感，就像李清照写道："常记溪亭日暮，沉醉不知归路。兴尽晚回舟，误入藕花深处。争渡，争渡，惊起一滩鸥鹭。"师生在言语的河流中放舟，从晨曦到日暮，师生全情投入、全然融入，一时忘记来时路，在言语节奏的冲击下，顺流而下来到如诗如画的境地，犹如王羲之在《兰亭序》中描述的"此地有崇山峻岭，茂林修竹，又有清流激湍，映带左右……"写作终将是要回家的，当一堂诗画作文课结课的时候，我们最重要的要告诉孩子们什么？我们以为，绝对不是技法和技巧了，而是对言语的思考，对人生的思索。"诗中有画、画中有诗"，这一命题就像《易经》中的阴阳两面，质胜文则野，文胜质则史，文质彬彬，然后君子，这需要孩子们一辈子去体验，去感受，去思考，语文课程的哲学意义正在于此。

旋律、和声，是诗画语文对言语节奏的自觉皈依，当作如是观。

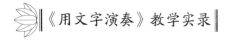《用文字演奏》教学实录

古诗中的用文字演奏

师：中国，是一个诗歌大国。唐代，是中国诗歌创作的高峰，犹以"诗仙"

李白、"诗圣"杜甫、"诗魔"白居易为最。非常有趣的是，除了写诗之外，这三位大诗人还有一个共同的爱好，你猜他们喜欢干吗？

生：喝酒。

师：喝酒。李白曾说：举杯邀明月，对影成三人。除了喝酒，他们还有一个共同爱好。

生：唱歌。

师：是的，饮酒作诗，放声吟唱。他们都还很喜欢音乐。可是他们玩音乐，跟别人不一样，他们喜欢用文字演奏音乐（板书：用文字演奏）。用文字可以演奏音乐？你信吗？

生（众）：信、不信。

师：反正我信了。哈哈。我们不妨先来吟诵几首这三位大诗人的作品：譬如，"诗仙"李白有诗云：（大屏幕出示）（谁家玉笛暗飞声，散入春风满洛城。此夜曲中闻折柳，何人不起故园情。——李白《春夜洛城闻笛》）

生：（齐诵）

师：你听到什么乐器在演奏？

生：笛子。

师：笛子声。你看到怎样的画面？

生：我看到了非常幽静的画面。

师：你能具体描绘一下怎样幽静的画面吗？

生：夜晚，四周的人都已经睡了，只听见有个人在吹笛子，满城缭绕。

师：是的，洛阳城内，玉笛声声，乘风缭绕，思乡切切。这是这首诗带给我们的画面。我们继续看："诗圣"杜甫有诗曰：（大屏幕出示）（锦城丝管日纷纷，半入江风半入云。此曲只应天上有，人间能得几回闻。——杜甫《赠花卿》）

生：（齐诵）

师：你听到什么乐器在演奏？

生：丝管。

师：哎，丝管，古代的一种管乐。你看到怎样的画面？

生：在城内，一群妇女正在演奏着丝管，让大家觉得还像步入了天堂。

师：锦城是现在的成都，建议把"妇女"改成"女子"会更加有诗意。成都
　　城内，丝管奏乐，随风入云，天上人间。真好。我们继续看："诗魔"
　　白居易有千古绝唱：（大屏幕出示）（千呼万唤始出来，犹抱琵琶半遮
　　面。转轴拨弦三两声，未成曲调先有情。大弦嘈嘈如急雨，小弦切切如私
　　语。嘈嘈切切错杂弹，大珠小珠落玉盘。——白居易《琵琶行》节选）

生：（齐诵）

师：你又听到什么乐器在演奏？

生：琵琶。

师：你眼前又出现怎样的画面？

生：我眼前出现一位女子，正抱着琵琶，她弹出的声音像雨珠一样，忽快忽
　　慢地落下。

师：真好，诗句描写的是现在的九江城。九江城内，琵琶冷雨，嘈嘈切切，
　　珍珠落盘。这就是三位大师的用文字演奏。在唐代，除了李白、杜甫、
　　白居易，还有很多诗人喜欢用文字演奏。有人说，唐诗三百首，其实就
　　是唐代的三百首歌曲。我想，这跟诗人们喜欢用文字演奏应该有很大的
　　关联吧。

老师笔中的用文字演奏

师：其实，用文字演奏并不是唐人的专利，后世很多文人墨客都是用文字演
　　奏的高手，而用文字演奏也远远超越了对乐器本身发出的声音描述，譬
　　如山野清泉、电闪雷鸣、飞流瀑布、晨鼓暮钟、虫鸣鸟叫等等，都可以
　　用文字来演奏。我也喜欢用文字演奏，2013年夏天，在我的腾讯微博
　　上，我曾经用文字演奏了一场山林听泉的音乐，想听一下吗？

生（众）：想。

师：（师诵读）（大屏幕出示）（癸巳中伏第八日，江南若探汤。驾车至群山腹地，听泉。但听流水淙淙，石浪夹击，音阶滑动，宛如山曲野风。依石而坐，静观溪鱼游戏，侧耳林鸟唏嘘。腐叶落陈之处草虫云集，潭面镜磨之洼鹭丝闲暇。濯足溪水，以鹅卵摩挲，任游鱼啄喙，凭晚风吹皱。幽峰矗立，修竹摇曳，夏虫唱和。山水清音处，卧听已忘言。——《听泉》·选自肖绍国腾讯微博）

师：带点文言文色彩，但丝毫不影响我们倾听这段文字发出的音乐声，你听到了哪些声音？

生：我听到了流水声、虫鸣声，还有鱼儿嬉戏的声音。

生：我听到了流水冲击岩石的哗哗声。

生：我听到了风吹过竹林的刷刷声。

师：你还看到了怎样的画面？

生：我看到十分幽静的山野，流水淙淙，竹林摇曳。

生：我看见一阵风吹过竹林，鸟儿从林间飞起。

生：我看见层层的远山，一条瀑布从天上挂下来。

师：这就是老师笔下的用文字演奏。你看，好像用文字演奏并不难。同学们注意到了吗？从李白的诗句里，我们除了倾听到了笛声，我还问你们看到——

生（众）：怎样的画面。

师：从杜甫的诗句里，我们除了倾听到了丝竹声，我还问你们看到——

生（众）：怎样的画面。

师：从白居易的诗句里，我们除了倾听到了琵琶声，我还问你们看到——

生（众）：怎样的画面。

师：从老师的文字里，我们除了倾听到了山泉声，我同样还问你们看到——

生（众）：怎样的画面。

师：你悟出些什么？如果让你用文字演奏音乐，你觉得有什么启发？

生：好像音乐能化作画面一样。

生：音乐和画面是一对孪生姐妹吗？

师：也许。

生：有音乐就有画面。

师：是的，孩子们，所有的音乐都变成了画面，好像这些画面跟音乐有着关联。用文字演奏好像绕不开——音乐和画面。（板书：音乐—画面）

教材中的用文字演奏

师：到底是不是这样呢？让我们走进语文教材中去看一看。人教版五年级上册有篇选学课文叫——《木笛》，其中有一段描写笛子的文字演奏，我们来齐读一下：（大屏幕出示）（笛声悲凉凄切，犹如脉管滴血。寒冷凝冻着这声音，火焰温暖着这声音。坠落的雪片纷纷扬起，托着笛声在天地间翩然回旋。孩子们在静静地倾听，他们似乎听懂了这如泣如诉的笛声。——人教版小学语文五年级上册《木笛》节选）

生：（齐读）

师：除了听到朱丹吹的木笛声，你看到了怎样的画面？

生：我看到了一群孩子围在朱丹的旁边听。

师：你还看到了怎样的画面？

生：我看到了在寒冷的夜晚，雪片纷纷从天上落下来。

生：我看到了在一排孩子们的前头，站立着一位吹奏笛子的青年。

生：我看见了火光照亮了雪花，映红了孩子们的脸庞。

师：用文字来奏乐，也许就是要把音乐转换成画面。到底是不是这样，我们继续看。苏教版五年级下册有篇课文叫——《二泉映月》，其中有一段描写二胡的文字演奏，我们来齐读一下：（大屏幕出示）（起初，琴声委婉连绵，有如山泉从幽谷中蜿蜒而来，缓缓流淌。这似乎是阿炳在赞叹惠山二泉的优美景色，在怀念对他恩重如山的师傅，在思索自己走过的人生道路。随着旋律的升腾跌宕，步步高昂，乐曲进入了高潮。它以势不可当的力量，表达出对命运的抗争，抒发了对美好未来的无限向往。月光照水，水波映月，乐曲久久地在二泉池畔回响，舒缓而又起伏，恬静而又激荡。——苏教版小学语文五年级下册《二泉映月》节选）

生：（齐读）

师：除了听到阿炳拉的二胡声，你还看到了怎样的画面？

生：我看见了山泉从幽谷中蜿蜒而来，缓缓流淌。

生：我看到湖里水波荡漾、月光柔柔的。

师：是呀，所以我相信用文字演奏，把音乐转换成画面很关键。到底是不是这样呢？我们再来看一个。人教版六年级上册有篇课文叫——《月光曲》，其中有一段描写钢琴的文字演奏，我们来齐读一下：（大屏幕出示）（皮鞋匠静静地听着。他好像面对着大海，月亮正从水天相接的地方升起来。微波粼粼的海面上，霎时间洒满了银光。月亮越升越高，穿过一缕一缕轻纱似的微云。忽然，海面上刮起了大风，卷起了巨浪。被月光照得雪亮的浪花，一个连一个朝着岸边涌过来。——人教版小学语文六年级上册《月光曲》节选）

生：（齐读）

师：除了听到贝多芬弹的钢琴声，你看到画面了吗？

生：海边月亮升起来了，浪花一个接一个地拍击着海岸。

生：我看到风吹着海面，海面上微波粼粼。

生：我看见月亮透过轻纱似的薄云，照在大海上，浪花连连。

师：现在，你觉得，用文字演奏，最大的秘籍是什么？

生：原来用文字演奏音乐就是——音乐和画面的转换。

师：原来，用文字演奏，关键是要把音乐转换成画面，让画面来述说音乐。

旋律击节　和声渲染

（板书箭头：音乐—画面）

我们笔中的用文字演奏

第一次演奏：音乐—画面

师：既然我们找到了用文字演奏的最大秘籍，那我们为何不尝试一下呢？现在，我们一起来聆听一首琵琶曲：（主题音乐《琵琶语》第一次响起）让我们提起笔来，此刻，你手中的笔就是演奏家手中的琵琶，透过音乐声，你仿佛看见了一个又一个的画面，那也许是一朵云、一条溪、一次日落、一片夜色，也许……把你透过音乐看见的画面用简单语句写下来，随着音乐的绵延，你眼前也许有一个又一个的画面在呈现，如果是那样的幻觉，你尽量把你眼前出现的画面多写几个。这些画面可以是相互独立的，此刻，你不需要追求画面与画面之间的连接，可以是单独的几个画面的描写。

（学生第一次动笔10分钟）

师：（10分钟后主题音乐《琵琶语》停）你把音乐化成了怎样的一幅幅画面？

生：在湖心亭边，一曲琵琶声打破了久违的宁静。月光照在湖面上，也照在湖边弹琴人的身上，就着这月光，琴声更加妩媚动人，更加婉转动听，使湖面泛起微微涟漪，激起轻轻的回响，似乎还夹杂着花的香气，这声音，这香气一直随微风飘动着，飘动着，一直飘到听者的心里。

师：好一幅湖心亭听曲图：月光照水，水波映人，人儿抚琴，婉转动听。

生：微风缠绕，卷起了无限光彩，天边的晚霞将云染得嫣红，转眼又将远处的林子笼罩。竹林因风摇动，扫出了如许生机。林中的溪流缓缓淌游，掀起了阵阵小水花，被山石遮挡着的流水，只得扭身它走，溪边的小路跟着蜿蜒，最终只见故乡呈现在眼前，鸿雁于飞，炊烟袅袅，眨眼间，终究不过虚梦一场。

师：好一幅鸿雁于飞图：晚霞晕染，竹林摇曳，山花烂漫，炊烟袅袅。

生：溪水哗哗流淌，诉说着心中的无限事。高山身着绿衣白帽，点缀着纯洁小花。空气中弥漫着一种不知名的清香，那是大自然的清香，是大自然馈赠的礼物。溪水清凉、高山雄伟、空气清新，谁能说这不是大自然的礼物呢？

师：好一幅山中访友图：溪水哗哗，高山流水，纯洁小花，自然馈赠。

......

师：我惊叹于同学们透过音乐看见的画面，那一幅幅画面仿佛在勾勒《琵琶语》这首音乐的轮廓，仿佛在诉说《琵琶语》这首音乐的情感，仿佛在呢喃《琵琶语》这首音乐的欲罢不能……学到这里，你觉得你是否掌握了用文字演奏的最大秘诀了？

生：（众）是。

师：（稍停）再想想，我建议你们把自己写的片段跟教材中的片段比较一下，你会发现，你用文字演奏的画面有点问题。

生：我发现，我的片段太简单了。

生：我发现，我的片段是单幅的，不连贯。

生：我发现，我的片段不能记录整首曲子，或许是曲子某一段表演出来的画面。

第二次演奏：旋律、节奏、和声

师：是呀，我们的画面只是独立的存在，要想完整流畅地用文字演奏这首《琵琶语》，我们还有更重要的工作要做，什么工作？

生：让画面连接起来、丰满起来、流动起来。

师：那怎样才能让画面连起来、动起来呢？

生：还应该补充些另外的。

师：补充什么呢？

生：在描写画面的时候，加入人物的心理描写。

师：哦，可以加入人物的心理描写，还有其他的办法吗？

生：在描写画面的时候，根据音乐的结构重点描写。

师：哦，音乐的结构，好专业的名词。肖老师要告诉大家，当我们用文字演奏时，千万不要忘记了音乐本身。有人说音乐具有三要素，我们一起来读一下：（大屏幕出示）（音乐的"三要素"：第一，旋律：是乐曲的基调，"三要素"最重要的要素；第二，节奏：是乐曲的"骨架"，包括乐曲的高低、快慢、长短的起承转合；第三，和声：是乐曲主旋律的补充和渲染，使得主旋律更具立体感）

生：（齐读）

师：你对音乐的三要素有着怎样的理解？

生：节奏是乐曲的骨架，如果没有节奏的话，这首歌就很难听了。

生：每首曲子应该都有它的主旋律。

生：曲子有高潮、有低谷，这就是音乐的节奏。

师：你觉得这三要素对我们今天用文字演奏会不会有什么影响？

生：应该有。如果旋律是优美或是豪放的，所表现的画面也应该是不一样的。

生：肯定有。因为我们是利用画面来表演音乐，绕不开音乐的。

师：因为我们是用文字演奏，所以肯定绕不开音乐的三要素。我们来看看，语文教材中那些用文字演奏的片段是怎样体现音乐这三大要素的：（大屏幕出示）（配乐《江河水》范读）（笛声悲凉凄切，犹如脉管滴血。寒冷凝冻着这声音，火焰温暖着这声音。坠落的雪片纷纷扬起，托着笛声在天地间翩然回旋。孩子们在静静地倾听，他们似乎听懂了这如泣如诉的笛声。——人教版小学语文五年级上册《木笛》节选）

师：请同学们关注音乐的第一大要素：旋律，透过音乐，扫描文字，看看在文字中散落了哪些对音乐旋律的描写？

生：悲凉凄切。

生：如泣如诉，说明非常悲伤，心情非常低落。

师：看来，用文字演奏，首先要把握音乐的什么？（板书：旋律）音乐带给你的第一感觉是什么，在用文字演奏的时候，你要把它描绘下来。

师：我们继续看音乐的第二大要素：（大屏幕出示）（配乐《二泉映月》范读）（起初，琴声委婉连绵，有如山泉从幽谷中蜿蜒而来，缓缓流淌。这似乎是阿炳在赞叹惠山二泉的优美景色，在怀念对他恩重如山的师傅，在思索自己走过的人生道路。随着旋律的升腾跌宕，步步高昂，乐曲进入了高潮。它以势不可当的力量，表达出对命运的抗争，抒发了对美好未来的无限向往。月光照水，水波映月，乐曲久久地在二泉池畔回响，舒缓而又起伏，恬静而又激荡。——苏教版小学语文五年级下册《二泉映月》节选）

师：请同学们关注音乐的第二大要素：节奏，透过音乐，扫描文字，看看文字是怎样体现音乐的起承转合的？

生：我发现，起初、随着、高潮、久久地……这些词语清晰地记录了《二泉映月》这首音乐的节奏变换。

生：我觉得整首音乐的高潮出现在"它以势不可当的力量，表达出对命运的抗争，抒发了对美好未来的无限向往。"这里应该是音乐最响亮的地方。

师：真好！看来，用文字演奏，其次要把握音乐的什么？（板书：节奏）

师：继续看，同样还是《月光曲》，请同学们关注音乐的第三大要素：和声，透过音乐，扫描文字，看看文字是怎样体现音乐和声的？（大屏幕出示）（配乐《月光曲》范读）（皮鞋匠静静地听着。他好像面对着大海，月亮正从水天相接的地方升起来。微波粼粼的海面上，霎时间洒满了银光。月亮越升越高，穿过一缕一缕轻纱似的微云。忽然，海面上刮

起了大风，卷起了巨浪。被月光照得雪亮的浪花，一个连一个朝着岸边涌过来。——人教版小学语文六年级上册《月光曲》节选）

师：《月光曲》音乐带给作者的主画面是什么？

生：月光。

师：那么，和声在哪里呢？为了让主画面更加丰满、饱满，加入了很多小的画面，请你快速找一下。

生：被月亮照的浪花，这就是和声。

生：忽然，海面上刮起了大风，卷起了巨浪。大风、巨浪也是和声。

生：穿过一缕一缕轻纱似的微云，这里微云也是伴奏。

师：所以，用文字演奏，最后要把握音乐的什么？（板书：和声）

师：（主题音乐《琵琶语》再次响起）现在，让我们再次提笔，再次浸润到《琵琶语》这首音乐声中，你眼前出现了一幅又一幅的画面，请你用画面来展现音乐，更请你描绘音乐的三要素：旋律，音乐带给你的第一感觉是什么？节奏，音乐的画面是怎样起承转合的，渐起、行进、爬坡、高潮、回落……要把人带入"山阴道"中，给人"山重水复疑无路，柳暗花明又一村"的感觉；和声，为了给画面增加渲染，你可以在主画面中加入一些衬托的画面，让画面和音乐天衣无缝。好，现在开始第二次用文字演奏。

（学生第二次动笔15分钟）

师：（15分钟后主题音乐《琵琶语》停）你把音乐化成了怎样的一幅幅画面？你又怎样表现音乐的旋律的？音乐的起承转合、音乐的和声，在你的画面中是怎样天衣无缝地展开的？

生：起先，云不知道什么时候聚集而来，飘浮在湖的上空，湖面荡漾着层层涟漪，一层层扩散开，似乎要等待什么。一切还似乎都是那么清闲宁静。突然，从云层里落下了几点雨珠，像是有人在哭泣，那泪珠，一滴一滴滴在湖面上，滴在湖边的草丛里，倏然消失了。渐渐地泪珠变得急促了，有力了，敲打在湖面上，听着让人紧张起来。一番急骤的敲打之后，雨似乎停歇了，最后天籁寂静。

师：你觉得在音乐的三要素中，你的画面注重了哪个要素？

生：我注重的是节奏。起先、突然、倏然、渐渐、最后，这就是音乐的起承转合。

师：是呀，画面由这些词语连接起来正好回应了音乐的起承转合，真是神来之笔！

生：天色渐晚，夕阳已降，沉睡的月儿被夜唤醒，将它完整的风貌表露出来。微风习习，初春的风含有一丝暖意，待它轻拂过草地，便将边沿的月光花展现出来。一簇簇盛开着，经过花的熏染，风吹过的地方，拥有着花的气息，一瞬间，香飘十里，月光花开，也只为这一时的美好罢了。

师：好美的一幅画面呀，好静谧的一幅画面呀。我们大家来评价一下她这幅画，你觉得她的画面刻画的主背景是什么？

生：是月光花。

师：什么是月光花？也许是一种在夜晚月亮升起来的时候开放的花，想想都美的。那么，为了描写月光花，她还描写了哪些陪衬的景物？

生：夕阳、月儿、微风、草地。

师：很明显，她在用文字演奏的时候，注重了音乐的哪个要素？

生：和声。

师：还有要展示的吗？

生：湖，平静的宛如一面镜子。远处，一座高耸入云的山矗立在那。树下，一位被琵琶半遮着脸的年轻女子沉醉在自己的演奏中，在湖面的一艘小船上一个温文尔雅的诗人正迎风作诗：此际风铃寂寞声，清宵谁说琵琶语。湖的那头，一座座房子"害羞"地"躲"在杨柳树的后面。湖上，几朵洁白的莲花开在那儿，为湖点缀了一些色彩。湖水慢慢流淌，一座巨大的拱桥惬意地"躺"在湖的两岸。四周都是郁郁葱葱的树，姹紫嫣红的花。湖水的尽头是一座寺庙，一尊佛像庄严地竖立在眼前。

师：我不得不说，《琵琶语》整首曲子已经被你诗意地画在了纸上。画中的湖面、女子、诗人、垂柳、莲花、拱桥、佛像，让我沉浸在美好的境界中。同学们，你觉得呢？

生：我很喜欢他其中的一句诗：此际风铃寂寞声，清宵谁说琵琶语。好有文采。

生：我好像跟随着他走进了公园里，移步换景，好美。

师：真好！还有谁的画面注重了音乐的第一要素"旋律"的吗？

生：一弯朦胧的月亮正从蝉翼般透明的云里钻出来，闪着银色的清晖。在恬静的小溪边，坐着一位美丽的女子。欢笑声似乎已是昨天的事了，现在只有心爱的琵琶陪着她罢了，一滴泪水顺着她的脸颊落入溪中，无声无息。渐渐地，琵琶声消失了，只听见那女子大声地喊叫着，那喊声似乎把心中的一切忧伤都宣泄了。

师：我们一起来寻找，这幅画面的旋律。

生：恬静。

生：忧伤。

师：《琵琶语》带给她的第一感觉是恬静，继而转为了忧伤。这就是音乐的旋律。这两个词语像这幅画面的两只眼睛，炯炯有神。

我们心中的用文字演奏

师：非常奇妙，艺术都是相通的，音乐的三要素竟然可以在写作中加以运用，写出的文字居然有如此美妙的画面感。那么，文字、音乐、画面，它们之间到底有着怎样的关系呢？

生：相连的关系。

生：连通的关系。

生：是密不可分的。

生：是你中有我、我中有你的关系。

师：关于文字和画面的关系，宋朝的苏东坡在评价唐代王维的诗画时，曾经留下一句千古名句：（大屏幕出示）（"诗中有画，画中有诗。"——苏东坡评王维《蓝田烟雨图》）

生：（齐读）

师：你是怎么理解这句话的？

生：就是文字里面有画面，画面里面有文字。

生：让我想到一首古诗：远看山有色，近听水无声。春去花还在，人来鸟不惊。

师：今天，我们纳入了音乐、文字、画面，你能把苏东坡的这句话改一下吗？

生：乐中有画，画中有乐。

生：音中有画，画中有音。

生：乐中有诗，画中有乐。

师：（大屏幕出示）（"诗中有画，画中有诗。""音中有画，画中有音。"）我们来齐读这两句话。（板书：音中有画　画中有音）

生：（齐读）

师：（主题音乐《琵琶语》第三次响起）关于诗中有画、画中有诗，音中有画、画中有音，也许需要我们用一生去慢慢感受。那么，就让我们在人生的旅途中，慢慢走，慢慢欣赏吧！再读这两句话。

生：（齐读）

师：下课！

文字是
诗画语文节奏的
温柔乡

诗画语文

从2011年12月16日开始，在我的腾讯微博上，我随性而发写下了关于语文的点点滴滴。如果有人要问我：诗画语文到底是什么？我的回答是：我也不知道诗画语文是什么，如果你一定要我告诉你诗画语文是什么，我建议你读读我的腾讯微博上关于语文的一些断想。这些断想每篇只有140个字（微博规定的每篇博文最长的字数），或许您能找到关于诗画语文的一些答案。现在，我把这些关于语文的断想结集成册，每一则博文虽然写于不同的时间、不同的地点、不同的心情，但连在一起，又好像窥见了诗画语文的真谛——语文的节奏、话语的节奏、生命的节奏。

教学的真正乐趣在于每一堂课上的灵感乍显，那种感觉几乎于我是每堂必至，也许是我多年的感悟打动了神灵，于是在课前我无须顾及预想的路径，而神奇的课径总会在行进中与我不期而遇。每每于灵性中讲完一堂课，我的身心都极其享受，我以为那是课堂之神对我的悲悯，她就潜伏在那不远的地方看着我。

上朱自清先生的《匆匆》，感觉文字的节拍如此地唯美，那种文字对应后产生的画面就如少女的面纱在春风中摇曳。上林清玄先生的《桃花心木》，一种很淡雅的滋味在我口中咀嚼，特别是其中描写"我"对种树人行为不理解的那段文字，嚼来其味醇香，一连串的平行中有荡漾的语句真好。

最深奥的那一个，非生命莫属。言语节奏乃是对生命节奏的无意识模仿，或者说乃是生命节奏的一种自然呈现；课堂节奏则是对生命节奏的有意识模仿，或者说乃是课堂的生命属性的一种自觉追寻。两者都源于生命节奏，最终都归于生命节奏。

下午，在青色的小楼里细细品读《老人与海鸥》，被文中海鸥的两次"飞"给吸引了。第一次，老人喂海鸥的时候，海鸥的飞是起起落落、平平行行，如果配乐的话，我想最好的音乐就是"步步高"音乐手机广告的音乐。第二次，海鸥送老人的遗像的时候，海鸥的飞平地乍起、瞬即瞬离，配乐的话，久石让的音乐挺适合。

　　今天累了一天，是工作室本学期第一次活动，我做"诗画语文论文论谱"讲座。长长短短，平平仄仄，高高低低，急急缓缓，我的声音在我的心头回荡。对，我是讲给自己听的，也只有打动自己的声音才是心灵的声音，千江有水千江月，生命就是潺潺小河上的一轮弯月，悬在空中，也印在水中，含在心中。

　　下午坐在小楼里，静静地想课，构想着让学生心中拿着照相机去给文字拍照，然后由学生所拍的照片教师巧妙地反敲课文中的词语，一个来回后再由词语引路到字里行间中去摩挲，以期到达文字的中间地带。当然，还要和孩子从中间地带泛舟而归。这样的一个下午，生命全然打开，在文字中出生入死，爽！

　　今天，上《为人民服务》，课起，在黑板上临摹毛主席的书法——为人民服务，雄浑、健硕、大气的书法让孩子们为之一振。接着抛出——字如其人、文如其人的论调，让孩子们把书法的气质和行文的气质进行对比，在字里行间中师生揣摩了主席文字的严密、缜细、对仗、大气、铿锵、张力的特点，感觉孩子们厉害！

　　下午，演绎了《老人与海鸥》，起课的形式我首创了用心中的相机依托文字去拍摄照片的方式，将词语教学巧妙地与拍照结合，颇有诗画语文的味道。课推进的过程也很顺利，海鸥的两次"飞"被我诠释为波纹振动的画面，构想新颖，孩子们反响热烈，师生都享受到文字的美好。于我来说，接下来就是把细节做精致。

《一夜的工作》题目叫"一"，文字行进到宫殿式的时候，由"一"第一次漫开，一个写字台，一张转椅，一盏台灯，三个"一"照应开头；文字继续向前行进到总理审阅那段一口气连用十个"一"；到吃花生米时再用五个"一"；回来的路上将"一"转化为"每"。这样的文字，由一生百，返照总理一生，草蛇灰线，好，巧，妙。

周末的杭州，春雨洗刷过的街道清爽，隐藏了这座城市的其他。我静静地走在江南水墨般的街道上，来到育才学校，在清新的会堂演绎《老人与海鸥》，心中的照片和文字的互现环节通顺而过，海鸥的两次飞翔波纹振动令孩子新奇，聚焦练笔非常精彩，在孩子的笔下，海鸥为老人翩翩起舞，我的回应亦信手拾来……

《老人与海鸥》就这样算粉墨登场了，但，直觉告诉我，至少四个地方可以打磨：一是聚焦到第三组词语海鸥送老人的飞之前可以安排当堂的调查后再指向；二是海鸥啄食的曲线可以让孩子到黑板上来画；三是练笔的角度可以从海鸥送别和啄食两方面发散；四是可以考虑设计学生用当堂练习纸。

在海边的城市住了一晚，好友的盛情，夜色的荡漾，灰色的尖房，远山的幽郁，渺茫的我的肉身，就这样在海边的夜晚漫延。我的讲座出奇的真诚，在座的人都会心微笑，我突然发现：坦诚是一剂良药，可以治愈陌生化的会场。激情释放也许只有把握度后才会让别人埋单，一味的高与亢只会让自己疲惫不堪。

写作跟教学的关联甚密，当我拾起童年的记忆用文字行走在儿时的雨季里时，沉重的肉身会像一朵白云落到那个村落。不知是一种宿命的皈依还是什么，我的童年文字都喜欢指向夏天，也许是夏日的毒阳烙印了我儿时的印记。从文字中归来的感觉是一种滑翔的感觉，这种感觉跟我上完一堂诗画语文课有着惊人的相似。

散文诗之三美：绘画美、建筑美、音乐美，在我看来都皈依于对称美。无论是达·芬奇的素描手稿，抑或是蒙克的《呐喊》，还是徐悲鸿的《八骏图》等无不以对称为美；音乐的对称美似乎涵盖了音乐的本身，就拿流行歌曲来说，副歌旋律和歌词的重复如果对称考究必将流行；然则古今中外之建筑对称美就愈加明显了。

读李汉荣的散文，发现先生将绘画、建筑、音乐的对称美巧妙运用到文字的搭建中。语词扩散对称、想象画面对称、排比振动对称、动作比拟对称、夸张渲染对称、首尾合一对称……悄然融合在李汉荣的文字里，读来让人实则过瘾。其文风最高明之处是如此多的对称手法运用，却丝毫让人感觉不到为了作的意图，归于纯。

苏东坡谓自己的文风之道：行云流水。写作时，他把修辞作文的秘诀弃之不顾，何时行、何时止，无规矩法则可言。而每每精妙而得心应手，简洁、自然、轻灵、飘逸，即上好风格的秘诀。写作跟上课是一致的，倘若简洁之乐、自然之情、轻灵之快、飘逸之轻，能在课堂上遇见，那离"课理自然、姿态横生"不远了。

读林语堂描写苏洵、苏轼、苏辙由三峡而下进入开封的文字，实则过瘾。由瞿塘峡开始，惊险上演被一笔带过，转而出现江边的茅屋和天穹中的一只苍鹰；进入巫峡，神女峰上的一线蓝天和一抹月华让人难忘，巫山云雨，阴阳聚合；西陵峡的雪景则完全隐没在苏东坡的诗句中，使人浮想联翩。好老辣而又极诗意的文字！

志芳是大学老师，可她的文字是那样贴心飞行，她对我说：很喜欢你微博上写的零零碎碎的段落，有画面感，且有禅意。还有个感觉：我隐隐觉得你的课似乎到了一个拐点，越过对教材苦心孤诣的解读与钻研之后，该是一份更平和的从容与沉静。贴着自己对文本最初的感受，放下一切"用"的目标，应该是吧。

史铁生说：写作源于孤独。恍惚的几个月，陪伴于我的青色的方砖下绵长的写作，孤独中的寂寥紫薇洒落一地。当我抖落满身的喧嚣进入小楼的时候，身心是静影沉璧般的孤独，脚底踏着朱漆的木板，生命的节奏被我如诗诠释。傍晚，当我踏着即将出梅的阳光走出小楼的时候，突然心生隐隐的孤独，拥有即离别。

午后，突发奇想：沿着一条直线，从同一个圆点朝两个相反的方向前进，无限地行走，终点却还是出发时的那个圆点。这让我想起了《精彩极了和糟糕透了》的父亲和母亲；想起了《班扎古鲁白玛的沉默》中的念或不念；想起了尼采的永恒轮回……心生莲花，内心无好坏、无你我、无优劣、无天地、无水火、无无明……

第一次去乌鲁木齐是清明时节，南方早已是草长莺飞的时节，乌鲁木齐却还是隆冬时节。入夜，万籁俱寂，下起了鹅毛大雪，我独自倚在暖气包裹的窗棂下看外面的街道，很亮，也许是皑皑白雪的反照，没有人，只有矗立的楼宇。清晨，我看见了奇特的"风吹雪"，整条大街雪花纷纭，那些雪是从地上下到了天上。

第二次去乌鲁木齐，南方是枫林尽染的深秋，乌鲁木齐早已是冬衣包裹。下了飞机，坐上友人的汽车，默默地看着两旁的街道，多了一份似曾相识的亲切。车厢里播放着熟悉的《我们新疆好地方》的旋律，六个小时的飞行疲惫荡然无存。拨通远在新疆和田的同乡的电话，话语在寒暄中带有几分感动。那个夜晚，寂静。

第三次去乌鲁木齐才真正是呼吸到这座城市的气息，一下飞机朋友将我领进一回民馆子，一碗热腾腾的羊骨汤和着蔬菜化解了长途飞行的疲惫。第二天为孩子们上课，汉族、维吾尔族、哈萨克族的孩子坐在一起，课堂十分真诚，孩子无比美好。傍晚十点来到市民广场，淋漓尽致地任西域的夏风拂面，不远处雪山遥遥矗立。

沿着一地的野花，驾车前行，朝着东边一路进发。来到学校，走进礼堂，又唱起《冬阳》那首老歌。我的心在彻底救赎，就像我对绿茶的贪恋。今天的课堂孩子的"玩劲"让我感动，全然放松的感觉是一种语文的味道，更是一种境界。在"慢"的节奏中引发了我对生命状态的思考，今天有也许温暖。

坐在千课万人的会堂，含泪读完崧舟先生追忆钱正权先生的文字，身心沉浸在文字强烈的温度中。钱先生卧室里那盆吊兰缠绕于我的心中，冬日的斑驳阳光恍若眼前。我静静地流泪，在偌大的会堂一角，怀想先生生前那声父亲般的呼唤，心中反复揉着崧舟的文字：痛苦不是惩罚，死亡不是失败，活着也不是一项奖赏。

下午，在千课万人的舞台上，我、孩子、老人、海鸥伴随着文字在翩翩起舞。不管是心中的氤氲影响了课的情绪的蔓延，还是其他什么，我都不管，因为我似乎越来越诗画了、越来越肖绍国了，而这是我想要的感觉。人生真的是在旅行中度过的，春季的千课万人，我来过了，我又匆匆离去了，因为我要心灵去旅行。

下午，约请了真心的朋友，还有工作室的一家人，当然还有纯净的孩子们，一起为我再次打磨《老人与海鸥》。课前、起课、承接、突转、写话、结课，都做了调整，大家都说"舒服多了"，我的心澄清了很多。终于明白，我们的课，为孩子着想有多么重要。我们的课，捆绑扎实却开放不足，是要到转身的时候了。

语文之学导应该迥异于其他学科的学导。作为承载我们民族精神的母语，习得她的过程应该是从容的、浸润的、流淌的、悄然的、涓涓的、潜入的、融化的、熨烫的、蒸融的、沙漏的、咀嚼的、诗情的、画意的。一言以蔽之，语文的学导，其核心应该是——诗意的。有人认为，在科学领域学科的学导课堂上惯用的策略，譬如：小组学习、导学案先行、探究议论、学生小导师、教师隐藏等方法可以全天候无缝嫁接到语文学习上。但，这样做的结果是，学生习得母语的效果差强人意。

诗意的语文课堂的学导有哪些招呢？我以为，最大的招不是在于外在形式，而是在于语文本身。苏轼评王维之诗画有"味摩诘之诗，诗中有画；观摩诘之画，画中有诗"之悟，语文同样具有诗与画的两维，诗乃文字，画乃画面，诗与画的互现，或者说文字与画面的互现，是我的——诗画语文的学导课堂的理想与信念。

在我的诗画课堂上，我使出浑身解数、想方设法地打通文字与画面的通道。我让学生拿着心中的照相机，透过文字的肌理，去拍摄背后的一幅又一幅画面，而后又从一幅又一幅画面中返回到文字的中间地带，细细地咀嚼，静静地品尝……于是，在我的学导课堂上，少的是外在的形式，多的是与文字的亲密接触。

最大的学导，乃是心中有儿童，只要心中有儿童，就是最大的学导。我的诗画语文，把儿童的发展作为己任，关注着课堂上的三个儿童：教室里的儿童，文本中的儿童，教师也是个儿童。我的语文彼岸就是：教师和学生一起在亲历语言文字中获得比现实更丰富的文化内涵、更润泽的情感熏陶和更深邃的精神洗礼。

语文之简约，不应该仅仅理解为课堂框架的简洁、师生对话的节约、教学策略的质朴等外在的表现。语文之简约，简的是气质，约的是心境。一节简约大气的语文课，应该焕发着"语文的微笑"。

何为"语文的微笑"？味道、境界关键在一"微"字，微，是一种心境，是一种状态，是一种信仰，就像米兰昆德拉的慢的理论。简约的语文，应该是一种微，一种慢，一种悠。在语文的理想园里，师生都应该把节奏慢下来，在文字的风景中，让心情去旅行。在一节慢摇的语文课上，很快会形成自己的简约气质。

上午，在千课万人之简约课堂上执教了《冬阳》，课后和周一贯老师促膝长谈，周先生的话语在正午酒店的回廊里掷地有声。他说，诗画语文，恐怕到了必须深入另一个境界的时候了，诗画的最终境界应该是融通，融通的语文课最大的转身应该是眼里有儿童，必须突破把诗与画剥离的做法，课路归于大气、简约。

坐在小楼的底层，隔着疏落的幕帘，读成尚荣先生的文字。先生谈及2011版课标的三个关键词：语文特质、语文素养和语文实践。很喜欢先生文字的风格：温而厉的感觉。特别是语文素养，先生认为文风、情趣是她的灵魂。是的，文字有她的风和气，这种感觉是属于作品内在的气韵，课堂上要让孩子呼吸到这股气。

伴着初夏再上老舍的《北京的春节》。课毕，一个朋友跟我耳语：肖老师，你的课又有变化了。什么变化呢？我反问。朋友静默，而后只莞尔一笑。从她的莞尔中我瞬间感悟到一个东西，那就是——松。今天的课，我的体会就是松，就像快女苏妙玲唱《我可以抱你吗》的感觉。松方可驰骋，松方可曼妙，课堂亦如此。

济南的志芳问我：绍国，你为什么在五月再唱《冬阳》？我思绪后答：旅行累了，唱一首老歌，回家。每一个语文教师都是旅途中的流浪者，你的旅途越久，你就离家越远。好在有那些曾经你亲吻过的文本陪伴过你，当你累了、寂寥了，回到她们的怀抱，那是我们的港湾。此刻《冬阳》和我，在京沪高铁上急速回家。

上午，参加诗意语文网上研修活动。大家谈及语文学科的终极目标"言语性"，我以为，言语生命的滋润虽然贯穿于人的一生，但，就其孕育的时间点上来说，应该有一个黄金期，或者说最佳期。无疑，小学，小学，应该是每一个人言语生命的最佳发育期。从这个意义上讲，我们小学语文教师的事业，是积德的！

　　大家谈及的第二个话题：阅读教学的"独当之任"，我以为，当我们在关注阅读教学的隐性、柔性、显性三个层面的同时，千万别忘了背后的孩子，因为阅读教学的终极服务对象是我们的孩子，三个层面到达写作的本位，应该有一条融通的通道，这条通道只有我们在践行语文这条诗意大道上且行且思才能逐渐清晰。

　　工作室本学期最后一次活动在酣畅淋漓的雷雨过后完美收官。我做"言语节奏：乡村散文创作与诗画语文开发的同构共生之美"讲座，我像一个孩子，拣起童年的文字浓浓地糊在我的课例里，揉啊揉，揉到我心坎里最柔软的地方。霎时，文字的频率和生命的频率悄然天合，自卑也好，狂妄也罢，无限接近，拈花微笑。

　　在畲族小县城遇见一位极通灵性的女孩，她在我的课堂上极其松弛，就是那种身心去旅行的状态，毫无羁绊，含情诵读，诗意书写，文字的意境是那种全然放松的状态。我彻底被她打开的生命状态征服了，师生进入一种藕花深处的状态，我不知道我应该感谢她，还是应该感谢我自己，或许最应该感谢的是——生命。

　　语文人生是在赴一场悠长的约会。这场约会由于绝大多时间是日复一日的家常教学中的"渐进"状态，使得我们逐渐淡化了一开始的职业冲动和新鲜；然而，一部分幸运的语文教师，在冲出职业的倦怠后，以登山者的毅力和勇气而最终攀至高峰的时候，无限风光在险峰，语文教学会呈现出一种"突进"状态。

仰望星空是一种人生境界，虽然星空就在那里，可能仰望者又有几多？能够仰望星空的语文教师，每每以自己的才情和学生的智慧共同演绎一堂又一堂的生命之课后，职业的高峰体验精彩绝伦，人生的美好境界诗情画意。我以为语文教师的一生，是赴一场美丽的约会。来，打点自己行囊，为赴场美丽的约会，出发……

2004年，我只在乎你，《三顾茅庐》与语文人生之约——《三顾茅庐》是我2004年的课品，时隔多年，当我捡起她作语文人生观察时，起步时的青涩和局促历历在目，拥抱此课，我的耳畔响起了邓丽君的《我只在乎你》："任时光匆匆流去，我只在乎你，心甘情愿感染你的气息……"就像刘备的眼里只有诸葛亮一样。

2005年，甜蜜蜜，《我的伯父鲁迅先生》与语文人生之约——《我的伯父鲁迅先生》是我2005年的课品，以"爱"和"泪"为情感主线，立体多维地推进教学。由于鲁迅的"大爱"的包裹，当我捡起她作语文人生观察时，我的耳畔响起了邓丽君的《甜蜜蜜》："甜蜜蜜，你笑的甜蜜蜜，好像花儿开在春风里……"

2006年，千言万语，《木笛》与语文人生之约——2006年，我推出了《木笛》一课。我以"如泣如诉"为轴心，在"泣"和"诉"两个层面上挥洒。当我捡起她作语文人生观察时，我的耳畔响起了邓丽君的《千言万语》，一如笛声柔声倾诉："不知道为了什么，忧愁它围绕着我，我每天都在祈祷，快赶走爱的寂寞……"

2007年，小村之恋，《姥姥的剪纸》与语文人生之约——2007年我的《姥姥的剪纸》，如此清新，如此怀旧，如此清爽，如此依恋，如此温暖，如此心醉。当我捡起她作语文人生观察时，耳畔响起了邓丽君的《小村之恋》："啊，问故乡，问故乡别来是否无恙；我时常时常地想念你，我愿意，我愿意，回到你身旁……"

2008年，月亮代表我的心，《月迹》与语文人生之约——2008年贾平凹的《月迹》真是一篇卓荦的作品，这是一次美丽的邂逅，到现在看来，当依偎着《月迹》作语文人生观察时，我会情不自禁地哼起邓丽君的《月亮代表我的心》："你问我爱你有多深，我爱你有几分，我的情不移，我的爱不变，月亮代表我的心……"

2009年，今夜想起你，《冬阳·童年·骆驼队》与语文人生之约——2009年的冬季似乎比以往时候来得更晚一些，停靠在冬日夜晚心中的温暖依旧。时至今日，想起《冬阳·童年·骆驼队》，我耳畔自然会响起邓丽君在《今夜想起你》中的唱词："你曾给过我欢乐，给过我甜蜜，时光一去不再回来，留下无限回忆……"

2010年，小城故事，《威尼斯的小艇》与语文人生之约——邓丽君在《小城故事》中歌唱小城："看似一幅画，听像一首歌，人生境界真善美，这里已包括……"在我看来，意大利的威尼斯，就宛如一幅画，一首歌，包含了真、善、美。《威尼斯的小艇》是我2010年的课品，心中的那只小艇轻快、灵活，仿佛一条蛇。

2011年，在水一方，《北京的春节》与语文人生之约——2011年诗画语文与老舍的《北京的春节》相遇。鲁迅的作品富有绍兴特色，沈从文的作品富有湘西特色，赵树理的语言富有山西特色，老舍的作品富有北京韵味。此刻，我的耳畔响起了邓丽君的《在水一方》："绿草苍苍，白雾茫茫，有位佳人，在水一方……"

2012年，恰似你的温柔，《老人与海鸥》与语文人生之约——读泰戈尔《飞鸟集》："我们如海鸥之与波涛相遇似地，遇见了，走近了，海鸥飞去，波涛滚滚地流开，我们也分别了。"心头一热，我2012年的新课《老人与海鸥》，恰似邓丽君《恰似你的温柔》："但愿那海风再起，只为那浪花的手，恰似你的温柔……"

十年一约，真爱永恒，生命不息，约会不停。语文教师应该培育语文生命之树，使之枝繁叶茂，让鸟儿在你的大树下诗意栖居。只有自身语文生命丰润的教师才能更好地牧养学生的语文生命。耳畔传来邓丽君的《何日君再来》："好花不常开，好景不常在，愁堆解笑眉，泪洒相思带，今宵离别后，何日君再来……"

校园的木棉在冬阳里尽情舒展着枝蔓，崧舟先生如约来到学校，面对木棉的枝蔓，他抛出"虚其心、深其根"的话语。先生从他挚爱的语文课谈起，从儒释道谈到语文课程的价值定位，语用实践的矫枉过正，职业倦怠的艰难挣脱，书卷气质的最美修炼，心无旁骛地内求自我……崧舟滋润了我的心田，温暖着我的家园。

回到江南，入夜，坐在电脑前参加诗意语文全国网上研讨，跟天南海北的同伴一起聊王崧舟《去年的树》以及那位日本天才作家新美南吉。直面生命中的隐忍，直面有常中的无常，直面绚烂过后的平静，直面天堂里的新美南吉。倏地，我看见这位隐忍天才拿着命运的号码牌在天堂的十字路口翘首等待，又唱那首老歌。

癸巳乙卯月甲申日，我以课的名义与全深圳的语文同仁相会于荔园，全然进入人课合一的美妙境界。沿语言的芬芳小径，一路花香，逶迤前行。我像一个农夫，小心翼翼地帮孩子们采撷言语小花，一任满篮的花香。当孩子们被引入言语花园腹地的时候，我看见他们在花园里撒欢，内心无比满足。活着，以语文的名义。

在美丽的榕城，我手提一把言语之弓，跟孩子们一起拉起言语之箭，直射言语的核心——节奏。从提起这把弓的开始我就把射箭的主动权交给孩子们：起弓，通过交流预习谈对文字的第一感觉，自由上台板书；拉弓，梳理出带有自己感觉温度的词语反复摩挲把玩；半弓，透过词语切入句段，剖析言语的肌理和纹路。

满弓，回望文本，再次印证自己对文本的第一感觉。当我和孩子们将这把弓拉至极点的时候，"砰"，课堂上几十个孩子一起从手中发出一支潇洒之箭，直射言语的心脏——节奏。榕城台江三小的孩子是诗意的，当我彻底为他们松绑的时候，我发现，每一个孩子都是言语高手。机舱外暮云合璧，我的内心静影沉璧。

滂沱大雨中细读《山中访友》，一种言语对称之美悠然呈现。晨出，露水和栀子花裹着好心情；老桥，词语逐个扩散成美丽的倒影；树林，人依照树盘古似的衍变成美丽的神话；深谷，琳琅满目的风铃摇曳成五线谱般的平衡；驻足，虔诚的动作惊人相似；雷雨，就连夸张也如此工整；晚归，天与地、首与尾完美合一。

《山中访友》终于在南国的星空下破茧成蝶，飞翔在城市陌生的霓虹中。怀抱着襁褓中的她，我们相互取暖，聊以自慰。整整一年，漂，连同窗棂外、星空下语文的梦，一起漂。闻着咸腥的海风，我和语文一度被莫名的不安缠绕，像一个沙漏被慢慢放逐。《山中访友》款款走来，我和她对视莞尔一笑，相约看海去……

羊城的初冬，熙攘的人流，漂泊的身心，诗意的课堂。我借李汉荣先生的《山中访友》将诗画语文再一次与岭南大地贴面飞行。言语被对应成美丽的风铃，华工附小的孩子渐入佳境，他们显然是尝到言语的味道，露珠搅拌着栀子花的味道；他们显然是看到了言语的画面，晚风夹着山峰的剪影。言语是用来嗅的、吃的。

《山中访友》的语用焦虑被课堂上师生朗读的瞬即对话而彻底突围，诗画语文的对话节奏就像武林高手的弯刀，记录了一语中的而后完美回归的课堂轨迹。诗画语文对语用的执着观照的恻隐焦虑倒逼我们不断寻求实践突围的方法，师生朗读的心境敞开、瞬间回应、反敲言语、创生语用是条路径。突围焦虑的课堂，爽。

读许地山女儿许燕吉的文字，被一张生命之网笼罩在暗流之中。许燕吉用宏阔的线，细腻的针，编织命运之网，再将自己这条鱼抛掷网中，任凭生命之鱼在网中游弋。战乱、流离、颠沛、迁徙、扭曲、残喘、偷生……在她的笔下竟然被一种暗流所融化，这股暗流就是对生命的敬畏和顺应。生命之网自己编织自己游弋。

林海音的文字带有一种潮湿的安静，她对老北京的回忆文字像被水洗过的一张张照片晾晒在暖暖的冬阳下，对童年的回忆文字能修炼到这个地步是很少有人能达到的。我看她的文字丝毫感觉不到时过境迁的回忆，而是此时此刻的温暖，这温暖中带有漂泊的潮湿。而最高明的是，林海音总能让冬阳将这些潮湿慢慢熨干。

鉴湖之南，会稽山麓，护城河之上垒起一岛屿，名曰凤凰岛。周一贯先生即安身于岛上，还有他的容膝斋。于书斋中与老先生聊语文、聊人生，窗外是马头墙、乌篷船。先生年逾八十，著作等身，古越夕阳，溢彩小语。先生对慕课、微课、翻转课堂等信手拈来，语文教学为谁而教永远排在第一位，那就是为儿童而教。

崧舟先生的《孔子游春》像一坛浓糯的家乡米酒散发出醇香。语用被先生雪藏于浓浓的人文中。文本被崧舟神奇地抖落成一汪清泉，崧舟和他的学生，孔子和他的学生，跨越千载，一路流淌，诗意汇聚，在言语的溪流中嬉戏追逐。语用被崧舟巧妙地述说成有趣的内容，像一朵莲花片片展开，直至悄然开放，清香满怀。

夜读林海音的《窃读记》，其言语外部的"自流"现象让我惊叹：自转语境、自问自答、自语独白、自嘲自容、自我安慰、自我解释、自我想象、自我打趣、自我做梦、自我造境……英子通过对言语外部"自语式"的包装，让其内部呈现出"短平快"的节奏张力，原来一切言语的外部面庞都和言语内部节奏息息相关。

梦里江南

　　家到底是什么？家是一只飘浮的风筝，带着主人的欲望飘浮，一路的风景和绚丽对于家来说毫无意义，她的使命就是呵护和抚慰主人的心灵。然而，不管家的风筝飘得再远，每个人都有根，那个根就在每个人心底。一个有温度和良知的人，在繁华落尽的时候，必定对一个地方无限怀恋和愧疚，那个地方就是——老屋。我的老屋在江南，它们生长在我的腾讯微博中，漂泊的日子里，我只要一想家，就会去微博里逛一下，以了却思乡之情。这些文字所迸发出的生命节奏，带有浓浓的江南特色，诗情而又画意，绵长而又滋润。

　　春天的冬雨就这样滴滴答答地下了一周，心情是恍惚中的一片湿透了的落叶，在静谧的空间安静地写作，杯中的茶香洒落到我红色的围巾上，一任生命在午后的小楼中徜徉。人的生命是一个又一个的驿站，停留的美好是一段记忆，就像小楼青色的方砖。夜色中怀想，人真是一种诗意的存在，明天还会诗意延续。

　　周末，春天的冬雨滴答，心情是莫名中的缺失，好久没有那么认真地想某些事了，偶尔的看见才又重新拾起。孤独和痛苦的一剂良药使我重生，这剂良药就是写作，在文字中的游历让我的伤口慢慢愈合、结巴。突然很感谢这种孤独，在心灵的游弋中增加了我的灵性和气质，我想，我的"不惑"应

一阴一阳之谓「道」，回环往复而生生不息，不正是天地间最根本的节奏吗？节奏乃是「道」的不同命名：言语之道、课堂之道、生命之道的奥妙就在节奏之中。言语、课堂、生命，都统一在节奏这个最深奥的「道」中；言语节奏、课堂节奏、生命节奏都不过是「道」的显化，都将归位于这个最深奥的「道」。

该属于我了吧。

每天，从清晨的匆匆到落座后的茶香，呷几口后走进课堂，演绎课文的行文技巧，到再次落座，虚拟中总有好友入室，仿佛他们就在身边。下午的时光因为天气的原因尚带冬天的气息，但我知道，转眼将是早春的味道，小楼的春和夏我是第一次拥有，也许是一种宿命的等待，在这样一个时间与空间里。

清明是一个赎心的节点，带着对父亲深深的思念和怀温来到他的坟前，烧一堆纸钱，削平坟前的剪竹，扫去墓碑下的枯叶，揪一块新泥做坟的帽子，静静地想他。他给了我太多的爱，背着我过河，去外河抓鱼，没日没夜地把自己浸在水中，以鱼为伴，为家里生活而劳作，可惜害下不治之症。走了九年，坟上青青成竹。

在畲族小镇，从盘山公路绕行而下进入她的腹地，一条清涧欢乐地流着，清涧的两边是小镇的街道，约有五六里长。在友人的陪伴下，沿着涧边的青石板浅行，小镇的气息淋漓尽致地扑向我，在不宽一座虹桥上眺望远山，雾霭中的秀峰显得滋润而饱满。满空气里飘散着这座小镇的人们的话语，那是一种很小镇的味道。

儿时的园子依旧蓬勃，黄瓜沿着竹竿爬行，黄色的小花在绿茵中浅笑；地瓜藤在匍匐，把根须扎进土地，它们相信土地是最好的子宫；辣椒苗尚娇嫩，可已显示出孕育属于它的味道的力量；白蝴蝶飘忽不定，偶尔落在一块青砖上，倏忽间，又开动引擎飘了……我站在园子里静默，这一园子的生命充满着陌生的轮回。

儿时，雨季，汛期。整个村子进入了饱胀的季节，田野间，早已连成一片，各家鱼塘里的鱼混杂在一起，乐坏了有着摩登身材的鹭鸶。此刻的外河借助地球的引力和云层中的降水聚集能量，子夜，围住外河的大堤刹那间轰然倒塌，外河，拖着长长的飘带将整个村子瞬间淹没。还好，在这之前，我骑上家里的牛，走了。

江南的梅雨勾勒出过往的孤烟。臃肿的水塘早已淹没了濯衣的石条，潮气和霉味拥抱着屋子。赤脚踩在屋内的方寸天地，霉味能迅速将脚丫发酵。墙脚的蛐蛐浑身湿漉，它们想用呐喊去除潮气。屋内的那张木床在满空气的潮海里仿佛是一艘搁浅的大船，过年时贴在木门上的对联此刻墨迹被再次熨染而流下黑色的眼泪。

在青青的梅山上，我攀上一棵多年生的杨梅树顶，让身体随着枝丫晃动。在这样的节奏里，透过梅叶让身心停歇。生命莫不是一种晃动中的存在，童年、青年、中年、老年，晃晃悠悠，频率不一。而作为晃动的主体，人，保持平衡很重要，平衡之中，风景方能尽收。梅枝摇曳，夏风撩面，热汗浸衫，肉身横卧，静心。

心中有一条河的情结，儿时的外河，大堤上的清晨格外美丽，东方泛出鱼肚白，在棉花般的云朵中，太阳壮丽地升起，用圆的诉说告诉大堤上的一切生物，新的一天即将开始。雨后初晴的天空泛着红晕，红晕从天的东边划过一道圈，与西边的天几乎接住。在红圈的边沿，由于初生阳光的照射，宛如少女的面颊般羞涩。

一群白鹭从河滩上悄然起飞，飞到远处的如青纱帐般的稻田里隐没。田野那边，勤劳的老农已经出工，他披着蓑衣，手中握着长长的锹，到自己的稻田里查看积水的深浅。清晨的雾气蜷缩在老农的周围，让他在无边的绿色中聚焦成一个明显的黑点。此时的雾气呈现出奇妙的青色，在青青的稻田间，青天共田野一色。

堤坝上长着葱郁的矮树和茅草，那些树一团一团地簇拥在一起，偶尔从中伸出一支长满尖刺儿的触角，向天空炫耀它的力量。蚂蚁早已倾巢出动，它们的搬运工作日落而息、日出而作。那是一种特别大的蚂蚁，它们有着灵活的四肢，将远远大于它们身体的死青蛙的一条腿匆匆运往矮树林的腹地。

童年，坐在大堤上看河水是一种惬意而又舒坦的事情，水花的撞击会让河面形成跟天空中的云朵般的形状，那些水云的运动极快，都朝着下游猛进，偶尔有一朵水云受到来自底部的巨大压力而朝相反的方向冲击，水面上便发出啪啪的拍打声。和着啪啪声哼着《再回首》，我仿佛就能感觉到自己身体拔节的生长声音。

夜晚听河水是一件诡秘的事情，水花冲击的声音巨大，在看不清的水面上，一场盛大的命运交响正在上演。此刻我相信，河底的世界也肯定异常繁忙。鱼群在首领的带领下，沿着水流一路进发，它们知道，要赶在雨季冲出这块水域，因为温暖的家在远方等待它们，鱼妈妈告诉过它们，它们的家在遥远的大湖里。

甲鱼喜欢独行，它沿着水草攀附，偶尔探出头来透气，光怪的世界令它不安，于是赶紧一个猛子又扎入水底。虾兵蟹将也赶来赴这场雨季的盛会，它们的行军则要格外小心，因为在漩涡的深处有无数张大口等着把它们一口吞下。"水壁虎"就是传说中的扬子鳄，在我的童年的外河中惊艳出场，它们是河底的至尊贵族。

我总以为，我现在爱上语文，跟那条河有着神秘的渊源。现实语文中的所有画面，只要我一闭上眼睛，就能在那条河的两岸、水面、河底找到，这难道是一种生命的默许？痛惜也是一种美，如今的外河，上游新办了工业园，硫酸水排入她的心脏，她早已变成一具流动的尸体。来吧，为你写首歌，歌名叫《你睡了吗》。

　　在一碧如毯的大草原里行车，放眼窗外是一种奢侈的享受。青草匍匐在平地上，沿着地平线一直覆盖着起伏的远山。奶牛在排队晚归，孤雁在定位家的方向，零星的小镇低矮的蓝瓦房顶升起浓黑的饮烟。草原与河流缠绕，在一处湿地驻足，天空中的雨变成青绿色淋漓砸落。沿着栈道走向草原腹地，淹没我扭曲的肉身。

　　大兴安岭的原始森林里，白桦美得让人醉心。成片的落叶松林间恰到好处地夹杂着通体一树雪白的桦，像是冬雪的凝结。抚摸桦的白色外衣可以真切感受她身体静默的等待，她把自己打扮得如此俏丽，定是为了一个恒久的约定。要不白桦树干上那无数双深黑的眼眸从三百六十度的方向在注视着谁在哪一天走近她呢。

　　草原让人忘却烦忧，蓝天托着白云，白云藏着孤雁，孤雁隐向白桦，白桦矗于青山，青山滑入草地，草地嵌着绿水，绿水映着人儿。人如蓝天，蓝则心静；人如朵云，朵则心闲；人如孤雁，孤则心傲；人如白桦，白则心纯；人如青山，青则心清；人如草地，草则心凉；人如绿水，绿则心爽。天云雁桦山草水，如心。

　　草原之行在飞机沿着海涂边的机场降落而收官，呼伦贝尔的景象泼墨在我尘埃般的脑海的宣纸上，静静地融化开。以我观物，才会有我之境，草原才会着我之色彩；无我观物，亦会无我之境，草原亦会何者为我。前者宏阔，而后者优雅。宏阔也好，优雅也罢，凡不在人心中，故人心是最大的草原，人心是最大的海洋。

秦淮河在冬雨中流淌，两岸的烟云裹着夜色浓烈成稠密的纱蔓。画舫的灯光仿若商女的眼眸迷离，木桨在河水的瞬间亲吻后酥酥颤抖，每座桥都以自己最江南的姿态守候，使人怜想秦淮河畔香消的女子。河道是恰好的弯曲，由喧亮的段落滑入安静之后河水的曲线呈现出轻盈的漂浮。秦淮河之于金陵一如女人之于男人。

西湖四月，月洒柔波，波丝涟漪，漪行苏堤，堤沿柔柳，柳色清新，新绿染珠，珠印画舫，舫滑白堤，堤岸浅笑，笑靥曾谙，谙然我心，心海荡漾，漾至风荷，荷叶连连，连绵三潭，潭水相依，依柳斜风，风润酥小，小憩一隅，隅弄斜望，望湖水天，天朗气清，清桐暗香，香凝一湖，湖心月圆，圆我一梦，梦回江南。

江南，清明，将艾草晾洗干净，用擀面杖捣细成泥和进糯米粉，揉将成一团黛青的米团，从其身上扯下一个个更小的米团以备用。刚爆炒出的雪菜笋丝发出诱人的香气，被裹进米团，整齐地排列在托盘上，入锅。当一锅散发着艾草和糯米香味儿的青团子出锅的时候，我瞬时挣脱时空的束缚，狂奔呐喊在青青的田野上。

夜读钱文忠先生的"江南"系列，撩起无限冬日思语。想来此时的江南必定有无垠白霜的清晨，亦不可或缺曦暖冬阳的午后，更少不了袭人寒意的夜晚。运河、楼榭、行船、狗吠；钟声、黝林、孤星、庭院，早以江南的方式冬眠，好似忘却了背后一个个伊人在水的故事。有时，我觉得冬日的江南就像一个诗意的女子。

西塘的美关键一字：活。活着的江南古镇煞是让人怜爱，胥水是活的，蜿蜒于烟雨长廊中，那是西塘的脉搏；民居是活的，错落于河道两岸边，那是西塘的灵魂；石桥是活的，幽立于街道拐角处，那是西塘的姿势；小吃是活的，镶嵌于九曲回廊弄，那是西塘的味道；夜色是活的，摇橹于乌篷襁褓里，那是西塘的丁零。

江南，仲夏进入中伏日。午后的乡间像一只罩在蒸笼中的蛙，尘埃由于毒阳的炙烤而神志恍惚，鱼鳞似的片片趴在矮树叶上。一只热疯了的白鹭试图用嘴点击池塘的水面而聊以清凉，可当它与池水接触的一刹那就迅速地弹回了它的喙，滚烫的水面让它望而却步。水塘中心汩汩地泛起阵阵气泡，这一池的水像是要开了。

江南的云像被水洗过一样，铺摊在黯蓝的天上。那些水云像白色的芍药被一个顽皮的孩子扯成一片一片的花瓣扔进流淌的河水。花瓣柔软地打开百褶裙，在河水的摩挲下无声地晕染成一大片白色的城。城里有浅浅的蓝色道路，深深的蓝色车辙，淡淡的蓝色记忆。江南的云，就这样被扯碎飘洒，流淌成一条记忆的河。

癸巳中伏第八日，江南若探汤。驾车至群山腹地，听泉。但听流水淙淙，石浪夹击，音阶滑动，宛如山曲野风。依石而坐，静观溪鱼游戏，侧耳林鸟哧嘘，腐叶落陈之处草虫云集，潭面镜磨之洼鹭丝闲暇。濯足溪水，以鹅卵摩挲，任游鱼啄喙，凭晚风吹皱。幽峰矗立，修竹摇曳，夏虫唱和，山水清音处，卧听已忘言。

即将远行，离开生活二十一年的城市。入夜，看两侧的树影婆娑，摇曳出我内心的离歌。小城会很快把我忘记，偶尔的曾经山脚下的石阶滑落掀起城的泥土，带去我风影的尘埃。小城的晨曦与晚枫、柔湖与亭榭、静雪与秋潮早已化为我的黏稠的血液在我生命中奔跑，我预感这所有的一切将会在另一个城市全然入梦。

江南的夜浸润着冬的别致，运河两岸的楼阁轻巧地安身于雾气深处，窗棂里投射出黯淡的灯火。河心的石板桥斜斜地躺着，任凭三两个行人悠然地行走。远处夜行的船只发出幽怨的机鸣声，船板上偶尔的狗吠惊动了夜空上的星星。踱步，引一身诗意于怀，零落的冬雨奇妙的味道沁入心怀，身心是难以承受的生命流连。

朦胧中的江南还未被淅沥的冬雨叫醒，而我早已离开了她，我是她怀中挣脱出来的一个孩子，一路朝南，还涵咏风景。引擎发动，江南被冬雨和迷雾包裹，我淋漓尽致地无声地穿行；雨歇雾散，江南撩起轻柔的面纱，我稠密地在心中斜织三月的柔柳；一勒石界，江南顷刻间被甩至身后，我从躯体的深处发出一只风筝。

江南飞雪，雪中漫步，步入竹林，林雪抖落，落花一地，地生雪莲，莲絮堆砌，砌为雪人，人儿笑靥，靥如寒梅，梅香淡雅，雅趣天成，成于心景，景于画心，心生离歌，歌者南漂，漂于岭南，南国临海，海潮汹涌，涌起浪花，花絮纷飞，飞扬漂泊，泊船鹏城，城池广大，大气从容，容于海面，面朝大海，海阔天空。

自我离江南已过双寒，每于大暑大寒时节或离或拥，揉江南山水于匆

梦里江南

履，抟江南楼榭于游艺，品江南落英于瞬即。每忆大暑之日，穿万里朵云而缓缓亲吻江南，入夜，蝉鸣聒噪撩千般思绪；每忆大寒之日，贴万里大地而徐徐摩挲江南，入夜，万籁俱寂营千帐深灯。时间煮雨，煮一席相思柔雨借我，洒一地离愁于江南。

家到底是什么？家是一只飘浮的风筝，带着主人的欲望飘浮，一路的风景和绚丽对于家来说毫无意义，她的使命就是呵护和抚慰主人的心灵。然而，不管家的风筝飘得再远，每个人都有根，那个根就在每个人心底。一个有温度和良知的人，在繁华落尽的时候，必定对一个地方无限怀恋和愧疚，那个地方就是——老屋。

岭南情思

2012年8月28日，我坐上南下的列车，我远行了，离开生我养我的江南小城。一箱书，还有一箱书，伴着我登上了漫漫的铁路线，我远行了。看着列车两旁的夜景婆娑，我的心中升腾起悲壮的波涛。波纹沿着列车外的田野扩散，一直与远方的几株橡树猛烈冲撞。灵魂刹那间出窍，把肉身抛向九霄云外，躯体毫无意义，灵魂带着我狂奔。在海边，我化作一滴海水悄然降落，灵魂和躯体悠然合体。

夜晚是个氤氲的节点，飘浮在接近夜云的城堡里，梦茔中的那个我看见他了。在毒阳的炙烤下他用汗水把自己冰镇起来，牛一样在园子里耕种。我依偎在青青的瓜架下辨别他和另外一头牛的区别，一只蜻蜓从我眼前骄傲飞过。醒来，在夜半的钟声，他依然立在床头不肯离去。回吧，爸，回你那个天国，儿挺好，放心。

深夜，读海宁格《爱的序位》，每个人都有自己的家族排列系统，这是一种宇宙间本身就存在的更高的意识能量，指引着每个人内在移动。这让我想到了中国老子说的"道"的力量。我想，我不远千里来到这座海边的城市，必定是祖先中有一个人在有生之年万分眷恋大海而又终未如愿，他（她）让我来承担这一切了。

冬季的音乐厅正在上演加拿大童声合唱团的天籁，我置身其中全然把心打开。孩子们用雪和风为主题以纯净空灵的童声营造一场听觉的西餐。我享受这异域的田园风情，宛若一个信步的农夫。孩子们大多是清唱，只是在乐章的拼接处才鲜用大提琴缝补，声音纯净到缥缈。我的心被融化的雪水滋润，在风的鼓吹下回家。

一个人，在打着暖气的车厢里，漫无目的地随着方向盘滑动。冬季的江南小城还是接纳了我，我算是一个外乡人吗？我不知道，可心一直在重重地锤击我的肉身：你已经是一个外乡人，小城太冷，冷得把你拒之门外。在湿冷的空气中，我一直在盘问内心深处的另一个我：飘，从江南飘到岭南，心，在江南？在岭南？

离开海边的那座城市半个多月，心头涌起对她的回味。极尽现代的背后是对文化极尽的追求，海边青山深处的华侨城，莲花山顶伟人的指引，世界之窗的全景浓缩，南部香江的田园风光。鹏城的灯火包裹特有的气质，年轻、活力、包容和开放。其实岭南文化的独特一支应该在鹏城，渔村崛起背后的文化支撑淋漓尽致。

深圳的清晨有着特有的清丽气质，木棉树泼洒着绿的芳菲，以笔直的躯干擎起一头婆娑的世界；勒杜鹃在一片一片的嫣然，没有香味，但那流淌着的水红让人感叹生命的力量；大叶榕树已经褪去枯枝，抽出生嫩的新叶，优雅地向路旁上方的空中舒展、连接，抬头，那一席榕叶的遮拦零星地撒进南国日头特有的明恍。

雨是一个幽灵，趁你没有防备的时候就在窗外放肆地宣泄，伴着迷雾的掩映，它们像长了脚似的在满城市里狂奔。我在内心极力寻找一种力量来抵御这陌生的雨季的喧闹。我知道，当我向这纷繁的雨妥协的时候，我的内心就断裂了、扯破了。而我，需要一种连续和持久来冲破这狡黠的雨帘，在内心的心床里斜织安宁。

深圳的夏终于来了，日头像白亮的利箭抛射到没有遮拦的空旷里。从大海上飘来的云深浅出长长的天河，降落的飞机反射着阳光的镜花。驱车，沿着城市边沿的骊道，一抬头映入远方晶丽的高楼，阳光拉起的巨大的帘幕被楼裙的边沿扯破成无数白而亮的细线。广场斜倚，目送繁华的城心，一老者为女儿肖像，颇传神。

鹏城沿海逶迤，东西狭长，北倚群山，南临东方之珠。出其东城而多隧道，居其右以栅而隔香江。大小梅沙，海滨滩涂，洒落东部华侨城。复往东方，乃入大鹏，道路盘山沿海而筑，密林覆手为雨，直至外海。海边有大鹏守城，石阶黑瓦，市井乡间，古树石坊。行至城中，坐于石条之上，少顷，起风，凤凰飘红一树。

墨绿的海面，波澜排着整齐的队伍向岸边涌动。在洋流扯起的地方墨绿被切割成暗白，像一条巨大的河流镶嵌在海的中央。天空中的阴云从头顶一直向远于海天交接处拉成一条直线。远远地，从海平面下面鼓起一股巨大的力量，慢慢地，海面像被三棱镜反射一样，海浪和乌云搅拌着诡异曲线。面朝大海，心海一梦。

岭南文化与江南文化如果用两个最具象的东西比拟的话，前者如海而后者似河。海之大气、包容、宽阔；河之诗意、流淌、清澈。海边以动为美，潮起潮落、云卷云舒、瞬息万变；河岸以静为丽，垂柳轻杨、风轻云淡、小桥流水。动则出思想，静则出境界，将岭南和江南的天地气质融入生命的血脉，让岁月慢慢发酵。

入伏首日，静坐。思过往一年，人生若戏。想我一江南匹夫，因一线机缘而至鹏城。初至，恍若驾一孤舟迷惘于海天，浊浪砥砺，逶迤前行。倏然，城池众人皆以容善之心扶我心路，乃倍感欣慰，故一勇前行而又心存敬畏。夏秋冬春复往，一年尘埃落定，悄然安寂。思江南，晨曦晚枫，柔湖孤帆，远山亭阁，应犹在。

深圳的夏是一个十分懂得分寸的季节，她会把自己的温度调节到最恰当的位置来聊以自慰。清晨和傍晚伴随着清凉海风，高楼的森林里像通透的回廊。即使在阳光直射的正午，榕树下、木棉脚、椰林丛、高楼侧，只要有荫的遮挡就清凉。这样的夏伴着这样的城，这样的城浸着这样的夏，还有远处海的呢喃，浪漫满城。

暮色中的深圳，冬的抚摸梳理出她的格调，海风夹杂着温柔的暗香汩汩流淌。绿道两旁的榕散发出馥郁的幽，上玄月的影子投射成细小的碎片撒落在这片幽中。河流沿着城市的切割倔强地行走成一弯曲线，归鸟的鸣叫揉碎成童年的呢喃。车水和马龙交织成陆离的水晶，朝着霓虹深处漫溯。心被染成了这座城市的颜色。

岭南暮春，杜鹃嫣然，沈大安先生如约来到校园。先生说话的腔调、唤我的名字、讲座的筋脉、轻呷的绿茶、谈及的人儿……这些在我都是旧曾谙的。吾师忆，最忆是大安，遥想先生当年主持浙江小语，锐意革新、提携青年、慈悲为怀，立浙江小语于潮头。绚烂之后的大安，神游山川，晚学不辍，此人生第三境界矣。

鹏城往东洒落着星星点点的海滩。每当节假日，人们好像约好了似的，驱车往东去海边，在沿海高速上排起浩荡的车队，几十公里的路程有时一堵就可以让你经历从太阳升起到星星落幕。海滩触手可及，堵车实为壮观。可人们还是要去海滩，我知道漂泊的人们知道家乡太远，姑且把海边当成了家乡，去那慰藉乡愁了。

站在维多利亚港的南岸，望东眺望天空，正在降落的飞机在天空中绕着半圆排队，一架接着一架，不知道从哪里飞来。蓝色的香江在静静地流淌，对岸的高楼被海水撒上晶粒般的蓝，天空也是这般的蓝，远山也是这般的蓝，蓝蓝的东方之珠就这样镶嵌在蓝蓝的大海边。是大海赋予了香港的气质，恰如其分的蓝色气质。

自我来岭南已过双暑，时节更迭，心像摇曳。遥想壬辰夏末驰骋千里而至鹏城，孤雁栖落，绕树三匝。悠悠两载，绕城盘亘，古榕幽立，椰树静蠹，木棉婆娑，高楼鳞次，书城栉比，地铁交汇，机场通达，海潮相拥，咫尺香江，商贾云集，文化交融，四海一家。倏忽，匆匆两载，吾安然何在，然夜色愈阑珊心愈安定。

荔枝公园像深圳夜的眼睛，城市腹地，霓虹掩映，荔枝丛中，人们像鱼群一样逆时针游动。穿梭的人群有各自的轨迹，不同的命运，不同的地域，不同的方言，不同的面相，相同的城池，相同的荔林，相同的晚风，相同的挣扎，都在这片荔枝园里演绎。月光静静地吐洒清晖，荔枝在林间浅笑，荔园给了深圳诗意的夜。

晨曦中的深圳，清透的亮均匀地洒在城市的上空，被引擎推动了一夜的飞机在悠然中降落，被海风吹拂了一夜的山峦在云海边荡漾，被月光沐浴了一夜的高楼在天地间妩媚，被夜色遮蔽了一夜的公园在鸟鸣里苏醒，被时光静立了一夜的榕树在摇曳时浅笑，被梦魇奔跑了一夜的人们在醒来时刹车。天堂向左，深圳往右。

中环、旺角、弥敦道、皇后大道聚集了大量的人群，人们分成两个阵营为了政治理想对峙。香江依旧在流淌，天星小轮依旧在来来往往，港铁依旧在呼啸，游客依旧在欣赏幻彩……香港，弹丸之地的小渔村，在中国近代史上一跃成为一座殖民地、国际金融中心、"一国两制"特区，她背负了这个民族太多的承载，她累了。

台湾的清晨，远山用白云沐浴，森林用鸟儿撒娇，田野用禾苗摩挲，房屋用夜雨梳妆，椰林用静默浅吟。红桧树上的两只鸟儿披着一身乌黑的羽毛娇嘀着昨夜的柔情，一只重重地啄着树枝，发出嘟嘟的回声，另一只则不断地在前一只身上揉擦，就这样在枝头呢喃。少顷起风，白云揉成一团，远山被迷茫成模糊的轮廓。

台北的梅雨有一种田园的气质，高大的椰林背后蔓纱着雨的迷藏。行走在现代与传统的街市中，雨像一个手持花雨伞的姑娘，倏忽洒给你一身清新而又赶忙帮你遮挡。基隆河和淡水河像两汪缠绕的青蛇，借助梅雨温婉地嬉戏，两岸的湿地里白鹭悠然地起飞，细雨从它白色的羽毛旁悄然滑落。夏季到台北来看雨，入画。

台北的书店隐蔽在高楼的丛林中，置身其中细细体会纯粹文化的味道。文字一律是繁体竖排，翻阅时会发出历史的沉重感，也许是满目的繁体仿佛穿越了中华的沧桑。书籍的分类十分细致，佛教与哲学类尤为丰富，台湾本土的星云、证严等大师的著作静静地躺在你面前，轻轻捧起，于心结缘。细雨砸落在窗外，入心。

荡舟英伦

2014年10月19日至12月18日，我有幸前往大不列颠及北爱尔兰联合王国，进行为期两个月的学习。我是边走边写的，写自己在英伦的所见所思。我的写作是恣意的，我下笔时并不是为了要给什么人看，只是为了心有所感，自然要倾诉。我把自己旅英的文字结集为《荡舟英伦》。我笔下的英伦，似乎永远是滴着雨的清晨，有着湿漉漉的清新。随便一翻——"听雨，在万籁俱寂的林间，一滴一滴的，不急不匆的，颗颗入心，这搅动着不能入眠的我。……清晨，推开门，外面的雨还一直在下，只是不像夜间那样厚实了，此时的雨更像是江南的春雨，细细地在你的头上斜织，网住我这个异乡的客。"

伦敦，森林和草坪联结，房屋和绿草掩映，晨露与树林润泽，行人与丝雨斜织，汽车与公路匍匐，落英与小径粘贴，孩子和球场嬉戏，骏马和湖水亲吻，红豆和枫叶为伴，飞鸟和房顶连线，蓝天和白云游弋，飞机和彩虹画画，教堂和墓地静默，晚钟和暮色沐浴，酒吧与闲情结伴，冬雨和夜晚摩挲，上帝和凡人共眠……

清晨的伦敦，雨点在滴答，冬季的风越过森林，红叶丛中掀起点点浪的微涛，涟漪向更远处漫溯，风浪在晨曦中折射出连绵的节奏，那节奏不温不火，汨汨流动。森林中有一摊碧水，就那样镶嵌在无边的绿毯中央，一些不知名的水草和野花在初冬时节依然绽放，那紫茵茵的花蕾在露珠的装扮下，显出使人怜爱的样子。

落叶铺满的小径，在无边的绿色中向深处延伸，目不所及的地方小径完全湮没在绿海里。灌木丛拼接在一起，在绿色簇拥里，隐藏着一湖绿水。湖水并不开阔，水面是黛青色，海鸥翻飞于湖面，用红色的喙激起涟漪。在晨曦的投射下这一湖绿水被切割成两部分，一边是黝黯的蓝色，一边是光亮的白色。这便是伦敦了。

林间开满白色的小花，竖起的花枝，最上面的盛开着，中间还有许多花骨朵儿，最下面已经凋谢。一些红色小果子，像灌木丛的眼睛，又像是绿色的画卷被谁随意地涂上了一点一点的红色颜料。我独自漫溯于这伦敦近郊的田园，我的双脚被露水浸润，我的衣袖抹上青青的苔味道，我的双手似乎抓住了这异国清澈的绿。

起风的午后，教会小学旁教堂的钟声萦绕，虽近在咫尺，可感觉那声音好像从很远的地方传来，清晰而又深沉，神秘而又遥远。三五只鸽子从学校对面的墓地飞到教堂顶端的尖塔上。阳光透过窗棂，投洒在教堂前方的亭台上，让人油然而生一种安静，静得让你无法挣脱那种神秘的力量。在伦敦，上帝和孩子挨得最近。

泰晤士河像是蓝天和白云底下飘着的一条黯蓝色的绸带，静静地在伦敦流淌；又像是一条潜伏的巨蟒，温顺地舔舐着城市的河床；又仿佛是上帝注入的一湖圣水，用以洗却人间的尘埃。你瞧，沿河的机场，正有一架飞机降落，它像一只巨大的白鸟，张着翅膀，沿着河流的曲线，呼啸着落地。一花一世界，一河一伦敦。

雨后的草坪像一片平静的绿湖，湖面上零星漂浮着金黄的树叶，随着冬季的风翻动，偶尔惊动了远处的一只小鸟，它扑棱着翅膀掀起了绿湖上的朵朵涟漪。尽头是连绵的森林，那些高大的树木把自己修剪成一个个绿色的圆球，圆球和圆球联结，投射出一片片阴影于绿湖边缘。撑篙，于这伦敦市郊的一湖绿海里，寻梦。

　　伦敦的冬雨别有一番风致，它们一般在夜间光临这座城市。夜深人静的时候，你听，冬雨在滴答了，那声音轻轻柔柔，一声接着一声，敲打着人的心扉。听雨，在万籁俱静的林间，一滴一滴的，不急不匆的，颗颗入心。这搅动着不能入眠的我，清晰而又真实的异国雨声，细细地在我的心头斜织，网住我这个异乡的客。

　　站在泰晤士河北岸的山顶上鸟瞰，夕阳洒在河边一座带黑色穹顶的城堡上，微风吹拂着堡顶的旗帜，好像一艘战舰正要扬帆远航。山谷里，白色的屋顶门前，成片的绿地被一排排红枫切割成规则的方圆，奶牛和骏马正在低头觅食；河谷里，漂浮着来来往往的白帆；天谷里，一条浅蓝浅蓝的天河里挂着几架银色的飞机。

　　初冬时节伦敦的天空像一面巨大的镜子挂在人们头顶，那镜面是用浅蓝的材料做成的，给人一种清新明快的感觉。镜面上被谁零星地洒落一些白色的花瓣，那是朵朵白云晕染在了镜面里，花瓣的边缘是绒絮般的感觉，好像是中国画中的泼墨手法，被画家随意地皴皱几笔，便有了无限纯净而又让人心灵彻底安静的意境。

　　傍晚，伦敦，头顶上的天空，蓝色的边缘已被画家悄悄地涂上一层金色，蓝色和金色巧妙的发酵，让天空这块巨大的画布颤动起来。西边的天空中已然架起了一道长长的虹，那虹从蓝色和金色夹杂的画布中弯曲成一架巨型的弓，赤橙黄绿青蓝紫清晰可辨，飞机从虹的脚下飞过，好像是上帝从弓弦中射出的一支箭羽……

伦敦市郊的公路隐没在大片的牧场中，穿过凹地再盘过山谷，映入你眼帘的都是这般的绿和广阔。间或突然出现一棵巨大的树，就那么一棵，独自地，猛然地，打破你的视觉疲劳。这一树来自哪里？是人们特意种植？抑或是几百年前海鸟衔来的一粒种子，无意地丢弃。我宁愿相信后者，那一树必定是一只海鸟的夙愿。

牛津大学的众多学院镶嵌在千年的青石板中，散落于牛津城里，城市就是大学，大学就是城市。那些哥特式的巨大城堡上有的雕有叱咤国王；有的雕有圣母玛利亚；有的雕有飞禽走兽；有的雕有奇花异草……爬山虎填充窗棂与雕塑的缝隙，给城堡披上一层飘逸的外衣，微风吹拂，整栋城堡散发出使人震撼的神秘力量。

踱步，朝着牛津城的东面，渐渐地，走出高大神秘的学院建筑群，眼前是一大片的森林和草地。花斑奶牛在吃草，成群的鸽子和海鸥在林间穿梭，几只乌鸦在奶牛背上踱步。没有人去惊动它们，因为，每一种生命，在牛津就这样悠闲地生活，彼此早已稔熟。我躺在草地上，闭上眼睛，这一城的幻景在我的脑海里涌动。

剑河优雅地缠绕着剑桥，雨点密密麻麻地落，瞬即融入这一河的青中。两岸的金柳在初冬依然垂下她长长的秀发，在风的梳理下，这一根一根的絮随意地落入剑河，随着水流洗却枝头那浓浓的黏稠。那些不规则的黄色枫的叶子，在水流的搅动中忽隐忽现，像是谁在岸边洒下一湖的信笺，托湖水把思念寄给远方的人儿。

桥，是剑河上永恒的主题，那是些形态各异的石拱桥，桥身横跨在河面上，桥影倒映在河水里，远远地望去，好像是一只只眼睛在河面上眨着。河面窄的地方，石桥是单孔的；河面宽的地方，石桥是双孔的、三孔的甚至是四孔的。那一孔一孔的明净眼睛就像是剑河上的精灵，千百年来就这样温柔地守护着一河的风景。

汽车在一望无垠的绿地里开，两旁是成排的枫树，地下往往隐藏着碧蓝碧蓝的河流，河道不宽，河两岸的景致像一幅油画。河水发蓝，蓝得发黑，像墨一样被倒在枫的夹缝中，走进一看，那墨却又是极其清澈而又明亮的。用手捧起一窝，用口轻呷，那种英伦的凉意会顷刻间传导给你身体的每一部分，如樱桃般的甜润。

苏格兰铺开一张张巨型的油画布，大自然这位超级画家随意地拾捡起草地、溪流、奶牛、绵羊、古堡、枫林、海鸥、蓝天和白云等元素，巧妙的搭配，无限的融合，青色的草原点缀着点点的白，那是飞鸟的身影；红枫和绿树交叉，像是绿床边缘撑起的帐幔；再加上头顶上一望无际的蓝，静止不动的云，让人无比神怡。

苏格兰的草原汪洋恣肆，一地连着一地，一直与天边的云连接在一起，云和地交接处的铁路像两条长长的枯枝被随意地放置。雾气从山谷的低洼处悄然升起，它拖着长长的衣袖在红枫的头顶上，在山谷的腹部里，在庄园主城堡的马厩里，在满山牛羊的低头咀嚼中，在下自成蹊的河流吟唱中，使人幻想草原深处的故事。

晨的褓裸中的爱丁堡像一个贪睡的孩子，在鸟儿的催促下，在有轨电车的碾压下，在零星人儿的疾步中，在教堂钟声的回荡里，她才揉揉惺忪睡眼，准备醒来。从北海上空的白一直延伸到城堡上方，几片云被染成了红色，风儿吹拂，从一大片红云边缘流下一滴滴云的红点，那想必是仙子浣纱，将浣过的水流向了人间。

　　晨曦洒在教堂顶端的尖塔上，折射出无数条细小的光线，四壁的彩绘玻璃上的圣经故事好像活了起来，那些人物刹那间在高大的墙壁上走动起来。光亮懒懒地把整个城堡慢慢唤醒，一排排哥特式的建筑群若隐若现，远远的，只能看见它们高大的轮廓，走近了，才辨清它们身上精妙绝伦的雕刻。这旖旎的爱丁堡的晨呦。

　　在晨曦的沐浴里，在海鸥的鸣脆中，在城堡的魅影下，在钟声的萦绕畔，我即将离开爱丁堡，离开这座充满浪漫传奇的城堡。那些夜晚的我，竖起耳朵聆听城堡的风声、钟声、雨声、鸟声、落叶声……都将化作我生命中的风景，在尘埃似的记忆中被诗意的蜃楼，连同这座千年城堡，幻化为天幕背后印象派的巨幅画幕。

　　我猜想，苏格兰上空那条浅蓝的天河里的水必定是流向人间了，你瞧，在无边的高地上，就那样神奇地垒砌了一个个湖泊，湖中漂着点点白帆，都竖着一根孤零零的、高高的桅杆；湖岸有无边的灌木，或高或矮，或红或绿，或簇拥或稀疏，或热烈或冷艳，好像是这一湖绿水的卫兵，守护着这从天河里流向人间的玉露。

英伦的海滩，潮汐已经退去，裸露的海床用柔密的沙子装扮她的床垫。在晨光的投射下，海床和沙床很难分辨，只是水面上停泊着一艘艘白帆，才让你辨别出哪里是水哪里是沙。冬季的风从入海口无声无息地吹进来，海水像是被谁用一把神奇的梳子梳过一样，呈现出一排排整齐细密的亮发丝，一层层地朝岸边吻过来。

在夕阳里，高大的白马的马鞍上坐着威武的女骑士，她们穿着鲜艳的黄色或橙色服装，头戴骑士帽，手握马缰，从街道上走过，马蹄与马路摩擦，发出金属般的撞击声。这样的一排排矮房，这样的一匹匹骏马，这样的一个个骑士，这样的一声声马蹄，这样的一片片晚霞，让我心生怀疑，我是穿越来到中世纪的欧洲了。

泰晤士河上的伦敦塔桥，高高的塔梁牵引着长长的锁链，锁链牢牢地牵引着下方的桥身。阳光从塔桥的桥顶挤进桥身，满桥里跑着，整座桥像一只充了气的气垫船，在河上漂。河水亲吻桥墩的声音并不热烈，那声音是轻轻柔柔的，窸窸窣窣的，间间或或的；宛若松针滴落草丛，犹如繁星坠落银河，好似冬雪簌落大地。